DaF in 2 Bänden

1

Lehrerhandbuch

Deutsch als Fremdsprache

Leonore Dienst
Rotraut Koll

VERLAG FÜR DEUTSCH

Materialübersicht:

DaF in zwei Bänden, 1 *500-4*
Wortschatzheft *504-7*
3 Kassetten *502-0*
3 CDs *508-X*
Lehrerhandbuch *506-3*

DaF in zwei Bänden, 2 *501-2*
Wortschatzheft *505-5*
3 Kassetten *503-9*
3 CDs *509-8*
Lehrerhandbuch *507-1*

5. 4. 3. 2. 1. | Die letzten Ziffern
2002 2001 2000 | bezeichnen Zahl und Jahr des Druckes.
Alle Drucke dieser Auflage können, da unverändert,
nebeneinander benutzt werden.

1. Auflage R

Max-Hueber-Str. 8, D-85737 Ismaning
Umschlagentwurf und Layout: Peer Koop / Christiane Gerstung
Umschlagillustration: Ralf Meyer-Ohlenhof
Gesamtherstellung: Druckerei Auer, Donauwörth
Printed in Germany
ISBN 3-88532-506-3

Inhalt

Anhang

Aufbau des Lehrerhandbuchs

Nach Darlegungen zu Konzeption und Aufbau des Lehrwerks machen wir Ihnen Vorschläge für die Arbeit mit den einzelnen Lektionen: Lektion 1 ist die Einstiegslektion in die deutsche Sprache und Lebensweise: Sie zeigt, wie erste sprachliche Kontakte geknüpft werden und bereitet auf den eigentlichen Kurs – das Kennenlernen der deutschen Sprache und des deutschsprachigen Raums – vor.

Wir geben Ihnen wie auch in jeder weiteren Lektion Hinweise zu Einsatz und Ziel von Texten und Übungen. Hier finden Sie aber auch grundsätzliche Überlegungen und Informationen zur Aufbereitung und Bearbeitung der Grammatik, zu Texten und Diskursstrategien etc. Die Lektionen 2 und 3 gehen wir mit Ihnen in allen Einzelheiten durch, nennen Ihnen die Lernziele und machen Vorschläge für jeden Arbeitsschritt. Ab Lektion 4 sind Sie und Ihre Teilnehmer/innen schon vertrauter mit dem Lehrwerk. Wir beschränken uns auf die Basisinformationen in der Übersichtstabelle und geben nur dort Ergänzungen und Anmerkungen, wo sie uns besonders wichtig erscheinen. Wir verweisen auf (Zusatz-)Materialien, mögliche Übungsvarianten, weiterführende Literatur, den Einsatz von Spielen und geben Ihnen Zusatzinformationen zu einigen Texten, zu Veranstaltungen etc.

Die konzeptionellen Grundlagen und Hintergrundinformationen zum aktuellen Stand der Fachdiskussion haben wir in thematischen Exkursen zu einzelnen Problemfeldern zusammengefasst. In diesen Exkursen stellen wir Ihnen unsere didaktischen und methodischen Überlegungen vor und versuchen Ihnen über die in den einzelnen Lektionen enthaltenen Hinweise hinaus weitergehende Anregungen für die Entwicklung Ihres Unterrichts zu geben.

Wir haben auch einen Phonetikkurs zu den wesentlichen Ausspracheschwierigkeiten der deutschen Sprache für Sie und Ihre TN zusammengestellt. Dort finden Sie – nach Lektionen geordnet – Erklärungen und Übungen zu phonetischen Problembereichen.

Im Anhang dieses Lehrerhandbuchs finden Sie die Lösungen zu den Übungen aus den Situationen und aus Abenteuer Grammatik sowie die Transkriptionen von im Buch nicht abgedruckten Hörtexten.

Konzeption und Aufbau des Lehrwerks

Das Lehrwerk besteht aus zwei Bänden mit jeweils 10 Lektionen. Beide Bände beginnen mit einer Vorschaltlektion:
Band 1: „Hallo" als Einstiegslektion zum Kennenlernen und für den ersten Kontakt mit der deutschen Sprache.
Band 2: In der Fremde …?

Jede Lektion trägt den Namen eines Bundeslandes; im ersten Band stellen wir Ihnen auch Österreich, im zweiten Band die Schweiz vor. Das (Bundes-)Land bildet den textlichen Hintergrund und Rahmen der Lektion. Wir bieten landeskundliche Informationen: geschichtliche, gesellschaftliche, sprachliche, wirtschaftliche, geographische oder touristische Besonderheiten der Region, ohne einen Anspruch auf Vollständigkeit. Diese landeskundlichen Informationen sind jedoch keine zu erlernenden Fakten, sondern nur der thematische Bezugspunkt (siehe *Exkurs* Landeskunde). Wir haben diesen Weg – den Gang durch die Bundesländer – aus mehreren Gründen gewählt. Unsere Geschichten, Themen und Inhalte sollten nicht nur an einigen wenigen Plätzen festgemacht sein, wie Oberbayern, München, Heidelberg, Berlin, eventuell noch die Nordseeküste, die als typisch deutsch gelten und im Ausland bekannt sind. Bei uns sollte der gesamte deutschsprachige Raum zu Wort kommen. Wir hatten zu Beginn unserer Arbeit eine entsprechende – zwar nicht repräsentative, aber aufschlussreiche – Umfrage unter Kursleiter/innen durchgeführt, die sich gegen diese übliche Standortauswahl in einem Lehrwerk aussprachen. Sollte unser Lehrwerk auch im Ausland zum Einsatz kommen, finden wir es für Kursleiter/-innen und Lerner/innen positiv, auch andere Gegenden, den deutschsprachigen Raum einmal anders kennen zu lernen. Für die Inlandslerner/innen ist diese Konzeption auch deswegen motivierend, weil im Laufe des Lehrwerks die Gegend vorgestellt wird, in der sie leben und die sie kennen. Ein weiterer Grund für den Aufbau nach (Bundes-)Ländern war vielleicht der ausschlaggebende: Auf diesem Weg konnten die neuen deutschen Bundesländer angemessen und gleichberechtigt, d. h. im gleichen Verhältnis wie die alten bundesrepublikanischen Länder, einbezogen werden. War doch verschiedentlich von Kolleginnen und Kollegen aus dem Osten an uns herangetragen worden: „Wir kommen überhaupt nicht vor!"

Dazu: Zertifikat Deutsch. Lernziele und Testformat. 1999, Frankfurt am Main. Weiterbildungs-Testsysteme GmbH.

Noch eine Anmerkung: Es gibt einen Themenkatalog. Dieser muss in einem Lehrwerk abgearbeitet werden. Daraus folgt, dass zum Beispiel Arbeitslosigkeit in einer Lektion vorkommen muss. Die Zuordnung hängt dann aber mit der Progression des Lehrwerks zusammen und nicht (wie schon fälschlich angenommen) mit einem bestimmten Bundesland. Dies gilt für alle Themen. Es stehen also landeskundliche Informationen, die man im Unterricht aufgreifen kann, und thematische Einheiten, die immer wieder vorkommen (müssen), in den Lektionen nebeneinander. (Mehr dazu finden Sie im *Exkurs Themen.*)

Hier die Lektionen in der Übersicht:

Band 1

Lektion 1	Hallo
Lektion 2	Hamburg
Lektion 3	Schleswig-Holstein
Lektion 4	Mecklenburg-Vorpommern
Lektion 5	Niedersachsen
Lektion 6	Bremen
Lektion 7	Nordrhein-Westfalen
Lektion 8	Sachsen-Anhalt
Lektion 9	Brandenburg
Lektion 10	Österreich

Band 2

Lektion 11	In der Fremde ...?
Lektion 12	Berlin
Lektion 13	Thüringen
Lektion 14	Hessen
Lektion 15	Rheinland-Pfalz
Lektion 16	Schweiz
Lektion 17	Baden-Württemberg
Lektion 18	Sachsen
Lektion 19	Saarland
Lektion 20	Bayern

Die einzelnen Lektionen sind untergliedert in Situationen. In den Situationen finden Sie Lese- und Hörtexte, Übungen zu Wortschatz und Grammatik, zum Schreiben und Sprechen. Sie sind innerhalb einer Lektion in der Regel miteinander verknüpft, entweder thematisch oder durch die Arbeit an Sprachstrukturen oder – vor allem im zweiten Band – durch generalisierende übergreifende, auf das jeweilige Bundesland bezogene thematische Rahmen.

An die Situationen schließen sich folgende Teile an:

- Abenteuer Grammatik: Hier ist die Grammatik so aufbereitet, dass die TN in selbstständiger Arbeit die grammatischen Phänomene entdecken können.
- Ihre Grammatikerklärungen: die Systematisierung der Grammatik
- Für Sie zu Hause: Übungsteil, der in Einzelarbeit zu Hause bearbeitet, aber auch in den Unterricht einbezogen werden kann (siehe *Exkurs* Hausaufgaben).

Unser Lehrwerk enthält ein integriertes Arbeitsbuch. Was bedeutet das? Im Fremdsprachenunterricht sollten Inhalte und Grammatik in kleinen Schritten erarbeitet werden. Das heißt, dass für jeden sprachlichen und grammatischen Inhalt eine Vielzahl von logisch aufeinander aufbauenden Lernschritten erforderlich ist. Man benötigt also viele miteinander verknüpfte Inhalte, Texte und sich anschließende Übungen. In der Regel gehört daher zu einem Lehrwerk ein gesondertes Arbeitsbuch, das in den Sprachunterricht einbezogen wird und die dargestellten Erfordernisse abdeckt. Wir haben dieses Arbeitsbuch in unser Lehrwerk, in die Situationen integriert: So ist die Ihnen als Kursleiter/in sicher ins Auge springende Kleinschrittigkeit unseres Lehrwerks begründet. – Thematische Einheiten aber auch grammatische Phänomene tauchen immer wieder auf. Vor allem in Band 2 greifen die Übungen für Sie zu Hause Themenwortschatz aus den Lektionen in Band 1 auf.

Ein fester Zeitplan für die Bearbeitung der einzelnen Lektionen kann nicht vorgegeben werden. Die beiden Bände führen zum Zertifikat Deutsch: Es gibt sicher Lerngruppen, mit denen man zügiger arbeiten kann oder muss, andere ziehen ein langsameres Vorgehen vor. Für alle gilt aber, dass zum Beispiel Texte nur in der vorgegebenen Art gelesen werden sollten (Aufgabenstellung) und auf keinen Fall Vokabel für Vokabel. Das würde das Lernziel verfälschen, sehr viel Zeit in Anspruch nehmen und die Lerner im Anfängerunterricht überfordern. Näheres dazu finden Sie aber im Leitfaden zu den einzelnen Kapiteln und in den *Exkursen*.

Zusatzmaterialien

Zur systematischen Schulung des Hörverstehens stehen Ihnen drei Kassetten bzw. drei CDs zur Verfügung. Eine genaue Übersicht über Texte auf der Kassette erhalten Sie durch die Einteilung der CDs, die am Ende des Kapitels abgedruckt ist. Dies erleichtert auch die Orientierung auf den Kassetten.

Dazu noch einige Hinweise: Bei mehreren Dialogen des Lehrwerks finden Sie zwei Varianten: Die erste Variante entspricht der im Buch transkribierten, die zweite ist freier. Wir baten die Sprecher, die Dialoge so zu formulieren, wie sie es normalerweise tun würden, ohne Rücksicht auf einfache Strukturen nehmen zu müssen. Wir haben dies im Lehrerhandbuch bei den Lektionsverläufen jeweils angegeben.

Zudem haben wir in der Münchner Fußgängerzone Interviews mit Passanten zu einigen Themen des Lehrbuchs geführt. So finden Sie beispielsweise bei Lektion 2, Situation 7, Interviews über Frühstücksgewohnheiten. Diese Hörtexte sind authentische, keine didaktisch bearbeiteten Dialoge; die Lerner können so mit der realen Sprache – inklusive einer Vielzahl von Dialekten – bekannt gemacht werden. Auf die Einsatzmöglichkeit dieser Dialoge wird an den entsprechenden Stellen bei den Erläuterungen zu den einzelnen Lektionen hingewiesen. Auch hier gilt, soviel sei vorweggenommen, diese Dialoge stellen keine Aufgabe fürs Detailverstehen dar, das überfordert den Lerner im Anfängerunterricht. Es besteht aber die Möglichkeit, das Gelernte an der real gesprochenen Sprache zu testen, bestimmte Abweichungen zu beobachten. Diese Dialoge sind nicht im Lehrbuch vermerkt, sodass der Kursleiter jeweils über den Einsatz entscheiden kann. Eine sinnvolle Möglichkeit ist auch, diese Straßendialoge zur Wiederholung heranzuziehen, wenn es sich in Band 2 so ergibt. Das Lehrerhandbuch zu Band 2 wird entsprechende Hinweise enthalten.

Zu Beginn jeder Lektion finden Sie auf Kassette / CD eine einminütige dialektale Sprachprobe aus den entsprechenden Bundesländern. Diese Aufnahmen wurden vom Institut für Phonetik und sprachliche Kommunikation der Münchener Ludwig-Maximilians-Universität gemacht. Sie baten unterschiedliche Sprecher zu erzählen, was sie in der letzten Woche / am letzten Wochenende unternommen hatten. Sprachlich sind diese Hörtexte für die TN zwar sehr anspruchsvoll – gerade zu Beginn des Kurses –, doch zeigen sie die unterschiedlichen Dialekte und Sprachvarietäten im deutschsprachigen Raum, mit denen die TN in ihrem Alltag konfrontiert sind. Natürlich können Sie die dialektalen Hörtexte auch erst zu einem späteren Zeitpunkt einsetzen, etwa in Band 2, wenn die TN ein höheres sprachliches Niveau erreicht haben und dann auch die Inhalte der Texte verstehen. Die dialektale Ausprägung dieser Aufnahmen ist sehr unterschiedlich: In der Lektion Nordrhein-Westfalen beispielsweise erzählt eine Kölner Studentin in einem sehr starken Dialekt von den Vorzügen des Kölsch, in Lektion 3, Schleswig-Holstein, ist Kieler Platt zu hören, während für Hamburg, Bremen und Mecklenburg-Vorpommern nur leicht gefärbte Aufnahmen vorliegen. Das Institut für Phonetik und sprachliche Kommunikation verfügt zwar über 1 000 Aufnahmen aus unterschiedlichen Regionen, doch fanden sich teilweise keine Sprecher mit einem ausgeprägten Dialekt darunter. Dieses Phänomen verdeutlicht eine uns wichtige Tatsache: Nicht jeder spricht Dialekt. Nicht jeder wohnt in jenem dialektalen Raum, in dem er geboren wurde. Viele Menschen sprechen auch einen Mischmasch, bei anderen kann man nicht sagen, woher sie kommen. Auch sind die Landesgrenzen keineswegs Dialektgrenzen. Wir als KL sollten also nicht in das andere Extrem verfallen und fordern, dass auf den Tonträgern nur noch reine der Lektion entsprechende Dialektfärbungen vorkommen.

Zur Problematik authentische versus didaktische Dialoge verweisen wir auf die *Exkurse* Authentische Texte und Hören – Hörverstehen. Fremdsprachliche Namen wurden in unseren Hörtexten, wenn sie von Deutschen gesprochen werden so ausgesprochen, wie deutschsprachige Muttersprachler dies tun würden.

Zusätzlich sind statt der üblichen zweisprachigen Glossare Wortschatzarbeitshefte erhältlich, die den Lernenden die Möglichkeit geben selbstständig ihren Wortschatz zu erweitern und zu festigen. Diese Hefte enthalten außerdem den Lösungsschlüssel zu „Für Sie zu Hause".

Übersicht über CD-Tracks

CD 1

1 Musik + Moderation
2 **Lektion 1**, Hallo / Situation 1: Aupair-Club Hamburg / Dialog 1: Woher kommst du? 1. Variante + Musik
3 Dialog 1: 2. Variante
4 *Übung 1*: Wie heißt du und woher kommst du?
5 Dialog 2: Er kommt aus … (+ Musik)
6 Dialog 2: 2. Variante
7 *Übung 3*: Wer kommt woher? (+ Musik)

8 *Übung 3*: 2. Variante
9 *Übung 4*: Wie ist es richtig?
10 *Übung 5*: Wer ist das?
11 *Übung 6*: Was fehlt?
12 Situation 2: Internationaler Frauentreff / Dialog 1: Wie ...?
13 *Übung 1*: Wer ...? Wie ...?
14 Dialog 2: Woher ...?
15 *Übung 2*: Was passt?
16 Dialog 3: Ich spreche ...
17 *Übung 5*: Sprechen Sie Urdo?
18 *Übung 7*: nein und nicht
19 Situation 3: Freundschaftsverein / Dialog 1: Wie geht's?
20 Dialog 2: Wie geht es Ihnen? (+ Musik)
21 Dialog 2: 2. Variante
22 *Übung 1*: Welcher Dialog ist das?
23 Situation 4: Im Aupair-Club / Dialog: Willkommen
24 Interviews: Woher sind Sie?
25 Situation 5: Im Aupair-Club / Dialog: Wo ...? (+ Musik)
26 Dialog: 2. Variante

27 So sagen Sie: Zahlen
28 Alphabet
29 *Übung 1*: Adressen
30 *Übung 2*: Yasumis Telefonnummer
31 *Übung 3*: Bitte noch einmal
32 Situation 6: Deutsch-... Freundschaftsverein / Dialog 1: Tschüss
33 Dialog 2: Auf Wiedersehen (+ Musik)
34 **Lektion 2** – Hamburg / Dialekt
35 Situation 1: Gespräch in der Familie / Dialog 1 (+ Musik)
36 Dialog 1: 2. Variante
37 Dialog 2 (+ Musik)
38 Dialog 2: 2. Variante
39 *Übung 6*: Hast du Lust?
40 Situation 2: Stadtrundfahrt in Hamburg / Dialog 1 (+ Musik)
41 Dialog 1: 2. Variante
42 *Übung 5*: Die etwas andere Stadtrundfahrt
43 Dialog 2
44 *Übung 6*: Und was sehen Sie?
45 *Übung 7*: Wie kommen Sie dahin?
46 Situation 3: Der Michel / Der Wievielte ist heute? /
47 *Übung 1*: Die Monate
48 *Übung 2*: Zahlen und Ordinalzahlen
49 *Übung 3*: Der Wievielte ...?
50 *Übung 4*: Der Wievielte ist heute?
51 *Übung 5*: heute? morgen? übermorgen?
52 *Übung 6*: Wann ist zu?
53 *Übung 7*: Urlaubsplanung
54 *Übung 8*: Wo ist das Einwohnermeldeamt?
55 Situation 4: Einwohnermeldeamt / *Übung 1*
56 *Übung 2*: Geburtstage
57 Situation 5: Grüße aus Hamburg / *Übung 1*: Die Woche
58 *Übung 2*: Nimm!
59 *Übung 3*: Wie bitte?
60 *Übung 4*: Schon gehört?

61 Situation 6: Anruf aus Pinneberg / *Übung 1*: Wann kommt ...? / Dialog (+ Musik)
62 Dialog: 2. Variante
63 *Übung 2*: Wie spät ist es?
64 *Übung 3*: Wie spät ist es jetzt?
65 *Übung 4*: Zeitansage
66 *Übung 5*: Wann fährt der Zug nach Hamburg?
67 *Übung 6*: Wann fährt der Zug?
68 *Übung 7*: Wann kommst du?
69 *Übung 8*: Wann ist ... zu?
70 Situation 7: Traumfrühstück / Wortschatz 1: Frühstück
71 *Übung 2*: Mein Frühstück
72 Interviews: Was frühstücken Sie?
73 Dialog 1
74 Dialog 2
75 *Übung 4*: Was möchten Sie?
76 Bestellung in einem Café
77 Situation 8: Zu, Mensch, so'n Mist / Dialog
78 *Übung 3* (+ Musik)
79 **Lektion 3** – Schleswig-Holstein / Dialekt
80 *Übung 7*: der, das, die – die
81 *Übung 9*: ein Schiff – viele Schiffe
82 Situation 1: Kennenlernen / Dialog (+ Musik)
83 Dialog: 2. Variante
84 *Übung 3*: „ist" oder „war"? (+ Musik)
85 *Übung 3*: ist oder war? (2. Variante)
86 Situation 2: Freundschaft schließen / Dialog 1: Sagen wir du? (+ Musik)
87 Dialog 1: 2. Variante
88 Dialog 2: Trinken wir ein Bier? (+ Musik)
89 Dialog 2: 2. Variante
90 *Übung 5*: Fragen und Antworten
91 Situation 3: Einkaufen / Dialog 1: Beim Bäcker
92 Dialog 2: Beim Fleischer
93 *Übung 5*: Einkaufen
94 *Übung 7*: Beim Fleischer
95 *Übung 8*: Was brauchen wir?
96 *Übung 11*: Spezialitäten

CD 2

1 Musik + **Lektion 4** – Mecklenburg-Vorpommern / Dialekt
2 Situation 1: Kommen Sie uns doch mal besuchen. / Wortschatz: Die Sache mit dem „ja"
3 *Übung 3*: gemacht – machen
4 *Übung 8*: Antwort von Herrn Rogge
5 Situation 2: Beim Arzt / Dialog 1: Anmeldung (+ Musik)
6 Dialog 1: 2. Variante
7 Dialog 2: Im Wartezimmer (+ Musik)
8 Dialog 2: 2. Variante
9 Dialog 3: Im Sprechzimmer (+ Musik)
10 Dialog 3: 2. Variante
11 Situation 3: Bei Horstmanns zu Hause / Dialog 1 (+ Musik)

12 Dialog 1: 2. Variante
13 *Übung 3*: Was soll … tun?
14 *Übung 4*: 39,9 Fieber

15 Situation 4: Bei Herrn Tran Trong Tien/ Dialog: Fußreflexzonenmassage
16 *Übung 4*: Mir geht es nicht gut!
17 *Übung 6*: Hand und Fuß (+ Musik)
18 **Lektion 5** – Niedersachsen / Dialekt
19 Situation 1: Einkaufsbummel / Dialog 1
20 *Übung 1*: Feiertage
21 Dialoge: Das kann ich nicht tragen
22 *Übung 8*: Die schöne Jacke
23 Interviews: Gehen Sie gerne einkaufen?
24 Situation 3: Anruf aus Genf / Dialog 1
25 *Übung 2*: Wer muss was?
26 *Übung 4*: Dimitros und Petra
27 *Übung 6*: Aber Herr Klages!
28 Dialog 2: In der Volkshochschule
29 Interviews: Pünktlichkeit
30 *Übung 10*: Wortigel
31 *Übung 11*: Ein Brief von Dimitros
32 *Übung 13*: Einladung
33 Situation 5: Die Farben / *Übung 2*: Schon gehört?
34 Interviews: Farben
35 Dialog
36 Text Farbig
37 *Übung 9*: Suchmeldung
38 Situation 6: Bei Timmans / Messe in Hannover / Dialog: Messe-Mutti Timman
39 *Übung 3*: Wie war das noch? (+ Musik)
40 **Lektion 6** – Bremen / Dialekt
41 Situation 1, Aus Ecuador / Dialog
42 Interviews: Sollten Kinder Erwachsene duzen oder siezen?
43 *Übung 2*: Schon gehört?
44 Situation 2: Wem? Dem Meerschweinchen. / Dialog: Kannst du dem Meerschweinchen …?
45 Situation 3: Menschen in Bremen früher – heute – morgen / *Übung 4*: Unfall
46 *Übung 10*: Herr Reichel erzählt
47 *Übung 11*: Tagesplan
48 Situation 4: Bremer Stadtmusikanten / Text 2: Jamos will in die Stadt (+ Musik)
49 Text 2: 2. Variante
50 *Übung 7*: Schon gehört?
51 *Übung 8*: Was kaufen Sie wo? + Interviews
52 Text 4: Wo kann man hier parken?
53 Text 5: Über den Wolken
54 Text 6: Justus, du warst gestern nicht da …
55 *Übung 11*: Wo ist nur …?
56 *Übung 12*: Was ist die Märchenstraße?
57 Situation 5: Karten und Wegbeschreibungen / *Übung 2*: Westlich von …
58 *Übung 3*: Wegbeschreibung
59 *Übung 4*: Fit im Büro

60 Situation 6: Mal reisen mit dem Märchenbuch / Interviews: Wann haben Sie das letzte Mal ein Märchen gelesen?
61 Situation 7: Hauptsache ein Dach über dem Kopf / *Übung 5*: Aussprache
62 Dialog: Ich suche eine Wohnung
63 *Übung 11*: Lückendiktat

CD 3

1 Musik + **Lektion 7** – Nordrhein-Westfalen / Dialekt
2 Situation 2: Soll ich euch abholen? / Dialog
3 *Übung 2*: 6 Gespräche
4 Interviews: Traumberuf
5 Situation 4: Frauen und Beruf / *Übung 2*: Doris und Hanna
6 Situation 5: 4 Bilder – 4 Gespräche / *Übung 1*: Was passt?
7 Situation 6: Der neue Kollege / *Übung 1*: Smalltalk am neuen Arbeitsplatz
8 Situation 7: Nordrhein-Westfalen / *Übung 2*: Die schönste Stadt in Nordrhein-Westfalen (+ Musik)
9 **Lektion 8** – Sachsen-Anhalt / Dialekt
10 Situation 1: Im Bus / Dialog 1: Begrüßung mit Unterbrechung
11 Dialog 2: Werner und Bernd
12 Situation 2: Eisleben / Dialog: Führung
13 Situation 3: Auf der Wartburg / Dialog: Die Wartburg liegt in Thüringen
14 Situation 4: Fahrrad-Club / Dialog 1: Sag mal, Werner
15 *Übung 2*: Wie ist das mit dem Fahrrad?
16 Situation 5: So schön wie der Bodensee / Dialog: Luther und die Umweltschäden
17 Situation 6: Warum sprechen Sie so gut Deutsch? / Dialog: Weil es Spaß macht

18 Situation 7: Wittenberg / *Übung 1*: Luther und Wittenberg
19 *Übung 2*: Schon mal gehört?
20 Situation 8: Fitness / Dialog: Über Fitness
21 Interviews: Sport (+ Musik)
22 **Lektion 9** – Brandenburg / Dialekt
23 Situation 2: Wir planen eine Tour / Dialog: Wir würden auch gern heiraten
24 Situation 3: Arbeitslosigkeit und Lebenssinn / Dialog: Michaels Firma baut schon seit Jahren Arbeitsplätze ab
25 *Übung 2*: Was wenn?
26 Kunst und Musik müssten eine größere Rolle spielen / *Übung 5* (+ Musik)
27 **Lektion 10** – Österreich / Dialekt
28 Situation 2: Verbindungen nach Österreich / *Übung 4*: ... mit dem Auto
29 *Übung 6*: Wann? / Dialog: Ein Gespräch im Büro
30 *Übung 10*: früher – heute
31 Situation 3: Verbindungen mit Österreich / Was der Jokel alles hatte / *Übung 5*
32 Texte 4
33 Text 5: Gespräch im Rundfunk
34 Situation 4: Verbindungen zu Österreich / *Übung 2*: deutsch-österreichisch
35 Situation 5: Verbindungen durch Österreich / Text 2: Verkehrsmeldung
36 Text 6: Feuer in den Alpen

Exkurs Arbeitsgruppen

Gruppenbildung
Sprachenlernen bedeutet nicht nur die rezeptive Aneignung von Lexik und Grammatik, sondern oberstes Lernziel des Sprachunterrichts ist der Erwerb der Kommunikationsfähigkeit, der kommunikativen Kompetenz bzw. der Sprachhandlungsfähigkeit (siehe *Exkurse* Lernziel Kommunikative Kompetenz, Zertifikat Deutsch). Kommunikationsfähigkeit erwirbt der Lernende im Prozess des Sprachenlernens durch den interaktiven Austausch, pädagogisch und didaktisch gesteuert. Das setzt häufiges Üben von Kommunikation in der Fremdsprache voraus, und zwar indem den Lernenden möglichst vielfältige Kommunikationssituationen geschaffen werden, denn Sprechen – und damit die Sprache – lernt man am besten mit- und voneinander. Durch möglichst häufige (Klein)Gruppen- bzw. Partnerarbeit in ständig wechselnder Zusammensetzung haben die Lernenden immer wieder neue Gesprächspartner und können so lernen zu kommunizieren. Sie lernen freier und entspannter, wenn der / die Kursleiter/in nicht ständig zuhört, da diese/r eben immer auch als Kontroll- und Korrekturinstanz betrachtet wird. Das soll nicht heißen, dass man als Kursleiter/in einen laissez-faire-Stil praktizieren sollte und die Gruppen in ihrer Arbeit allein lässt. Selbstverständlich ist auch beim selbstständigen Arbeiten der TN in der Gruppe Kontrolle und Fehlerkorrektur (siehe *Exkurs* Fehler) nötig.

Machen Sie Ihren TN diese Arbeitsformen so früh wie möglich transparent, d. h. erklären Sie ihnen die Vorteile der Gruppen- und Partnerarbeit. Diese Art des Unterrichts entspricht nämlich nicht den Lerngewohnheiten vieler TN und kann in Einzelfällen auf Unverständnis und daher auf Ablehnung stoßen.

Überlegen Sie bitte vor der Gruppenbildung, welche Gruppengröße am ehesten mit der Aufgabenstellung korrespondiert. Die Gruppen dürfen nicht zu groß sein, damit die einzelnen TN nicht zu lange warten müssen, bis sie an der Reihe sind. Langeweile und Desinteresse könnten sonst die Folge sein.

Für die Phasen von Gruppen- und Partnerarbeit sollten sich immer wieder andere Gruppen und neue Lernpaare bilden. Das könnte ganz einfach dadurch gesteuert werden, dass im Kurs keine feste Sitzordnung gilt, d. h. dass öfter andere Plätze eingenommen werden (oder ist der Hang, in einem Seminar- oder Klassenraum immer den gleichen Platz einzunehmen, nur eine typisch deutsche Eigenheit?). Wenn die Sitzordnung regelmäßig (z. B. bei Kursbeginn oder bei einer neuen Situation des Lehrbuchs) gewechselt wird, ergibt sich schon durch eine rein formale Gruppeneinteilung (nebeneinander Sitzende arbeiten zusammen) der gewünschte Wechsel. Eine solche Gruppenbildung ist – weil sie schnell erfolgen kann – dann anzuraten, wenn der Unterrichtsablauf nicht zu stark unterbrochen und gestört werden sollte (aber: manchmal ist eine Unterbrechung auch positiv). Durch regelmäßige Gruppenarbeit lassen sich gruppendynamische Strukturen auflockern und positiv beeinflussen.

Sie können auch eine der vielen anderen Möglichkeiten der Gruppenbildung wählen. Bei den meisten Varianten, die wir Ihnen im Folgenden vorstellen, müssen die TN aufstehen und sich bewegen. Eben diese Bewegung kann für den Unterrichtsablauf und die TN sinnvoll sein (siehe *Exkurs* Bewegung). Zur Bedeutung der Hintergrundmusik während der Arbeitsphase verweisen wir auf den *Exkurs* Rahmenbedingungen.

Die folgenden Anregungen für Gruppen- und Partnerbildungen haben wir dem Handbuch für den Unterricht zu dem Mittelstufenlehrwerk „Leselandschaft" entnommen, jedoch für den Grundstufenunterricht vereinfacht, gekürzt oder erweitert.

Evelyn Farkas, Edit Morvai, Palma Pohl: Leselandschaft. Handbuch für den Unterricht. Verlag für Deutsch, Ismaning 1997

1. **Fäden (Partnerbildung)**: Bringen Sie halb so viele Fäden wie TN mit (eine alte Paketschnur eignet sich sehr gut). Halten Sie die Fäden in der Mitte fest, so dass die Enden frei herunterhängen. Die Gruppe steht im Kreis um Sie herum. Jeder fasst nun ein Ende, und wenn Sie die Fäden loslassen, ist jeder mit einem Partner verbunden. Sie könnten sogar die weitere Arbeit schon steuern, indem Sie ein Ende mit einem Knoten versehen, und diejenigen, die den Knoten halten, sind beispielsweise die Fragenden in einem Interview.

2. **Abzählen (Gruppenbildung)**: Zur Bildung von beispielsweise vier Gruppen zählen die TN fortlaufend im Kreis bis 4. Alle TN mit der Zahl 1 bilden eine Gruppe, ebenso die mit der 2, 3 und 4.

3. **Puzzle aus Fotos (Gruppen-, Partnerbildung)**: Zerschneiden Sie (Illustrierten-)Fotos, Postkarten o. Ä., die vielleicht zum Thema passen, in je drei / vier ... Teile. Sollen sich nur Partner finden, zerschneiden Sie die Teile unbedingt zweimal, sonst könnte ein zu einfaches Zusammenpassen der Teile verhindern, dass gesprochen wird. Die TN müssen nun aufstehen, umhergehen, ihre Bildteile beschreiben und passende Partner finden. Diese Form der Gruppenbildung ist selbst – ebenso wie die folgende – eine Kommunikationssituation und sollte daher oft und variiert genutzt werden.

4. **Gemeinsamkeiten / Unterschiede (Gruppen-, Partnerbildung)**
   - Gruppe 1 (2, 3, 4): alle, die im Winter (Frühjahr, Herbst, Sommer) geboren sind.
   - Gruppe Eisliebhaber (Vegetarier ...). Hier sind Ihrer Fantasie keine Grenzen gesetzt.
   - Auch grammatische Phänomene und Wortschatz können so immer wieder geübt werden:
     z. B. Infinitiv eines Verbs und konjugierte Form (bei Paarbildung eine konjugierte Form, bei Gruppenbildung mehrere: machen – machte – hat gemacht – mache – machst);
     Adjektive: Paarbildung durch Gegensätze (dünn – dick)
     Für Gruppenbildung: Verkehrsmittel (Auto, Fahrrad, Bus, Zug ...); Getränke; Nahrungsmittel. Sie können auch Sätze in entsprechend viele Teile zerschneiden.
     Schreiben Sie diese Strukturen, Wörter, Satzteile etc. auf kleine Karten, die gemischt und verteilt werden. Die Herstellung solcher Kartensätze lohnt sich: Sie können während des gesamten Kursverlaufs darauf zurückgreifen und sie in Ihren zukünftigen Kursen immer wieder einsetzen. (Zur Herstellung siehe *Exkurs* Spiele.)

5. **Gruppenbildung durch eigene Wahl der TN**: Wenn es die Möglichkeit gibt, verschiedene Texte oder Aufgaben zu einem Thema auszuwählen, können die TN selbst nach ihren Vorlieben Gruppen bilden.

Auswertung der Ergebnisse von Arbeitsgruppen
In der Regel erfordert Gruppen- und Partnerarbeit eine anschließende Auswertung. Diese Auswertung kann in unterschiedlichen Variationen stattfinden. Hier sind einige Vorschläge, die wir ebenfalls dem o. a. Lehrerhandbuch entnommen haben:

1. **Plenumsvortrag**
   Auf dem Niveau der Grundstufe kann dies nicht im eigentlichen Sinn von Vortrag verstanden werden, sondern eher als „das Ergebnis vortragen, mitteilen, vorstellen".

2. **Mischgruppen**
   a. Jeder TN muss für sich das Ergebnis der Gruppenarbeit schriftlich festhalten, um es den anderen vorstellen zu können. (Dies muss Bestandteil der Aufgabenstellung sein.) Diese Form der Auswertung ist auch deswegen sinnvoll, da die Gruppenarbeit gleichzeitig eine Schreibübung (Notizen machen) ist.
   b. Die Gruppen werden zur Auswertung neu zusammengesetzt; in jeder neuen Gruppe ist je ein TN aus jeder alten Gruppen vertreten. Dies ist eine sehr kommunikative Form der Auswertung, bei der neue Kommunikationssituationen geschaffen werden und der KL nur eine Kontroll- bzw. Unterstützungsfunktion hat. Auch für TN, die sich ungern im Plenum darstellen, ist diese Form sehr geeignet.

3. **Wirbelgruppen**
   Für diese Art des Vergleichens ist es wichtig, schon in der Aufgabenstellung zu formulieren, dass die Ergebnisse der Gruppe auf einem Plakat festgehalten werden müssen, die Ergebnisse aber später jeder allein den anderen mitteilen muss. Wir halten diese Arbeitsform für eine der effektivsten, denn die Arbeit in Kleingruppen ist von gemeinsamem Denken und Arbeiten bestimmt, jeder ist daran interessiert, alles auf einem Plakat zu verstehen. Später wird jeder berichten und das in einer solchen Form, dass er einerseits absolut auf sich gestellt sprechen muss, andererseits der Stress, vor einer großen Gruppe sprechen zu müssen, wegfällt.
   a. Bildung der Arbeitsgruppen 1–4 (in jeder Gruppe müssen mindestens so viele TN sein wie es insgesamt Gruppen gibt), z. B.

1	2	3	4
ABCD	ABCD	ABCD	ABCD

   b. Arbeit der Gruppen und Fixierung der Ergebnisse in den Gruppen auf einem Plakat.
   c. Bildung der Auswertungsgruppen a–d:

a	b	c	d
4xA	4xB	4xC	4xD

   d. Die neuen Gruppen versammeln sich jeweils um ein Plakat. Da ein TN der Auswertungsgruppe an diesem Plakat mitgearbeitet hat, wird er nun die Ergebnisse in zirka zwei Minuten den anderen drei mitteilen können. Auf ein akustisches Zeichen durch den KL (Verstummen der Musik, eine Glocke, Klopfen an der Tafel) beenden die Gruppen das Gespräch, erheben sich und wandern im Uhrzeigersinn zum nächsten Tisch, wo ein neues Plakat auf Versprachlichung wartet. *Wichtig:* Die Personen wandern – die Plakate bleiben liegen.
   e. An den Informationsaustausch sollte sich nur dann ein kurzes Plenum anschließen, wenn die TN bestimmte Fragen noch besprechen möchten oder sie etwas zur Arbeitsform äußern möchten.

4. **Messe**
   a. Die Kleingruppen halten ihre Ergebnisse auf großen Plakaten fest.
   b. Die Plakate werden anschließend im Raum so aufgehängt, dass mehrere TN zur gleichen Zeit bequem davor stehen können, ohne die Betrachter eines anderen Plakats zu stören.

c. Alle TN besichtigen mit Notizzetteln die einzelnen Messestände und lesen die Plakate. Sie notieren sich Fragen zu den Plakaten und überlegen, welche Idee / welchen Vorschlag usw. sie „einkaufen" würden.
d. Jede Kleingruppe beordert (nacheinander) für je fünf Minuten einen TN neben das Plakat, der auf Fragen der anderen antworten kann. Daraus entwickeln sich meist angeregte Gespräche (echte Kommunikation).
e. Daran schließt sich nur dann ein kurzes Plenum an, wenn die TN bestimmte Fragen noch besprechen möchten oder sie etwas zur Arbeitsform äußern möchten.

Exkurs Aussprache und Intonation (Phonetik)

Sprachunterricht wird heute immer mehr zum Sprechunterricht, was vor dem Hintergrund des Lernziels Sprachhandlungsfähigkeit (s. *Exkurs* Lernziel Kommunikative Kompetenz) auch Sinn macht. Sprechunterricht funktioniert nicht ohne Schulung von Aussprache und Intonation. Sprechunterricht muss auch Ausspracheunterricht sein. Phonetische Fehler sind genauso Quellen für Verständnisschwierigkeiten wie fehlerhafter Wortschatz und falsche Grammatik.

Sprechunterricht setzt intensives Hörtraining voraus. Lange war man der Meinung, dass Deutsch so gesprochen werde, wie man es schreibt. Das ist aber nicht so.

Den 26 Buchstaben unseres Alphabets stehen wenigstens doppelt so viele Laute gegenüber: theoretische Laute.

Dazu kommt: Einerseits spricht und artikuliert jeder Mensch anders, andererseits existieren noch viele regionale Aussprachevarianten. Die Laute werden zudem in der Regel nicht einzeln und nacheinander artikuliert, sondern überlappen und beeinflussen einander. Dies alles ist Ursache dafür, dass die einzelnen Laute in immer anderer Form bzw. Lautung realisiert werden. Der Sprachkenner bzw. -könner nimmt aber immer den intendierten Laut wahr. Sein Kennen / Können steuert seine Wahrnehmung, er erkennt das, was er wahrnehmen will oder muss. Das gilt natürlich nicht nur für Laute, sondern auch für Lautgebilde, also Wörter oder Wortkomplexe bis hin zu Sätzen. Wenn jemand die deutsche Sprache „beherrscht", versteht er die Zahl 7, wenn sie „sieben", „siebn" oder auch „siem" gesprochen wird. (In diesen Zusammenhang gehört auch, dass sich die geschriebene Sprache stark vom Lautbild der gesprochenen Hochsprache entfernt hat – ein Phänomen, das zu einer Änderung des Schriftsprachenerwerbs im muttersprachlichen Unterricht geführt hat und noch immer führt.)

Was die unterschiedliche Lautung betrifft, sei sie nun durch regionale oder individuelle Färbung begründet, dürfen Sie sich als KL nicht ausnehmen. Beobachten Sie Ihre Sprache genau und machen Sie Ihre TN darauf aufmerksam, was Ihre eigene Sprache gemessen an der deutschen Standardaussprache (laienhaft als Hochdeutsch bezeichnet) ausmacht. Die TN hören ja im Unterricht vor allem und immer wieder Sie, müssen aber im sprachlichen Alltag, zumindest im Inland, mit den verschiedensten Aussprachevarianten zurechtkommen. Wenn Sie also wissen, dass Sie, weil sie in Westfalen aufgewachsen sind, sonntags in die *Kiarche* statt in die *Kirche* gehen, dass Sie, weil Sie lange im Norden gelebt haben, immer *Käse* und *Mädchen* (und nicht *Kese* und *Medchen*) sagen oder dass Sie, weil Sie aus dem Fränkischen stammen, die *Mudder* statt die *Mutter* nie ganz ablegen konnten, dann zeigen Sie das

Ihren TN. Mit dem Ziel, dass die TN ihre Sprache nicht (mehr) unbedingt an der des KL messen, wie es im Fremdsprachenunterricht lange Zeit üblich war.

Um all diese feinen Unterschiede zu hören, müssen die TN viel Sprache kennen lernen, hören und erfahren, damit sie lernen, das herauszufiltern, was sie verstehen sollen / müssen. Sie müssen teilweise auch erst lernen, bestimmte – z. B. ihren Ohren fremde Laute – überhaupt zu hören. Die Ohren müssen für die Wahrnehmung der Laute sensibilisiert werden. Erst dann sind sie in der Lage einen bestimmten Laut angemessen selbst zu produzieren. Das Gleiche gilt natürlich für Akzent (Betonung), Intonation und Sprachmelodie.

U. E. ist die Phonetik ein Bereich des Sprachenlernens, mit dem die TN nicht allein gelassen werden können. Die TN brauchen dazu den KL, der sie zum Hören (und Unterscheiden) anleitet. Aus diesem Grund haben wir Ihnen in diesem Handbuch einen kleinen Phonetikkurs zusammengestellt. Darin gehen wir auf die wesentlichen Ausspracheschwierigkeiten der deutschen Sprache ein.

Es gibt in der einschlägigen Literatur eine Reihe von Ausspracheübungen, Übungen zur Lautdiskriminierung, zum Vokalneueinsatz (die deutlich machen, welche Missverständnisse auftreten können: Essig – ess ich, deutschsprachig – deutsch sprach ich) und Zungenbrecher, an denen verschiedene phonetische Erscheinungen geübt werden. Aber alle diese Übungen arbeiten mit einem großen Wortschatz, setzen also eigentlich die Beherrschung dieses Wortschatzes voraus. Wir meinen, dass die TN die Aussprache einfacher lernen können, wenn sie wissen, was sie sagen. Wir haben uns daher bemüht, alle Übungen dort anzusetzen, wo sich die Behandlung vom Wortschatz oder auch von der Grammatik her anbietet. Außerdem greifen wir soweit wie möglich ausschließlich auf bekannten Wortschatz zurück.

Der Phonetikkurs ist so aufgebaut, dass Sie als KL anschließend eigenständig an der jeweiligen Problematik weiterarbeiten können. So beschäftigen wir uns z. B. in Lektion 1 mit Assimilation, diese Arbeit können Sie dann im Laufe des gesamten Hörprogramms im Lehrwerk fortsetzen und vertiefen.

Wenn Sie an manchen Stellen die Phonetikarbeit für Ihre Gruppe für nicht ausreichend halten oder bei einer bestimmten Ausgangssprache die phonetische Korrektur intensivieren möchten, sollten Sie auf die Fachliteratur zurückgreifen. Damit könnten Sie auch einzelnen TN Vorschläge für das selbstständige Weiterarbeiten und Üben zu Hause machen. Wenn Sie im Ausland, d. h. im nicht-deutschsprachigen Raum unterrichten, sind Sie in der bevorzugten Situation, dass Sie höchstwahrscheinlich nur TN mit der gleichen Ausgangssprache im Kurs haben. Sie können sich also auf die spezifischen phonetischen Schwierigkeiten Ihrer Gruppe mit der deutschen Sprache konzentrieren. Greifen Sie auch in diesem Fall auf die einschlägige Literatur zurück.

Abschließend – um den Lernerfolg zu optimieren – noch ein paar Tipps zur Durchführung von phonetischen Übungen:

nach Doris Middleman: Sprechen hören Sprechen, Übungen zur deutschen Aussprache, Verlag für Deutsch, Ismaning 1996

1. Ausspracheübungen immer laut durchführen. Es hat keinen Sinn, den Text still vor sich hin zu lesen. Sprache hat mit Sprechen zu tun.
2. Beim Sprechen Ober- und Unterkiefer öffnen, um klarer zu formulieren (wenn jemand „nuschelt", man ihn schlecht verstehen kann, sagt man ihm im Umgangsdeutschen: Mensch, jetzt nimm doch mal die Zähne auseinander!). Es helfen dabei Übungen, die die TN zwingen artikuliert zu sprechen: das „Korkensprechen" (einen Korken zwischen die Zähne nehmen, die Wörter oder Sätze erst mit diesem Widerstand und anschließend ohne ihn sprechen. Diese Übung wird auch oft einfach nur mit vollem Mund gemacht, ein trockenes Brötchen ist dazu geeignet.) und Flüsterübungen (Sätze oder Text so laut wie möglich flüstern; wir haben eine entsprechende Übung in Lektion 2 eingebaut).

3. Laut genug sprechen, damit man gut verstanden wird. Ein Aussprachefehler wird nicht deshalb verbessert, weil er leise gesprochen wird. Zu leises oder zaghaftes Sprechen verursacht nur noch eine weitere Kommunikationsstörung.
4. Vor Übungsbeginn mit ein paar Atemübungen entspannen:
   - Schultern hängen lassen, tief durch die Nase ein-, durch den Mund ausatmen.
   - Auf fffffffffff so langsam ausatmen, wie es noch angenehm ist. Schultern dabei nicht anheben.
   - Auf ein stimmhaftes ssssssss (Summen) ausatmen.
   - Tief in den Bauch einatmen und auf oooooomm ausatmen.
5. Hören lernen! Um einen Laut produzieren zu können, muss erst gelernt werden, ihn zu hören. Die Sensibilisierung der Ohren dauert eine Weile.
6. Nur mit akustischer Kontrolle üben: im Kurs durch den KL (und / oder im Sprachlabor), bei eigenständiger Arbeit zu Hause mit Kassettenrekorder (noch besser mit zwei Rekordern: erst den vorgesprochenen Text hören und dann den eigenen Text auf eine Leerkassette aufnehmen).
7. Nachdem Texte einige Male gesprochen worden sind, sollte versucht werden sie nachzusprechen ohne dabei mitzulesen. So wird die visuelle Quelle ausgeschaltet und man ist nur auf die Ohren angewiesen. Das entspricht dem normalen Redeverhalten.
8. Regelmäßige kurze Übungen sind besser als einmal die Woche über längere Zeit.
9. Konzentrieren Sie sich bei einer Übung auf bestimmte Laute. Wenn zu viele Problembereiche auf einmal behandelt werden, sind die TN überfordert und das könnte den Lernerfolg mindern.
10. Geduld haben! Kinder brauchen Jahre, bis sich die Muttersprache festigt, deshalb müssen auch Erwachsene die nötige Zeit aufbringen, um neue Laute zu formen.

Die folgende Übersicht zeigt Ihnen, welche phonetischen Bereiche in welchen Lektionen bearbeitet werden können:

Band 1

1. Unterscheidung der Vokale: lang / geschlossen und kurz / offen – Lektion 1, Lektion 3
   Vokal a: Lektion 2
   Vokal e: Lektion 3, Lektion 6
   Vokal i: Lektion 5
   Vokal o: Lektion 5
2. Unterscheidung der Explosive und Auslautverhärtung:
   g+k: Lektion 2, Lektion 9
   d+t: lektion 6, 7
   f+v+w+pf: Lektion 7
   b+p: Lektion 2
3. Aussprache /h/: Lektion 2
4. ä-Laute (im Unterschied zu /e/: Lektion 6
5. ö-Laute : Lektion 10
6. ü-Laute und Unterscheidung zu /i/: Lektion 4
7. r-Laute: Lektion 9
8. Diphtonge:
   eu/oi: Lektion 1
   ei/ai: Lektion 2, Lektion 7

9. Lautkombinationen
   -chs: Lektion 8
   -ch: Lektion 8
   -ng: Lektion 10
10. Auslauthärtung /s/: Lektion 9
11. Silben: Lektion 1
12. Wortaktzent: Lektion 1, Lektion 2, Lektion 4, Lektion 5, Lektion 6
13. Satzakzent: Lektion 1 (ansatzweise), Lektion 3
14. Assimilation (Angleichung benachbarter Laute): Lektion 1, Lektion 3
15. Reduktion (Abschwächung und Verkürzung von Lauten) und Elision (Ausfall eines Lautes, Schwa-Laute): Lektion 1, Lektion 2, Lektion 3

Exkurs Authentische Texte

Die aktuellen Fremdsprachenlehrwerke haben den Anspruch mit authentischen Texten zu arbeiten. Wir haben diesen Anspruch auch. Aber: Was sind authentische Texte? Im alltäglichen Sprachgebrauch sind authentische Texte Originaltexte, Texte in nicht didaktisierter Form, die im Druckmedium oder über einen Tonträger verbreitet werden. Wenn man den Begriff ‚authentische Texte' so eng auslegt, glauben wir sagen zu dürfen, dass fast keine authentischen Texte in Lehrwerken Verwendung finden, zumindest nicht am Anfang des Grundstufenniveaus. Für den Anfängerunterricht sind wirklich authentische Texte oft inhaltlich überfrachtet, oftmals – oder kann man ruhig sagen meistens – zu lang und überfordern die Lerner/innen. Kurze Texte, die man beispielsweise in der Werbung findet, sind in der Regel idiomatisch und sprachlich zu reduziert und daher auf Anfängerniveau nicht einsetzbar. So wird der authentische Text eigentlich immer didaktisiert: Er wird gekürzt und Lexik und Grammatik werden vereinfacht. Ist der Text dann kein authentischer Text mehr? Entscheiden Sie selbst. Für uns hat ein Text durch die lernerfreundliche Bearbeitung nicht an Authentizität verloren. Natürlich werden die Texte mit der Progression des Lehrwerks und mit der zunehmenden sprachlichen Kompetenz der Lernenden immer „authentischer", d. h. sie sind weniger bearbeitet und entsprechen daher immer mehr dem Original.

Wir verwenden aber auch konstruierte, also selbst geschriebene Texte und Dialoge, die wir didaktische Dialoge nennen. Diese Texte dienen dazu, Strukturen, Floskeln und strategische Momente der Sprache zu vermitteln. An diesen Texten lassen sich bestimmte von der Lernprogression her wichtige sprachliche Phänomene erarbeiten – die in der Endphase dem Lerner frei verfügbar sind. Diese Texte nehmen im Verlauf des Fremdsprachenerwerbs ab.

Jede Lektion enthält Aufgaben, die einen Vergleich zwischen Erlerntem und im Umfeld Gehörtem herbeiführen wollen. Diese Aufgaben richten sich oft an den Deutschlerner, der sich im deutschen Sprachraum aufhält, mit fortschreitendem Spracherwerb können diese Vergleiche aber mit Fernsehsendungen wie Talksendungen u. Ä. geführt werden.

Arbeiten Sie von Beginn des Kurses an bei Lese- und Hörtexten nach dem Prinzip „Man muss nicht immer alles verstehen!" Wir haben dieses Prinzip im Ansatz im Lehrbuch selbst an verschiedenen Stellen dargestellt und danach gearbeitet. Vergleiche auch: Exkurs Leseverstehen. Wir möchten Ihnen das Prinzip, das von dem „Bad in der Sprache" ausgeht, im Folgenden vorstellen und empfehlen Ihnen es auszuprobieren. Sie könnten dazu auch die Interviews und die dialektalen Sprachbeispiele von den Hörkassetten / CDs verwenden. Einige Sprachschulen in Italien arbeiten so, wir haben den entsprechenden Unterricht dort selbst kennen gelernt. Wir hatten – aufgrund unserer Lernerfahrungen – anfangs größte Schwierigkeiten mit diesem methodischen Ansatz, haben aber auch erlebt, dass es genau das ist, was wir in einer fremdsprachigen Umgebung erleben, was wir durchstehen müssen. Im Hör- und Leseverstehen so zu arbeiten ist gewöhnungsbedürftig. Lernende und KL müssen es beide erst lernen. Auch der KL muss lernen, dass keine „Lösung" präsentiert werden soll, dass „Ergebnisse" offen bleiben und dass das aber genau das ist, was im Umgang mit der Sprache schrittweise weiterbringt.

Wir beschreiben Ihnen hier das Vorgehen mit Textpassagen aus einem Aufsatz zum Thema Hörverstehen.

Iolanda Da Forno: Vom Mythos immer alles verstehen zu wollen, oder Hörverstehen 'mal ganz anders, Sonderdruck aus Zielsprache Englisch 4/1994

Was die Lerner vorher wissen sollten!

Bevor man mit der Übung anfängt, muß einiges Grundsätzliches geklärt werden. Zunächst müssen die TN vorher wissen, warum sie etwas tun und was sie erwartet. Nur so wird auch die Bereitschaft gewährleistet, sich auf ein „Experiment" einzulassen. Durch die folgende Einleitung vermittelt der/die KL eine gewisse Sicherheit und gibt der Übung die nötige Transparenz:

- Das Verstehen eines gesprochenen Textes in einer fremden Sprache ist eine Fähigkeit, die nur durch wiederholtes Training erworben werden kann. Nach und nach wird sich Ihr Ohr an den Klang und an das normale Sprechtempo gewöhnen. Je häufiger Sie dies trainieren, umso vertrauter wird die Sprache und umso mehr wird man auch im Laufe der Zeit automatisch verstehen.
- Ich möchte Sie bitten, ein Experiment durchführen zu dürfen.
- Wir werden jetzt einen Text mehrmals hören, in dem zwei Italiener ganz normal miteinander reden. Dieser Text ist sehr lang und sehr schwierig. (An dieser Stelle ist es wichtig, mögliche negative Reaktionen der TN vorwegzunehmen.)
- Es kann auch sein, daß nach dem ersten Hören kaum etwas klar ist, vielleicht werden Sie nur drei Wörter verstehen. Sie werden aber feststellen, daß Sie nach jedem weiteren Hören immer mehr Wörter aufschnappen.
- Hören Sie trotzdem konzentriert, aber entspannt zu, lassen Sie sich von der Melodie der Sprache tragen, halten Sie sich nicht mit dem auf, was Sie nicht verstehen, es ist für uns nicht von Bedeutung. Verstehen kann man nicht erzwingen, es kommt von ganz allein.
- Ein native speaker wird natürlich 100% des Textes verstehen, da Sie aber am Anfang Ihres Lernprozesses stehen, kann es nicht Ihre Aufgabe sein, alles zu verstehen, weil es unmöglich ist. Außerdem gilt nicht die Gleichung: NICHT ALLES VERSTEHEN = NICHTS VERSTEHEN. Zwischen 100% und 0% gibt es einen breiten Raum, in dem das Verständnis jedes einzelnen (je nach Schwierigkeitsgrad des Textes und Niveau der Person) angesiedelt ist.
- Vielleicht können Sie einzelne Wörter aufschnappen, die zusammen mit dem Kontext bei wiederholtem Hören benutzt werden können, um sich dem Text durch Hypothesenbildung anzunähern.
- Es geht nicht darum, etwas richtig oder falsch, viel oder wenig zu verstehen. Hier ist ein geschützter Raum geschaffen, in dem jede/r individuell an seiner Fähigkeit zu verstehen arbeiten kann.
- Das Verstandene wird nicht überprüft.

Und wie das funktioniert

- Der Text wird ein- oder auch zweimal (je nach Schwierigkeitsgrad) gehört.

- In Zweiergruppen tauschen dann die TN das aus, was sie aufgeschnappt haben (einzelne Wörter, Sätze, Zusammenhänge), auch Unklarheiten können miteinander diskutiert werden.
- Der Text wird wieder gehört.
- Es findet ein erneuter Informationsaustausch, jetzt aber mit einer anderen Person, statt.

Anmerkung: Die Wörter könnte auch der KL auf Zuruf der TN anschreiben.

- Der / Die KL schreibt sechs beliebige Wörter, die im Text vorkommen, untereinander an die Tafel und fragt, welche davon bekannt sind – d. h., man geht vom Bekannten zum Unbekannten. In den meisten Fällen kommen fast alle Erklärungen aus der Gruppe, so daß der KL nicht derjenige ist, der wieder die „neuen Vokabeln“ einführt. Nach deren Klärung schreiben die TN die Wörter ab.
- Bei erneutem, jetzt einer Art selektivem Hören machen die TN, wenn sie ein Wort wiedererkennen, an der entsprechenden Stelle ein Kreuz.
- Die Ergebnisse werden mit wieder neuen TN verglichen.
- Nach dieser Phase sind mehrere Aufgaben oder Fragekomplexe vorgesehen, die von den TN nacheinander bearbeitet werden. Es kann sich dabei um ganz „normale“ Aufgaben handeln, wie sie auch sonst zur Verständniskontrolle verwendet werden (z. B. Fragen zum Text oder Multiple choice, Richtig-Falsch), nur daß sie an dieser Stelle eine ganz andere Funktion erfüllen: Sie dienen hier weniger dazu, das Verständnis zu kontrollieren, als vielmehr die Aufmerksamkeit der Hörer auf verschiedene Aspekte des Textes zu lenken. Das Lösen der Aufgaben ist außerdem eine Hilfe, um die Konzentration während des mehrmaligen Hörens aufrechtzuerhalten. Für jede der vorgesehenen Aufgaben wird der Text erneut abgespielt, danach tauschen die TN in immer wieder neu zusammengesetzten Gruppen ihre Ergebnisse aus.
- Abschließend sollte der Text ohne Aufgabe noch einmal gehört werden. Während der ganzen Übung muß die / der KL darauf achten, das zu Anfang gegebene Versprechen zu halten, und darf nicht kontrollierend eingreifen, z. B. indem sie / er von Gruppe zu Gruppe geht. Sollten Fragen seitens der TN auftauchen, ist es ratsam, diese bis zum Ende zurückzustellen. Eine solche Übung kann 45–60 Minuten dauern. Es kann vorkommen, daß ein Text (besonders in einer Anfängergruppe) bis zu sieben Mal abgespielt wird. Hier sollte man keine Angst haben, die TN zu langweilen. Zum einen erfordert das Lösen der Aufgaben die volle Konzentration, zum anderen ist es den TN ein Bedürfnis, sich immer wieder mit dem Text zu konfrontieren. Sind die Lernenden mit dieser Übung vertraut, so werden sie selbst bei Bedarf um ein weiteres Hören bitten oder signalisieren, daß sie mit dem, was sie aufgenommen haben, zufrieden sind.

Anmerkung: U. E. sollten keine Fragen geklärt werden. Gerade das ist der zentrale Punkt des Ansatzes.

Nach der Übung

Wird diese Form des HV-Trainings zum ersten Mal in einer Gruppe durchgeführt, empfiehlt sich ein kurzes Feedback mit folgenden Fragen:
- Wie geht es Ihnen? (und nicht: Wie fanden Sie die Übung?(!)) Einige werden berichten, daß sie sich sehr frisch fühlen, andere, daß sie schon lange nicht mehr so konzentriert gearbeitet haben. Wieder andere werden ihr Entsetzen beim ersten Hören beschreiben usw. Oft kommt der Satz: „Ich wußte gar nicht, daß ich so viel verstehen kann.“
- Wie oft, schätzen Sie, haben Sie den Text gehört? Die TN sollen ganz spontan darauf antworten. Die genannte Zahl wird fast immer unter der tatsächlichen liegen.

- Haben Sie den Eindruck, daß Sie nach dem letzten Hören genausoviel verstanden haben wie nach dem ersten? Alle TN werden bestätigen, daß das Verstehen mit jedem Hören zunahm.
- Wie viele neue Vokabeln habe ich Ihnen gegeben? Jemand wird antworten „sechs". Ein anderer wird korrigieren: „Nein, das waren doch Wörter, die wir selbst wußten!" Nach einem Zögern lautet die Antwort „keine!" – allgemeine Ratlosigkeit.
- Halten Sie es für angebracht, daß wir solche Übungen in unseren Unterricht integrieren? Es hat noch keine Gruppe gegeben, die diese Frage verneint hat. Manchmal kommt die Bitte von den TN selbst: „Können wir so etwas nicht häufiger machen?"

Ergänzend dazu noch zwei Dinge:
- Das, „was die Lerner vorher wissen sollten", können Sie im Anfängerunterricht nur ansatzweise deutlich machen. Wir denken 1–2 Sätze von Ihnen tun es auch. Es ist wichtiger, dass Sie wissen, was Sie mit diesem Experiment erreichen wollen.
- Die Aufgaben, die hier nach dem Hören verteilt werden, so auch das Herausfinden einzelner Wörter, halten wir nicht für unbedingt erforderlich, zumindest nicht im Anfängerunterricht. Das kürzt dann auch das Verfahren erheblich ab. Wichtig sind das mehrmalige Hören (3–5 mal) und der anschließende wechselnde Informationsaustausch, um die TN das zunehmende Verstehen erleben zu lassen. Dieser Punkt sollte unbedingt thematisiert werden, und zwar indem im Kurs gut sichtbar (Tafel, OHP, Wandzeitung) eine Skala von 0–100 % angezeichnet wird. Der KL markiert auf dieser Skala nach dem ersten und letzten Hördurchgang auf Zuruf der TN Prozentwerte: Die TN geben an, wie viel Prozent sie glauben verstanden zu haben. So wird der Verstehenszuwachs sehr deutlich. Alle werden bedeutend höher liegen als nach dem ersten Hören. Es braucht sich niemand zu genieren: Wir Autorinnen lagen in Italien oftmals zwischen 0 und 10 % nach dem ersten Hören.

Dieser methodische Ansatz mit authentischen Hörtexten ist selbstverständlich auf Lesetexte übertragbar: Sie geben den Text vor, der zügig durchgelesen werden soll. Die TN sollen an keiner Textstelle stehen bleiben und versuchen sie sich zu erklären. Sie geben eine relativ kurze, aber angemessene Zeit für den Lesedurchgang, die Sie auch einhalten. Der Text wird nach dem Lesen abgedeckt. Weitere Bearbeitung dann wie für das Hören beschrieben. Die Zahl der Durchgänge liegt in Ihrem Ermessen. Variante: Alle TN dürfen beim zweiten Durchgang z. B. fünf Wörter markieren, die sie nicht kennen und die erklärt werden. Dann Fortsetzung wie beim Hörverstehen beschrieben.

Dies können Sie natürlich auch mit Seh-Hörverstehen machen.

Exkurs Bewegung und Entspannung

Integrieren Sie in Ihren Unterricht möglichst oft Bewegungs- und Entspannungsübungen. Bewegung ist immer auch Entspannung. Nach einer längeren und / oder intensiven Lern- und Arbeitsphase ist es unbedingt erforderlich, dass die Lernenden kurz „abschalten", sich entspannen, um mit neuer Energie weiterzuarbeiten. Nach jeder Anspannung muss Entspannung folgen; insbesondere wenn Sie intensiv unterrichten, d. h. Unterricht in Blockform durchführen, wie ein- oder mehrwöchige Kurse mit 6–8 Unterrichtsstunden pro Tag, oder Wochenendkurse mit 20 Unterrichtsstunden. Das gilt aber auch bei extensivem Unterricht, z. B. 2–3 Unterrichtsstunden abends zweimal die Woche. Dabei müssen Sie davon ausgehen, dass Ihre TN einen ausgefüllten, anstrengenden Arbeitstag hinter sich haben und anschließend noch die Mühen eines Fremdsprachenunterrichts auf sich nehmen. Zollen Sie ihnen Anerkennung, indem Sie unsere Anregungen zur Entspannung umsetzen und den TN damit vor Augen führen, wie viel leichter ihnen die Lernphasen durch das regelmäßige Einschieben von Entspannungsphasen werden. Diese nehmen nur 1–2 Minuten in Anspruch, bewirken aber viel.

Die einfachste Form, Bewegung in den Unterricht zu bringen, ist das Zusammenfinden von Lernpartnern und Arbeitsgruppen. Nutzen Sie die Möglichkeiten, die wir Ihnen im *Exkurs* Arbeitsgruppen vorstellen. Wenn Sie eine solche Form der Partner- und Gruppenzusammensetzung wählen, müssen die TN aufstehen und sich bewegen.

Wir danken Brigitte Calenge, VIVE, München, für die vielen Anregungen zu Bewegung / Entspannung, Rahmenbedingungen und Spielen.

Hier sind noch weitere Beispiele für gezielte Bewegungsübungen:
Schritt 1: Rhythmische Musik einlegen
Schritt 2: Sich zur Lockerung im Kreis nach der Musik bewegen, z. B. im Rhythmus das linke und das rechte Bein abwechselnd nach vorne werfen
Schritt 3: Bauen Sie einen imaginären großen Baum in der Mitte des Kreises auf, an dem verschiedene Obstsorten wachsen. Das Obst wird von den TN gepflückt und in einen Korb gelegt (recken und bücken). Dabei sollen die TN versprachlichen, was sie pflücken (einen Apfel, eine Banane ... So können Sie gleichzeitig Wortschatz wiederholen. Vielleicht kann man an dem Baum auch andere Sachen wachsen lassen?)
Schritt 4: Der Baum ist abgeerntet, wenn Sie die Musik ausschalten. Man kann sich noch kurz das Laub, das an einem haften geblieben ist, abklopfen (an Armen und Beinen, am Kopf, vom Rücken des Nachbarn ...)

- Man könnte auch eine mannshohe beschriebene Tafel von oben bis unten putzen. Irgendwann wird der eine Arm lahm und man muss den anderen nehmen.
- Sie wollen den Kleiderschrank des (Aupair-)Kindes aufräumen, alle Fächer von oben bis unten. Kaum zu glauben, was man darin alles findet.

Eine weitere gezielte Bewegungsübung haben wir in Lektion 6 (Situation 5, Übung 4) im Zusammenhang mit dem Üben der Präpositionen in den Unterrichtsablauf eingebaut. Diese Übung lässt sich öfter wiederholen und in verschiedenen Variationen einsetzen.

Entspannungsübungen unterscheiden sich von Bewegungsübungen dadurch, dass sie nicht sprachlich begleitet oder sprachlich motiviert werden, sondern ausschließlich der Entspannung und dem Energieaufbau dienen. Wir haben Ihnen ein paar Übungen zusammengestellt*, die nicht sehr zeitaufwendig und daher auch im extensiven Unterricht einsetzbar sind. Wenn Sie Intensivkurse betreuen und aufgrund von Dauer und Intensität des Unterrichts auf entspannende Übungen für die TN angewiesen sind, sollten Sie ein breiteres Repertoire solcher Übungen haben. Sie müssten dafür die einschlägige Literatur zu Rate ziehen.

* nach Barbara v. d. Meden, Carmen Rauzi-Lauterbach: Suggestopädische Grundausbildung (Ausbildungsordner)

Schulterübungen
Die Arme vor den Körper halten, so dass sich die Fingerspitzen berühren. Mit der linken Hand den rechten Ellenbogen umfassen. So stark wie möglich daran

ziehen, mit dem Ellenbogen jedoch dem Druck widerstehen. Loslassen und die Übung mit der rechten Hand wiederholen.

Palming
Die Handflächen aneinander reiben, bis sie sehr warm sind, und dann auf die Augen legen.

Yaman taka ant fat
Diese Worte werden zu folgenden Bewegungen laut gesagt:
Yaman – in die Hocke gehen, Hände auf die Füße; taka – aufstehen, Hände auf die Oberschenkel; ant – Hände auf die Brust; fat – Hände über den Kopf strecken. Die Übung einige Male wiederholen.

Lehne fassen
Auf die Stuhlkante setzen und den Oberkörper nach rechts drehen. Der Kopf schaut über die Schulter, die Hände versuchen die Rückenlehne zu fassen. Ausatmen und sich nach links drehen. Einatmen und zum Bewegungsende wieder ausatmen. Die Übung 2 x je Seite wiederholen.

Schüttelsieb
Man stellt sich vor, ein Schüttelsieb zu sein: die Siebe werden nach unten hin immer feiner. Sobald man eine Kiesladung erhält, schüttelt man sie von oben nach unten durch seine „Siebe". Alle Muskeln werden dadurch gelockert und Spannungen losgelassen.

Eine-Minute-Übung
Die Dehnung des sog. Halswenders beugt Verspannungen vor und hilft bei verspannungsbedingten Kopfschmerzen. Aufrecht hinsetzen, Rücken gerade. Die Arme hängen lassen, die Handflächen zeigen zu Boden. Das linke Ohr soweit wie möglich zu linken Schulter bewegen, Schulter dabei nicht anziehen und den rechten Arm in Richtung Boden drücken, 10 Sekunden halten, währenddessen ruhig weiteratmen. Die Seite wechseln. Die Übung 2 x je Seite wiederholen.

Sie müssten die Übungen natürlich vormachen, aus sprachlichen Gründen zunächst auch betont deutlich. Nachdem in Lektion 4 die Körperteile eingeführt wurden, sollten die TN die Angaben anschließend – zumindest die der Körperteile – verstehen. Sie könnten diese Übungen auch als Wiederholungsübung für die Körperteile einsetzen. (Womit wir unsere Bemerkung, dass Entspannungsübungen sprachlich nicht einsetzbar sind, relativiert haben.)

Exkurs Evaluation

In fast allen gesellschaftlichen Bereichen – in der Wirtschaft, im Dienstleistungssektor, im öffentlichen Dienst, ja selbst im Bildungsbereich – werden heute die Themen Qualität und Qualitätssicherung diskutiert und es wird versucht, die Diskussionsergebnisse umzusetzen (und zwar dann auch qualitätsorientiert).

Teil einer Qualitätssicherung ist die Evaluation. Was ist das – Evaluation? Der Begriff rührt aus dem Mittelalter. Damals wurde der Wert einer Münze durch einen Biss mit den Zähnen geprüft. So stellte man Härte und Stärke der Münze – ihren Wert – fest. Man kann also den Begriff Evaluation zunächst einmal mit

Bewertung übersetzen. Obwohl er auf den Unterrichtsbereich bezogen etwas weiter gefasst werden muss.

Sie alle erwarten von Ihren TN Feedback, d. i. eine Rückmeldung zu Ihrem Unterricht, Sie möchten wissen, wie Ihr Unterricht bei den TN angekommen ist, was sie gelernt haben, was sie gut, was sie nicht gut fanden. Sie brauchen diese Meldung, um selbst Ihren Unterricht zu überprüfen, zu verändern, weiterzuentwickeln – und das ist Evaluation.

Nun spielt Evaluation sich auf mehreren Ebenen ab. Da ist der Träger Ihres Kurses: die Institution, in deren Auftrag Sie unterrichten. Natürlich will die Institution wissen, wie ihr – und damit auch Ihr – Unterricht läuft, was Sie darüber zu berichten haben, was die TN dazu sagen, und sie hat natürlich das Recht das zu erfahren. Auch sie hat diesen Kurs zu evaluieren, nur auf einer anderen Ebene, auf einer Ebene, die für Sie teilweise Kontrolle bedeutet.

Wir beschränken uns hier aber auf Ihre Kursevaluation, auf die Selbstreflexion. Das ist zunächst eine Angelegenheit zwischen Ihnen und Ihren TN, erst wenn institutionelle oder kursexistentielle Fragen davon berührt sind – die Räumlichkeiten sind ungeeignet, die Gruppe ist zu groß, Ihre TN äußern Unzufriedenheit über Ihren Unterricht –, sind die Institution bzw. deren Vertreter einzubeziehen. Aber, wie gesagt, darum geht es hier nicht. Es geht uns um den Dialog zwischen Ihnen und Ihren TN, den Dialog über den Unterricht, der sicher schon in der Muttersprache schwer zu führen ist (aber auch das kann man lernen), sich jedoch im DaF-Unterricht – vor allem in der Grundstufe – aufgrund der mangelnden Sprachkenntnisse noch schwieriger gestaltet. Dennoch sollten Sie vor dieser Aufgabe nicht zurückschrecken, sondern sie unbedingt in Angriff nehmen. Ermutigen Sie Ihre TN immer wieder zur Kritik – positiv und negativ. Ein Ziel ist dabei auch, dass jeder TN an eine permanente Reflexion über den eigenen Lernprozess herangeführt wird. Sie werden mit Sicherheit bei einigen Nationalitäten auf kulturelle Barrieren stoßen: eine/n Lehrer/in kritisiert man einfach nicht. Versuchen Sie trotzdem immer wieder zu erreichen, dass Ihre TN sich äußern. Versuchen Sie Kritik zu provozieren, „erziehen" Sie Ihre TN dazu, Stellung zu nehmen. Und zwar in Ihrem eigenen Interesse: zur Evaluierung und Optimierung Ihres Unterrichts.

Wir machen Ihnen im Folgenden Vorschläge, wie Sie mit Ihren TN ins Gespräch kommen können. Eines aber noch vorneweg. Eine Evaluation sollte nicht zum Ende einer Unterrichtsveranstaltung stattfinden, sondern zu einem Zeitpunkt, zu dem noch etwas verändert werden kann: Wenn Sie z. B. einen Wochenkurs haben, in der Wochenmitte; bei einem Semesterkurs in der Mitte des Semesters, nicht erst zum Semesterende. Einige Volkshochschulen stellen ihren Kursleitern/innen Feedbackbögen für den Unterricht zur Verfügung, die die TN anonym beantworten. Wenn Sie solch einen Fragebogen einsetzen können, würden Sie ihn anschließend selbst auswerten. Das Ergebnis geht dann nur Sie und Ihre Teilnehmer/innen etwas an: Geben Sie die Auswertung auch den TN und diskutieren Sie mit ihnen darüber. Wenn Sie so einen Fragebogen zur Verfügung gestellt bekommen, stellen Sie sicher, dass man von Ihnen nicht erwartet, dass Sie das Ergebnis an die Institution weitergeben.

Wir zeigen Ihnen hier ein Beispiel für einen solchen Fragebogen. Verwenden können Sie ihn zwar erst im Fortgeschrittenenunterricht, aber Sie können ihm entnehmen, welche Fragen für eine Unterrichtsbewertung als exemplarisch gelten können, zu welchen Bereichen sich die Teilnehmer/innen also äußern sollten.

Feed back SPRACHEN

(Teilnehmer/innen)

- feed back -
- Sprachen-TN.doc. -

Bitte ankreuzen und ohne Namensnennung an den/die Kursleite/in zurückgeben.

I. Zum Kurs heute:

1. Haben Sie das Gefühl, daß Ihnen der Kurs heute etwas gebracht hat?
- ☐ Ja, ich habe heute etwas dazugelernt.
- ☐ Sehr viel Neues habe ich heute zwar nicht gelernt, aber die Stunde war nützlich zum Verfestigen des bisher Gelernten.
- ☐ Diese Stunde hat mir nur sehr wenig gebracht.

2. Wie beurteilen Sie Tempo und Schwierigkeitsgrad dieser Stunde?
- ☐ Gerade richtig.
- ☐ Etwas zu schnell und schwierig; ich konnte nicht immer folgen.
- ☐ Zu langsam und einfach, ich habe mich manchmanl gelangweilt.
- ☐ Ich bin überhaupt nicht mitgekommen.

3. Hatten Sie heute genügend Gelegenheit, das freie Sprechen zu üben?
- ☐ Ja, ich hatte ausreichend Gelegenheit dazu.
- ☐ Es war Gelegenheit dazu, aber ich hätte mir mehr gewünscht.
- ☐ Es war Gelegenheit dazu, aber ich habe sie heute nicht richtig genutzt.
- ☐ Nein, das ist viel zu kurz gekommen.

4. Hatten Sie genügend Gelegenheit zum Üben des grammatischen Stoffes?
(Nur ausfüllen, wenn Grammatik heute eine Rolle gespielt hat.)
- ☐ Ja, der Stoff „sitzt" jetzt.
- ☐ Ja, aber ich werde wohl noch mehr Übung brauchen.
- ☐ Für mich wurde zu wenig geübt.
- ☐ Üben? Ich durchschaue manches noch gar nicht.

5. Haben Sie heute Ihren Wortschatz erweitern können?
- ☐ Neue Wörter wurden gut eingeführt und durch praktische Anwendung gefestigt.
- ☐ Die neuen Wörter sind mir ziemlich zusammenhanglos geblieben.
- ☐ Es kamen neue Wörter vor, die nicht eingeführt worden waren.

6. Glauben Sie, daß Sie mit dem, was Sie heute gelernt haben, auch außerhalb des Unterrichtsraumes etwas anfangen können?
- ☐ Ja, ich denke schon.
- ☐ Nicht direkt.
- ☐ Nein, das bringt mir nichts.

7. Hat es Ihnen heute Spaß gemacht?
- ☐ Ja.
- ☐ Ja, zeitweise.
- ☐ Nein, nicht besonders.

II. Zum Kurs allgemein:

8. Mit welchen Erwartungen sind Sie in den Kurs gekommen? (Mehrfachnennungen möglich.)
- ☐ Ich möchte mich in der Alltags-/Umgangssprache (besser) zurechtfinden können.
- ☐ Ich möchte mich in der Fachsprache (besser) zurechtfinden können.
- ☐ Mich interessiert vor allem die Lesefertigkeit.
- ☐ Ich bin vor allem an schriftlicher Arbeit interessiert..
- ☐ Die Grammatik ist das wichtigste für mich.
- ☐ Mich interessiert das Hörverständnis.
- ☐ Ich möchte vor allem viel sprechen üben.
- ☐ Ich möchte etwas über Kultur und Landeskunde erfahren.
- ☐ Anderes:..
....
....
....

9. Arbeiten Sie gern mit Ihrem Lehrbuch?
(Nur beantworten, wenn Sie eines benutzen.)
- ☐ Ja, es ist interessant und anregend, dazu klar und übersichtlich.
- ☐ Es ist zwar interessant, aber in der Grammatik nicht übersichtlich.
- ☐ Ich finde es chaotisch.
- ☐ Ich finde es langweilig.

10. Worauf sollte nach Ihrer Meinung künftig mehr Gewicht gelegt werden?
- ☐ Auf das Üben des freien Sprechens und das Hörverständnis.
- ☐ Auf die Grammatik.
- ☐ Auf die Vokabelarbeit.
- ☐ Auf das Lesen von Texten.
- ☐ Auf das Schreiben.
- ☐ Die bisherige Mischung ist gut so.

11. Wie bewerten Sie die Zusammenarbeit in der Gruppe?
- ☐ Sehr gut, alle helfen sich gegenseitig.
- ☐ Insgesamt zufriedenstellend
- ☐ Zusammenarbeit ist da, aber sie müßte effektiver gestaltet werden.
- ☐ Es gibt zu wenig Zusammenarbeit.
- ☐ Für mich persönlich ist Zusammenarbeit nicht so wichtig, weil ich lieber allein arbeite.

12. Wie finden Sie die Erklärungen der Kursleiterin/des Kursleiters?
- ☐ Leicht verständlich und anschaulich.
- ☐ Teilweise schwierig und unverständlich.
- ☐ Manche grammatikalische Fachausdrücke sind mir fremd.

13. Geht die Kursleiterin/der Kursleiter genügend auf Ihre Lernschwierigkeiten ein?
- ☐ Ja, sie/er hilft mir und ermutigt mich.
- ☐ Er/Sie sollte mehr auf die Schwierigkeiten einzelner eingehen.

14. Wenn Sie mit etwas nicht zufrieden gewesen sind oder etwas nicht verstanden haben: Sprechen Sie darüber mit mir?
- ☐ Ja, das habe ich schon getan, und
  - ☐ es hat genützt
  - ☐ es hat nichts gebracht
- ☐ Ich hatte dazu noch keinen Anlaß, würde es aber tun.
- ☐ Nein, das liegt mir nicht.
- ☐ Ich glaube nicht, daß es Sinn hätte.

15. Raum für weitere Bemerkungen:

Erstellt: Dz
Stand: April 1998

Im Anfängerunterricht könnten Sie folgende Vorschläge versuchen umzusetzen:

1. Schreiben Sie Piktogramme / einzelne Unterrichtsaktivitäten – je nachdem, welche Sie bewertet haben möchten – einzeln auf Karten oder alle zusammen auf ein großes Plakat, z. B.:
   Hören – Lesen – Schreiben – Partnerarbeit – Gruppenarbeit – Plenum – Lehrer/in – Buch – Spiel – Bewegung ...

   Die Teilnehmer/innen benötigen drei verschiedene Smilies für die Bewertung:

   Teilen Sie sie in einer den zu bewertenden Unterrichtsaktivitäten entsprechend großen Anzahl aus. (Statt der Smilies können Sie auch farbige Karten / Kreise nehmen und die Farben definieren (rot = gut; blau = mittel; grün = schlecht). Die TN sollen nun ihre Bewertung vornehmen, indem sie die Smilies an den Karten oder auf dem Plakat festkleben. Während die TN sich entscheiden, könnten Sie den Raum verlassen oder sich angelegentlich mit dem CD-Player beschäftigen. Beachten Sie bitte: Die Teilnehmer/innen müssen nicht alle Smilies / Kreise auslegen. Alle übrig behaltenen werden auf einen Stoß zur Seite gelegt.

Statt der genannten Aktivitäten können Sie auch einige kurze Fragen (2–4) formulieren, die Sie beantwortet haben möchten.
Diskutieren Sie mit den TN nach der Bewertung über die Ergebnisse.

2. Ziehharmonika
Dazu benötigen Sie ein Blatt Papier: Jeder TN schreibt der Reihe nach etwas, das ihm wichtig erscheint (positiv, negativ oder allgemein ohne Wertung) auf das Papier, schlägt seine Zeile um und gibt es an seinen Nachbarn weiter usw. Das Blatt wird anschließend vorgelesen und diskutiert.

Diese Anregung stammt von Ursel Tiedemann, Volkshochschule Oldenburg, deren Kursleiterinnen und Kursleiter vergleichbare Gespräche als Bilanzgespräche in Alphabetisierungskursen durchführen.

3. Sobald das Gespräch über den Unterricht zum Unterrichtsablauf gehört, machen Sie doch regelmäßig zu einem bestimmten Zeitpunkt ein Auswertungsgespräch (z. B. einen Wochenbericht). Geben Sie den TN Anregungen sich zu äußern. Sie können diese Gespräche auch aufnehmen und später zur Schulung des Hörverstehens einsetzen.

Sie sehen, Formen für die Unterrichtsevaluation gibt es viele. Sie finden bestimmt auch einen Weg mit Ihren Teilnehmer/innen ins Gespräch zu kommen. Die Hauptsache ist, dass Sie das Gespräch suchen und führen.

Exkurs Fehler – Fehlerkorrektur

„Fehler sind nichts Krankes, dessen man sich zu schämen hätte, sie können und sollten ein lustiger und aufregender Bekenntnisstoff sein!" (Ulrich Häussermann, Hans-Eberhard Piepho: Aufgabenhandbuch Deutsch als Fremdsprache, iudicium, München 1996; S. 201)

Jeder Lerner macht Fehler und jeder KL korrigiert diese Fehler. Das war immer so und das wird auch immer so sein. Die Frage ist nur, wann und wie viel soll und muss der KL korrigieren? Zu viel Korrektur ist vor allem bei mündlicher Kommunikation eher schädlich. Der Redefluss, d. h. das Erarbeiten von Gedanken und deren Wiedergabe, darf nicht immer wieder unterbrochen werden. Der TN darf „den Faden nicht verlieren". Dauerndes Unterbrechen durch den KL könnte dazu führen, dass der TN schließlich so frustriert ist, dass er im schlimmsten Fall überhaupt nichts mehr sagt. Er ist verunsichert und bringt bald keine Kommunikationsbereitschaft mehr auf. Und das ist fatal. Denn nur durch Sprechen bekommt man Übung in einer Sprache.

Und da wäre noch ein Aspekt, der dauerndes Unterbrechen bei kommunikativen Aktivitäten verbietet: „Der Lerner soll auch zum Gebrauch von Entkodierungsstrategien (Reparaturen- und Umwegstrategien, Verzögerung, Abbruch und Neuformulierung etc.) angeregt werden. Nur wer gelernt hat, in diesem Sinne alle Ressourcen flexibel zu nutzen, wird unter natürlichen Bedingungen ... flüssig kommunizieren können." (Axel Vielau: Methodik des kommunikativen Fremdsprachenunterrichts, Cornelsen, Berlin 1997; S. 310)

„Bei sprachbezogenen Übungen ist unterbrechendes Korrigieren eher zu vertreten." (Vielau, S. 310) Hier geht es ja meist darum, grammatische Formen u. Ä. zu üben. Diese Formen sollen sich natürlich richtig einprägen und deshalb müssen Fehler in diesem Zusammenhang sofort, und wenn nötig immer wieder, korrigiert werden.

Versuchen Sie Ihren TN zu vermitteln, dass sie aus ihren Fehlern lernen, dass diese zum Erkenntnisstoff werden können. Dies funktioniert aber nur dann – und hier spielt der KL die entscheidende Rolle –, wenn angemessen und mit Fingerspitzengefühl – nicht jeder TN kann jede Art von Korrektur vertragen –

korrigiert wird, und zwar grundsätzlich eher weniger als mehr. Und wenn korrigiert wird, ist es wichtig, dass die Korrektur den TN auch erreicht. Denn „die Korrektur ist ... nur in dem Maße wirksam, wie der Lerner das betreffende Problem auffassen kann und über genügend Wissen verfügt, um die Korrektur für sich ... auswerten und verarbeiten zu können." (Vielau, S. 308) Nur wenn der Lerner versteht, warum etwas falsch ist, kann er sich dauerhaft verbessern. Im Idealfall könnte sich nach einer Korrektur eine Vertiefungsphase / Übungsphase anschließen, in der das Problem in anderen Zusammenhängen geübt wird.

Das ist bei rein kommunikativ ausgerichteten Übungsformen spontan sicherlich schwer möglich, aber im Falle von althergebrachten Grammatikübungen bietet es sich an. Wenn der TN den Fehler einsieht, ihn verstanden hat, ist das ein großer Schritt in Richtung Sprachrichtigkeit und die Ausdrucksfähigkeit wird sich verbessern. Und diese Sicherheit im Umgang mit der Sprache wird den TN sehr bald selbst in die Lage versetzen, die eigenen Fehler zu erkennen und dann selbst zu korrigieren. Auch die Korrekturbereitschaft der TN untereinander wird zunehmen.

Wie bereits gesagt, spielt der KL eine entscheidende Rolle. Ist die Korrekturstrategie „richtig", werden die TN Spaß und Erfolg beim Spracherwerb haben. Sie haben dann keine Angst mehr vor Fehlern und werden deshalb weiter nach neuen Formulierungen suchen, um die Sprache auszuprobieren. Denn sie wissen, dass sie durch die moderate und verständlich angemessene Korrektur seitens des KL aus den Fehlern lernen können. Andernfalls werden die TN sehr schnell den Spaß an der Sprache verlieren – weil sie ja doch alles falsch machen – und im schlimmsten Fall bald das „Handtuch werfen".

Und noch eine Bemerkung zum Schluss: „Jeder Pädagoge weiß, dass Korrektur auf die Dauer nur erträglich ist, wenn sie in ‚Lob' eingebettet, von ihm getragen ist. Damit ist nicht in erster Linie ein Quantum gemeint, sondern die Qualität, das Strahlen, das von dem Lob ausgeht." (Häussermann, Piepho, S. 204)

Wenn Sie als KL versuchen diese Gedanken und Anregungen für Ihren Unterricht umzusetzen, werden Ihre TN erfolgreich und mit Spaß die deutsche Sprache erlernen.

Exkurs Grammatik und Wortbildung

Grammatik

„Die grammatische Kompetenz ... ist zweifelsfrei eine der wichtigsten Voraussetzungen jeder Kommunikationsfähigkeit" (Axel Vielau: Methodik des kommunikativen Fremdsprachenunterrichts, Cornelsen, Berlin 1997; S. 185). Anders gesagt: Um in der Fremdsprache verständlich kommunizieren zu können, braucht der Lernende grammatische Fähigkeiten und Kenntnisse. Diese kann er auf vielfältige Art und Weise erwerben, wie die Entwicklung des Fremdsprachenunterrichts zeigt. Wenn Grammatik aber nicht Selbstzweck sein soll, sondern Mittel zum Zweck vernünftiger Kommunikation, ist ein bestimmter Weg des Grammatikerwerbs vorgegeben. Es geht dann sicher nicht um Vermittlung und Erwerb einer „totalen" Grammatik. Der Lernende soll vielmehr eine Auswahl an grammatischen Fertigkeiten erwerben, die er zur Kommunikation braucht. Bei der Gewichtung von grammatischen Themen – d. h. bei der Entscheidung, was nötig ist oder nicht – ist der einzige Maßstab die Brauchbarkeit für vernünftige Kommunikation. Auch hinsichtlich der grammatischen Terminologie steht der Nutzen im Vordergrund: nur so viel grammatische Fachbegriffe wie unbedingt nötig, d. h. wie zum Verständnis der Grammatik erforderlich sind. Die Terminologie soll nur Hilfsmittel zum besseren Verstehen der Grammatik sein.

Beim Erwerb grammatischer Fähigkeiten steht der Lernende im Vordergrund. Er wird nicht passiv mit Grammatik konfrontiert, sie wird ihm nicht notwendigerweise vom KL präsentiert, sondern er kann sie sich über weite Strecken mit seiner Hilfe aktiv erarbeiten. Die Erarbeitung der Grammatik in „DaF in 2 Bänden" ist Teil eines jeden Kapitels.

Abenteuer Grammatik

Hier bekommt der Lernende die Möglichkeit selbstständig / aktiv Grammatik zu entdecken. Ausgangspunkt für die Erarbeitung eines grammatischen Themas ist ein Lese- oder Hörtext in einer Situation. Dort ist die Grammatik in einer sprachlich quasi-authentischen Situation präsentiert. Der Lernende entdeckt zunächst, in welchem Kommunikationszusammenhang das grammatische Phänomen auftaucht. Die Aussicht auf spätere Verwendbarkeit in eben der oder einer ähnlichen Situation soll ihn motivieren die Grammatik für sich zu erarbeiten. Im nächsten Arbeitsschritt wird der Text grammatisch aufgeschlüsselt. Dabei sollten die Arbeitsanweisungen unbedingt befolgt werden: Es werden z. B. Endungen markiert, ergänzt, gesammelt usw. Am Ende kann dann der Lernende allein und / oder zusammen mit anderen TN eine Idee entwickeln und eine Theorie aufstellen, wie die Regeln funktionieren. Dabei sollten Sie als KL nur dann eingreifen, wenn Sie um Rat und Hilfe gebeten werden. Das Prinzip der Übungsabläufe aber auch von „Abenteuer Grammatik" ist SOS: selektieren (aussuchen), ordnen und dann systematisieren. Nicht immer ist die Grammatik in Abenteuer Grammatik untergebracht. In Fällen, wie z. B. Präpositionen oder Pluralbildungen, die also für den Anfänger eher in den Bereich Wortschatz gehören, erfolgt die Erarbeitung innerhalb der Situationen. Einige Themen, die sich nicht zur Erarbeitung anbieten, werden nur in „Ihre Grammatikerklärungen" systematisiert.

Die Bestätigung, ob die gewonnene Theorie richtig ist oder vielleicht auch nicht, kann der Lernende dann in den Übungen finden, die die Situationen zu diesem Grammatikthema enthalten. Dabei sollte die vorgegebene Reihenfolge unbedingt eingehalten werden, da die Übungen aufeinander aufbauen.

Die Lösungen zu den einzelnen Übungen finden Sie im Anhang dieses Lehrerhandbuchs.

Viele der Übungen verlieren ihr Ziel, wenn man hinten schnell nachschlagen kann oder schon vor dem Unterricht nachschlägt, was wohl die richtige Lösung sein könnte. Der Schwerpunkt von Abenteuer Grammatik liegt nämlich, wie beschrieben auf dem selbstständigen Entdecken vom Regelwerk.

Die Lösungen sind hinten im Lehrerhandbuch abgedruckt. Im Bedarfsfalle ist es natürlich möglich, den Lernern am Ende einer Unterrichtseinheit die Lösungen als Kopien auszuhändigen, damit jeder noch einmal für sich vergleichen und ev. Fragen stellen kann.

Warum sind die Aufgaben von „Abenteuer Grammatik" isoliert? Weil sie nicht allen Lernern aufgezwungen werden sollen. Lernergruppen, die andere Lerngewohnheiten mitbringen, können traditionell mit der präsentierten Grammatik arbeiten.

Ihre Grammatikerklärungen

Nicht jedem Lerner liegt „Abenteuer Grammatik". Er kann dann jederzeit auf „Ihre Grammatikerklärungen" zurückgreifen. Sie enthalten auch Erklärungen, die sich nicht zur Erarbeitung anbieten. In „Ihre Grammatikerklärungen" finden Sie zum einen die systematische Zusammenstellung der Grammatik. Zum anderen findet der Lernende dort je nach grammatischem Thema noch zusätzliche Erläuterungen, die beim Verstehen helfen sollen.

Ausnahmen von grammatischen Regeln werden nur dann aufgeführt, wenn sie wirklich relevant sind.

Ausnahmen oder Schwierigkeiten, die Lerner vielleicht interessieren könnten, sind mit dem Hinweis *Für Grammatikfreaks* versehen.

Zum Einsatz von „Ihre Grammatikerklärungen" finden Sie Vorschläge in den Anmerkungen zu den einzelnen Lektionen. Aber gerade hier ist es wichtig, dass Sie auf die individuellen Bedürfnisse und Lerngewohnheiten Ihrer Gruppe eingehen.

Diese Vorgehensweise: Selbstentdeckung von grammatischen Regeln, Kontrolle anhand von Übungen und die – oft fakultative – Vertiefung in „ Ihre Grammatikerklärungen" ermutigt den Lernenden zu selbstständiger Arbeit. Das Ergebnis seiner Arbeit ist seine persönliche Leistung. Der Lernende kann Tabellen und Regeln nach seinem eigenen Verständnis aufstellen. Auch Anmerkungen in der jeweiligen Muttersprache sind wünschenswert, da sie zum besseren Verständnis beitragen.

Es soll kein fertiges System vorgegeben werden, das dem Lernenden aufgezwungen wird, zu dem er keinen Bezug hat und das seinem Verständnis nicht oder nur wenig entspricht. Diese „persönliche" Grammatik hat viele Vorteile: Der Lernende wird sie besser behalten, weil er sie versteht. Auch die Anwendung wird leichter. Der Lernende fühlt sich sicher und wird deshalb weniger Fehler machen. Er hat weniger Angst mit Sprache umzugehen. Und nur so macht Kommunikation in der Fremdsprache Spaß.

Wortbildung

Harald Weinrich: Textgrammatik der deutschen Sprache, Dudenverlag, Mannheim 1993; S. 913

„Der Wortschatz einer natürlichen Sprache ist kein stabiles begrenztes Inventar, sondern ist einer ständigen Umgestaltung ... unterworfen". So bekommen z. B. bereits existierende Wörter neue Bedeutungen, Wörter aus fremden Sprachen werden in die deutsche Sprache übernommen usw. „Das wichtigste Instrument zur Erweiterung des Wortschatzes einer Sprache ist ... aber das Verfahren der Wortbildung." (Weinrich, S. 913) Dabei werden aus bereits bestehenden Wörtern neue Wörter zusammengesetzt. Wenn die „Einzelteile" bekannt sind, kann man die Bedeutung der zusammengesetzten Wörter erschließen.

Nach Weinrich (S. 915 ff.) gibt es vier „produktive Wortbildungsverfahren":

1. Komposition, d. h. Zusammensetzung, besonders bei Nomen
2. Derivation, d. h. Ableitung, z. B. mit Präfixen (*un-deutlich*)
3. Konstitution, das sind z. B. zweiteilige Verben wie *an + kommen*
4. Konversion, d. h. Wortartenwechsel, z. B. desubstantivische Verben wie *frühstück**en**, filter**n***

Wir sind der Meinung, dass das Verständnis für die Wortbildung eine wesentliche Hilfe beim Deutschlernen sein kann. Deshalb werden die Lerner/innen im unserem Lehrbuch immer wieder mit ihr konfrontiert. Sie sollen erkennen, dass ihnen das Wissen um die Wortbildung bei der Erschließung von Wortschatz und damit beim Verstehen hilft. Durch die Analyse eines zusammengesetzten Wortes, d. h. die Zerlegung in die einzelnen Bestandteile, kann die Wortbedeutung erschlossen werden. Wenn der Lerner weiß, dass das Präfix *un-* ‚nicht' bedeutet, kann er selbstständig die Bedeutung von z. B. *unklar* erkennen. Diese Art der Sprachsensibilisierung erleichtert das Verstehen und macht zumindest in diesen Fällen unabhängiger von Wörterbüchern oder anderen Hilfsmitteln.

Wortbildung kann auf dem Niveau der Grundstufe natürlich nur im Sinne einer Analyse von „Wortgebilden" verstanden werden. Deshalb sollen die Lerner/innen in den vorgegebenen Übungen Wortbeispiele auch nur analysieren und nicht selbstständig neue Wörter zusammensetzen. Das mag in einigen wenigen Fällen in Form einer Beobachtungsaufgabe möglich und vertretbar sein, aber grundsätzlich ist das nicht Sinn und Zweck.

Exkurs Hausaufgaben

Hermann Engster, Karin Pulmer, VHS Göttingen, in der Einladung zum Workshop des Landesverbandes der Volkshochschulen Niedersachsens: Wie helfen wir unseren Teilnehmerinnen und Teilnehmern zu Hause sinnvoll zu arbeiten?" am 31.05.1997/ Hannover

Jede Sprachenschule, sei es die Volkshochschule, das Goethe-Institut oder jeder andere Träger von Sprachunterricht, wirbt damit, dass Sprachenlernen Spaß macht, aber wir alle wissen, dass es auch Stress ist. Das Erlernen einer Sprache ist eine mühsame und langwierige Angelegenheit. Nur einmal in der Woche einen Kurs besuchen und sonst nichts weiter tun wird nicht zum Erfolg führen. Jeder Sprachenlernende muss neben dem Unterricht auch zu Hause regelmäßig daran arbeiten. Meistens wissen die TN aber nicht, wie sie zu Hause sinnvoll lernen können, oder sie lernen so, wie sie es aus ihrer Schulzeit kennen, und das ist meist eintönig, langweilig und unproduktiv.

Der Teil „Für Sie zu Hause" enthält Vorschläge für Übungsmöglichkeiten für die häusliche Arbeit. Wo es Ihnen und Ihren TN sinnvoll erscheint, können Sie einige dieser Aufgaben natürlich auch in den Unterricht einbeziehen (genauso wie Sie die Übungen aus den Situationen als Hausaufgabe geben können). In „Für Sie zu Hause" finden Sie vorwiegend reine Strukturübungen – die aus dem kommunikativen Unterricht zwar möglichst weitgehend verbannt sein sollten, andererseits nötig sind für den Erwerb der Strukturen und teilweise auch spielerisch eingesetzt werden können (siehe *Exkurs* Spiele). Vergleiche auch „Einzelne Schritte bei den Lektionen".

Darüber hinaus gibt es viele Möglichkeiten, die verschiedenen Fertigkeiten – Sprechen, Hören, Lesen, Schreiben – auch zu Hause mit Spaß und Nutzen zu üben. Wir stellen Ihnen hier eine Vielzahl von Übungsmöglichkeiten vor, die Sie und Ihre TN (nicht nur) für Hausaufgaben nutzen können.

Sie haben im Laufe des Unterrichts Ihre TN kennen gelernt. Versuchen Sie sie nach Lernertypen einzuschätzen oder spielen Sie – wenn der Kenntnisstand Ihrer TN in der deutschen Sprache es zulässt – den folgenden Test durch.

nach Barbara Sinclair und Philip Prowse in „Activate your English", Cambridge 1996, abgewandelt und ins Deutsche übertragen von Hermann Engster und Karin Pulmer

Für den Test müssen zunächst alle TN Bogen A bearbeiten:

Bogen A

Welcher Lernertyp sind Sie?

Markieren Sie bei den folgenden Fragen, was für Sie eher zutrifft: a. oder b.!

1. Sind Sie ein Mensch,
   a. der an grammatischer Systematik und Korrektheit interessiert ist?
   b. der sich um Grammatik nicht viel kümmert?
2. Wenn Sie lesen,
   a. sind Sie an der genauen Wortbedeutung interessiert und schlagen Sie dann häufig im Wörterbuch die genaue Wortbedeutung nach?
   b. versuchen Sie, die ungefähre Bedeutung der Wörter zu erfassen und begnügen sich damit?
3. Wenn Sie sprechen,
   a. orientieren Sie sich an den Redewendungen, die Sie im Unterricht gelernt haben?
   b. drücken Sie sich aus, wie es Ihnen gerade einfällt und sinnvoll erscheint?

4. Wenn Sie Vokabeln lernen,
   a. orientieren Sie sich hauptsächlich an einer Grundbedeutung?
   b. merken Sie sich verschiedene Bedeutungen je nach Situation und Kontext?
5. Sind Sie mehr interessiert
   a. an der praktischen, zweckbezogenen Anwendung der Sprache?
   b. an lockerem, spielerischem Sprachgebrauch?
6. Sind Sie beim Sprachenlernen stärker interessiert
   a. an der Erweiterung Ihrer beruflichen Qualifikation?
   b. an der Literatur und Kultur des betreffenden Landes?
7. Wenn jemand spricht, achten Sie mehr
   a. auf den genauen Inhalt der Mitteilung?
   b. auf den Klang und Ausdruck der Stimme?

Wenn Sie mehr a als b haben, dann machen Sie mit Bogen B weiter!
Wenn Sie mehr b als a haben, dann machen Sie mit Bogen C weiter!

Bogen B

1. Überlegen Sie sich Ihre Antworten auf Fragen
   a. ziemlich sorgfältig?
   b. oder antworten Sie eher spontan und ohne viel darüber nachzudenken?
2. Wie machen Sie Ihre Hausaufgaben?
   a. Regelmäßig und vollständig?
   b. Nicht immer regelmäßig und auch nicht immer alles, sondern manchmal auch etwas anderes, was Ihnen in den Sinn kommt?
3. Fühlen Sie sich besser,
   a. wenn Sie eine Arbeitseinheit zügig abgeschlossen haben?
   b. wenn Sie sich noch Zeit lassen können, sie fertig zu stellen?
4. Was ist beim Lernen wichtiger:
   a. es planmäßig und organisiert zu tun?
   b. es mehr spontan nach der Situation zu gestalten?
5. Bevorzugen Sie Aufgabenstellungen, die
   a. klar begrenzt sind?
   b. ein offenes Ende haben?
6. Wenn Sie mit anderen zusammen arbeiten,
   a. planen Sie dabei die Arbeit sorgfältig, ehe Sie anfangen?
   b. entscheiden Sie über Ihre Arbeitsschritte beim Fortgang der Arbeit?
7. Ist es Ihnen lieber, wenn
   a. die ganze Gruppe dieselbe Aufgabe macht?
   b. Sie in kleinen Gruppen arbeiten?

Wenn Sie mehr a als b haben, dann lesen Sie „The Worker"!
Wenn Sie mehr b als a haben, dann lesen Sie „The Player"!

Bogen C

1. Ein Fehler liegt dann vor, wenn
   a. Sie gegen die Regeln der Sprache verstoßen.
   b. Sie nicht verstanden werden.
2. Beurteilen Sie Leute, die eine Fremdsprache gebrauchen, danach,
   a. wie präzise sie in der Sprache sprechen?
   b. wie gut sie sich ausdrücken?

3. Wenn Sie zuhören, ist es für Sie wichtig,
   a. die Informationen möglichst genau zu erfassen?
   b. im Wesentlichen zu erfassen, was der Sprecher meint?
4. Ist Ihnen beim Sprechen
   a. die Korrektheit wichtig?
   b. Ihr spontanes Ausdrucksbedürfnis wichtig?
5. Wenn andere Fehler beim Sprechen machen,
   a. sollten die Fehler verbessert werden.
   b. sollte man die Fehler nicht wichtig nehmen.
6. Was ist wichtiger:
   a. Fakten zu beschreiben?
   b. Gefühle auszudrücken?
7. Ein guter Sprachenlerner ist jemand, der
   a. Fehler möglichst zu vermeiden sucht.
   b. Fehler nicht wichtig nimmt.

Wenn Sie mehr a als b haben, denn lesen Sie „The Thinker"!
Wenn Sie mehr b als a haben, dann lesen Sie „The Feeler"!

1. Der Spieltyp „The Player"

Der Player ist ein Mensch, der
- gern mit Leuten zusammen ist und Vielfalt und Abwechslung bevorzugt.
- lieber hört und spricht als liest und schreibt.
- lieber Spiele macht und in Gruppen arbeitet als schriftliche Übungen macht.
- Wettbewerb und Spannung bevorzugt anstelle von Übungen und Hausaufgaben.
- lieber eine Menge unterschiedlicher Aktivitäten macht statt langer Projekte.
- Gefallen findet an gemeinsamer Teilnahme und gemeinsamem Gestalten.
- unzufrieden ist, wenn er Lektion für Lektion durcharbeiten soll.
- die ganze Zeit unterschiedliche Dinge tun möchte.

2. Der Arbeitstyp „The Worker"

Der Worker ist ein Mensch, der
- Organisation und Planung schätzt.
- sich gern Regeln bewusst macht und sie planmäßig einübt.
- am liebsten immer mit dem Lehrer zusammen arbeiten möchte.
- sein Lernen gut organisiert und regelmäßig Hausaufgaben macht.
- Fakten und feste Abläufe bevorzugt.
- gerne Tests macht und verbessert werden will.
- lieber schriftliche Übungen macht als zu diskutieren und Rollenspiele zu machen.
- Projektarbeit nicht besonders gern mag.
- spielerisches Lernen und Arbeit in Kleingruppen nicht mag.

3. Der Gefühlstyp „The Feeler"

Der Feeler ist ein Mensch, der
- Freude am Sprachenlernen hat und gut darin ist.
- gern gemeinsam mit Partnern und in Kleingruppen arbeitet.
- daran interessiert ist, über persönliche und emotionale Dinge zu reden.
- Spaß daran hat, mit Leuten zusammen zu sein und in solcher Kooperation gut lernt.

- lieber an Diskussionen teilnimmt, statt Regeln zu lernen und Übungen zu machen.
- gern Rollenspiele und szenische Spiele macht und auch gern liest.
- auf Kritik sensibel reagiert und persönliches Feedback braucht.
- lieber spricht als schreibt.

4. Der Denktyp „The Thinker"

Der Thinker ist ein Mensch, der
- nach dem Warum fragt und Regeln und Ursachen wissen möchte.
- unabhängig arbeitet und seinen eigenen individuellen Lernweg geht.
- gern Vorträge hört, an Projekten und längeren schriftlichen Übungen arbeitet.
- hart arbeitet und alles immer richtig machen möchte.
- lieber liest statt an Diskussionen und Gruppenaktivitäten teilzunehmen.
- immer gern ein Feedback vom Lehrer haben möchte.
- seine Arbeit manchmal nicht vollendet und oft unzufrieden ist, weil sie nicht perfekt ist.
- alles wissen möchte.

Die folgende Auflistung zeigt Ihnen, welche Übungen den einzelnen Lernertypen liegen.

aus dem Protokoll der o. a. Fortbildungsveranstaltung für Kursleiterinnen und Kursleiter

Für den systematischen Lernertyp (Arbeits- und Denktyp) geeignete Lernaktivitäten:

Lesen:
- laut lesen, auf Kassette aufnehmen, Artikulation / Intonation kontrollieren lassen
- neue Texte erarbeiten, die unbekannten Wörter unterstreichen und mit Hilfe eines einsprachigen Wörterbuchs erschließen
- neue Texte lesen, gezielt Informationen heraussuchen, landeskundliche Inhalte für den Unterricht erarbeiten, „Vortrag" vorbereiten
- fremdsprachige Zeitungen lesen, aber nicht auf der ersten Seite mit den schwierigen politischen Nachrichten anfangen, sondern: Wetterbericht, Comics, Kuriositäten aus aller Welt …
- zweisprachige Bücher lesen

Schreiben:
- Diktat üben (regelbezogen oder themenbezogen): selbst auf Kassette sprechen oder einen Muttersprachler sprechen lassen
- gelesene Texte schriftlich wiedergeben
- eine unvollständig vorgegebene Geschichte beenden oder anfangen
- Lückentexte ergänzen, mit oder ohne Vorgabe der zu ergänzenden Wörter
- Dialoge entwerfen

Hören:
- laut lesen, um sich selbst zu hören
- Muttersprachler einen Text lesen / auf Kassette sprechen lassen
- lehrbuchunabhängige Kassetten hören (Märchen, Kassetten für Kinder)
- regelmäßig Radio und Fernsehen in der Fremdsprache hören

Sprechen:
- Sprechpartner im Kurs suchen für gemeinsame Arbeit außerhalb des Unterrichts
- Dialoge schreiben und auswendig lernen für Partnerarbeit

- (in Partnerarbeit) Redewendungen einüben
- Texte vorbereiten, um sie nachzuerzählen / ihren Inhalt wiederzugeben oder im Unterricht spontan auf Fragen zu antworten
- Restaurant besuchen (Vorbereitung des Personals im Restaurant durch den KL)

Grammatik:
- Lückentexte zur Einübung grammatischer Regeln (Endungen mit Tipp-Ex löschen und wieder einsetzen, Vergleich mit dem Original)
- einen vorgegebenen Text in eine andere Zeitform setzen
- gemeinsam selbst verfasste Texte korrigieren

Wortschatz:
- Gegenstände visuell erfassen: Zuordnung: Wort – Bild (aus Illustrierten und Katalogen ausschneiden)
- Collagen herstellen
- Info-Wand im Zimmer einrichten, die jeweils zu lernenden Wörter anheften (eventuell mit Bild)
- bekannte Wörter aus einem Liedtext heraushören und aufschreiben
- Verarbeitung von neuem Wortmaterial in einem Liedtext nach bekannter Melodie

Für den spielerisch-kreativen Lerntyp (Gefühls- und Spieltyp) geeignete Aktivitäten:

Lesen:
- Kinderbücher
- Regenbogenpresse
- Comics, Cartoons
- Sprachzeitschriften
- Gedichte, Lieder
- Überfliegen eines Textes üben (mit Marker, aber ohne Wörterbuch: Lesen macht nur Spaß, wenn man nicht jedes unbekannte Wort nachschlägt)
- Textsammlung anlegen mit interessanten Texten: Witze, Satiren, Aphorismen, kurze Geschichten, interessante Nachrichten …

Schreiben:
- Briefpartner suchen
- Postkarten, Briefe schreiben
- Rollenspiele entwerfen, mit Partner/in im Unterricht vorführen
- Comics schreiben: Sprechblasen löschen und mit eigenen Ideen füllen oder aus der Muttersprache in die Fremdsprache übertragen

Hören:
- Filme, Video, TV, Radio
- Kassetten (Hörspiele für Kinder, Märchen)
- Musik (Kinderlieder, Songs)

Sprechen:
- regelmäßige Treffen mit Tandem-Partner
- Sprechpartner im Kurs suchen
- Begegnungen in der Fremdsprache: Restaurantbesuch, deutsche Bekannte / Freunde treffen …

- kurze Texte / Lieder auswendig lernen, laut sprechen / singen, auf Kassette aufnehmen

Grammatik:
- Spiele zum Einüben der Regeln (mit Partner)
- Spiele für bestimmte Grammatikregeln selbst erfinden
- eigene Sammlung von Beispielsätzen zu grammatischen Regeln (Nonsense-Sätze prägen sich besonders gut ein)

Wortschatz:
- Zimmer mit Wortkarten tapezieren
- Spiele zum Wörterlernen
- Wortlernspiele selbst entwerfen
- Mimik und Gestik einsetzen zum Wörterlernen: z. B. Wörter zu einem bestimmten Sachgebiet suchen und vorbereiten, sie in der Lernergruppe mimisch / gestisch darzustellen
- Anagramme oder andere Memo-Hilfen (Eselsbrücken) benutzen und entwerfen

Exkurs Hören – Hörverstehen

Der Begriff ‚Hörverstehen' besteht aus zwei Komponenten: hören und verstehen. Hören, d. h. die rein akustische Wahrnehmung von Sprache, ist der erste Schritt auf dem Weg zum Verstehen von Inhalten. Zuerst einmal muss sich das Ohr an die fremden Laute gewöhnen, die sich mehr oder weniger von der Muttersprache unterscheiden. Dabei ist es von Anfang an wichtig, dass die TN nicht nur die Sprache des KL und der anderen Kursteilnehmer/innen hören, sondern auch mit anderen Sprach- und Lautvarianten konfrontiert werden. Diese Varietäten – regionale Abweichungen innerhalb Deutschlands, aber auch österreichisches und Schweizer Deutsch – werden auf den buchbegleitenden Kassetten bzw. CDs angedeutet. Da dies primär ein Lehrbuch für den deutschsprachigen Raum ist, muss das „erlernte" Hochdeutsch mit dem realen Umfeld des Lernenden in Bezug gebracht werden. Sie sollten daher die Kassetten / CDs gemäß den Arbeitsanweisungen zu den einzelnen Hörtexten von Beginn an einsetzen. Die Vermittlung authentischer Sprache ist aber nur dann gewährleistet, wenn die Aufnahmen didaktischer Dialoge im vorgegebenen Tempo abgespielt werden. Dieses didaktische Sprechtempo mag je nach Lerngruppe Protest auslösen. Aber es ist der einzige Weg, den TN fit zu machen für Verstehen und Handhaben der fremden Sprache.

Durch die ständige Konfrontation mit der fremden Sprache, sei es durch wiederholtes Hören von Lehrbuchtexten (aber ohne den Anspruch, sie inhaltlich total zu verstehen), durch Mit- und Nachsprechen von Wörtern und Sequenzen, durch Beobachtungsaufgaben u. Ä. wird das Ohr mit den fremden Lauten vertraut, lernt zu differenzieren und zu identifzieren. Das ist die ideale Ausgangsposition für das inhaltliche Verständnis von Äußerungen und Texten.

Der eigentlichen Arbeit an und mit einem Hörtext geht (fast) immer eine Vorbereitungs- und / oder Vorentlastungsphase voraus. Sie soll dazu dienen, Schwierigkeiten abzubauen und an die Thematik des Textes heranzuführen. Dabei wird in den Vorschaltübungen zu den einzelnen HVs u. a. auf das Vorwissen und / oder das Allgemeinwissen der TN zurückgegriffen oder Wortschatz vorbereitet. Am Anfang des Kurses unterstützen Situationszeichnungen das Verstehen des Kommunikationszusammenhangs. Später, wenn die Lerner die

Situation sprachlich erfassen können, nehmen diese ab um dann ganz zu verschwinden. Fotos und Sachzeichnungen unterstützen das Verstehen einzelner Informationen. Die TN können sich allein, mit dem LP oder im Kurs gemeinsam an den Text heranarbeiten. So wird eine gewisse Erwartungshaltung, ein Interesse am Text aufgebaut, das zur Weiterarbeit motiviert.

Die Arbeit mit Hörtexten sollte anhand der entsprechenden Übungen und Arbeitsanweisungen im Lehrbuch erfolgen. Dabei können die Texte unter verschiedenen Aspekten inhaltlich erarbeitet werden. Je nach Textsorte, nach dem kommunikativen Handlungszweck und vor allem nach dem Interesse des Hörers ergeben sich verschiedene Verstehensstrategien. In den Anmerkungen zu den einzelnen Lektionen haben wir sie bei den Dialogen jeweils angegeben. Versuchen Sie so früh wie möglich den TN klarzumachen, warum bei welchem Text die eine oder andere Strategie zum Erarbeiten des Inhalts angebracht ist. Die TN sollen lernen irgendwann selbst entscheiden zu können, anhand welcher Strategie ein fremder Text, unbekannte Äußerungen schnell erschlossen werden können. Dann können sie gezielt Informationen bekommen und darauf sprachlich angemessen reagieren.

Für die Hörtexte gilt: Möglichst nicht über die Aufgabenstellung hinausgehen. Für die Lernzielsetzung ist das Lösen der Aufgabe ausreichend, weiterführendes Verstehen stellt Anfänger vor zu große Probleme.

Bei der Beschreibung der folgenden Hörstrategien handelt es sich nicht um die Erfindung einiger „Lehrbuchdidaktiker“, sondern um „Hörtechniken“, die jeder in seiner Muttersprache automatisch anwendet.

1. Orientierendes Hören

Durch gezielte Aufgabenstellung sollen die TN das Thema herausfinden; es geht darum, sich erst einmal zu „orientieren“, worum es überhaupt geht. Alle darüber hinausgehenden Informationen sind in diesem Fall uninteressant und sollen bewusst vernachlässigt werden.

2. Kursorisches Hören

erfordern z. B. Äußerungen und Text aus dem alltäglichen Bereich und in informellen und berufsbezogenen Situationen, Informationssendungen im Rundfunk u. Ä.

Beim kursorischen Hören beschränkt man sich auf die Hauptaussagen eines Textes: Man erfasst die wesentlichen Informationen, den Gedankenstrang, den „roten Faden“. Alle darüber hinausgehenden Informationen sind in diesem Fall uninteressant und sollen bewusst vernachlässigt werden. Die TN sollen die Fähigkeit entwickeln Wichtiges von Unwichtigem zu unterscheiden, Mut zum „Überhören“, zum „Weglassen“ zu haben. Nur so wird es möglich, dass die TN spontan in der Fremdsprache reagieren, d. h. kommunizieren können.

3. Selektives / Selegierendes Hören

ist beispielsweise bei öffentlichen Ansagen und Mitteilungen auf Bahnhöfen, Flughäfen u. Ä. erforderlich. Aus einer Fülle von Informationen sollen gezielt bestimmte Informationen, Details herausgefunden werden, die für den Hörer in der jeweiligen Situation interessant sind. Durch entsprechende Aufgabenstellung werden die TN dazu angeleitet.

4. Totales / Detailliertes Hören

kann der nächste Schritt – nach dem orientierenden, kursorischen oder selektiven Hören – bei der Bearbeitung eines Textes sein, wenn man meint, dass einen der ganze Text interessiert. Jetzt kommt es darauf an, jedes Detail, jede Information herauszuhören.

Noch zwei ergänzende Bemerkungen:

- Die meisten Hörtexte finden Sie im Lehrbuch in den Lektionen abgedruckt. Das ist immer dann der Fall, wenn die Texte nach dem Hören zur Erarbeitung von Grammatik, Wortschatz, Diskursstrategien, Floskeln etc. genutzt werden sollen / können oder wenn eine lesende Nachbereitung den Lerngewohnheiten der Lerner nahekommt. Die anderen Hörtexte, die die TN wirklich nur „über die Ohren" erarbeiten sollen, finden Sie im Anhang transkribiert.
- Wie ein Text gehört wird, hängt oft weniger von der Textsorte ab, als von meiner Einstellung als Hörer – deshalb sind die Aufgabenstellungen so wichtig. So gesehen ist eine Unterrichtssituation immer unnatürlich. Daraus resultiert auch der Wunsch der TN, jeden Text bis ins letzte Wort verstehen zu wollen. Die Aufgabenstellungen versuchen, die natürliche Situation zu simulieren, daher spielt die Zeit, in der eine Höraufgabe gelöst wird, eine große Rolle.

Hörsehverstehen
Film und vor allem Fernsehen spielen in unserem Leben eine immer bedeutendere Rolle. Sie sind ein ideales Mittel zum Zweck, um Sprache zu vermitteln und Inhalte verständlich zu machen. Handlungsabläufe werden dabei auf zweifache Art und Weise präsentiert: einmal in Worten – für das Ohr – und durch Bilder und die Chance dem Sprecher auf den Mund sehen zu können – für das Auge. Durch diese Kombination kann der Hörer / Zuschauer Verstehensdefizite aus dem einen Bereich, z. B. dem akustischen, durch Informationen aus dem anderen, z. B. dem visuellen Bereich, ausgleichen. Dadurch ist ein besseres Verständnis gewährleistet als bei reinen Hörtexten, z. B. einer Rundfunkmeldung. Diese Art von Sprachkonsum und -erwerb ist sehr effektiv, zumal er das Nützliche mit dem Angenehmen verbindet.

Das Verstehen von Äußerungen und Texten einer fremden Sprache ist die Voraussetzung für Kommunikation. Dabei sollten man sich als Lerner bewusst sein, dass Texte in den seltensten Fällen total, d. h. 100 % verstanden werden müssen. Ein Muttersprachler kann sich das, was er z. B. akustisch oder fachlich nicht versteht, aufgrund seiner allgemeinen (Sprach)Kenntnisse und seines Vorwissens „zusammenreimen". ein Muttersprachler hat zunächst keine Probleme mit „Auslassungen", es sei denn, es sind zu viele und er kommt zu der Erkenntnis, dass er den Text nicht versteht. Das kann an starken technischen Störungen oder an mangelndem Wissen liegen (wissenschaftliche Faxtexte). Das „Zusammenreimen" ist in der Fremdsprache oft nur schwer möglich. Aber das ist kein Grund zum Verzweifeln. Es gilt vielmehr, die für die jeweilige Situation bzw. Aufgabenstellung wichtige Information herauszuhören und zu finden. Sie ist dann der Ausgangspunkt für weiteres sprachliches Handeln. Aber bei allen Bemühungen, so viel wie möglich zu verstehen, gilt doch immer „man muss nicht alles verstehen", um vernünftig kommunizieren zu können.

Exkurs Lernziel Kommunikative Kompetenz

Unser Lehrwerk ist ein kommunikatives Lehrwerk. Es tritt an mit dem Ziel den Lernenden kommunikative Kompetenz, also die Fähigkeit zur Kommunikation in der deutschen Sprache zu vermitteln, und das bis zu einem Niveau, das wir

Axel Vielau: Methodik des kommunikativen Fremdsprachenunterrichts, Cornelsen, Berlin 1997; S. 23)

im Folgenden näher beschreiben wollen. Der Begriff ‚kommunikative Kompetenz' – von Fremdsprachendidaktikern oft scherzhaft „KoKo" genannt – wurde in den 70er Jahren von Hans Eberhard Piepho geprägt und in der Folgezeit zum Leitziel jedes Fremdsprachenunterrichts. Wir werden den Begriff hier verwenden, möchten ihn aber in der Interpretation von Axel Vielau ‚Sprachhandlungsfähigkeit'" verstanden wissen. Vielau sieht die kommunikative Kompetenz als ein Ideal, das selbst für viele Muttersprachler unerreichbar ist und Fremdsprachenlernen als „eine komplexe, anspruchsvolle, potentiell lebenslange Aufgabe", auf die die Schule – in unserem Fall die Volkshochschule, das Goethe-Institut oder andere Bildungseinrichtungen, an denen Deutsch gelehrt wird – „allenfalls vorbereiten" kann. Die Schule „bereitet vor, indem sie Lernstrategien bereitstellt, eine sachliche Grundlage legt und, besonders wichtig, indem sie für das Weiterlernen motiviert." (Vielau, ebenda.)

Wenn wir kommunikative Kompetenz sagen, meinen wir also Sprachhandlungsfähigkeit auf dem jeweils erreichten, aktuellen, individuellen Niveau. Unser Lehrwerk geht konsequent den Weg der Erweiterung eben dieser Sprachhandlungsfähigkeit bei den Lernenden, und zwar über einen kommunikativen und interaktiven Unterricht. Die Lernenden kommunizieren im Unterricht miteinander, sie werden aber auch zum Sprachhandeln über den Unterricht hinaus angeregt und motiviert, sie agieren individuell und gemeinsam, innerhalb und außerhalb des Unterrichts.

Was macht nun kommunikative Kompetenz bzw. Sprachhandlungsfähigkeit genau aus? Was muss der Lerner können und wissen, um sprachhandlungsfähig zu sein? Er muss zunächst über sprachsystematisches und soziokulturelles Wissen verfügen, er muss sprachstrukturelle und soziokulturelle Kompetenz haben. Das sprachsystematische Wissen sind Kenntnisse im Bereich des Wortschatzes, der Grammatik, der Aussprache / Intonation und Orthographie. Das soziokulturelle Wissen ist „Grundlage für angemessenes Rezipieren und Produzieren in dieser Sprache. Es umfasst Fakten, Kommunikationskonventionen sowie Einstellungen und Werte. Es enthält das an eine bestimmte Kultur und Sprache gebundene strategische und diskursive Wissen." (Rahmenrichtlinien für den Mittelstufenunterricht am Goethe-Institut, Hrsg.: Goethe-Institut, München 1996)

Über eine Komponente verfügt der Lerner aus der Muttersprache. Er weiß, dass und wie Sprache eingesetzt werden kann, um Gedanken, Gefühle, Tatsachen auszudrücken; er weiß – mehr oder weniger –, was man mit Sprache alles machen kann, wie gesprochene und geschriebene Texte aufgebaut sind bzw. werden. Diese von den TN eingebrachte Kompetenz – die durch den Fremdsprachenunterricht erweitert und verändert wird – wird als strategische / diskursive / thematische Kompetenz bezeichnet. Das Zusammenspiel der unterschiedlichen Kompetenzbereiche – sprachstrukturelle, soziokulturelle und strategisch-diskursive Kompetenz – macht kommunikative Kompetenz aus.

Unser Lehrwerk führt bis zu einem Sprachniveau, das in der Regel als Abschluss der Grundstufe bezeichnet wird. Die Grundstufe kann, wenn sie zertifiziert werden soll, also eine Prüfung gemacht werden soll, mit dem Zertifikat Deutsch (siehe *Exkurs*) abgeschlossen werden. Sprachhandlungsfähigkeit auf diesem Niveau kann man wie folgt beschreiben: Der Lerner verfügt über Fertigkeiten im mündlichen und schriftlichen Gebrauch der deutschen Standardsprache, die es ihm ermöglichen, sich bei einem vorübergehenden Aufenthalt in einem deutschsprachigen Land oder im Kontakt mit Deutschsprechenden in den wichtigsten Alltagssituationen sprachlich zu behaupten. Als Alltagssituationen gelten der private Bereich (Umgang mit Freunden, Alltagsleben und Freizeit, Umgang mit Medien), der öffentliche Bereich (Dienstleistungsbereich, öffentlicher Verkehr, Freizeitinstitutionen), der Arbeitsplatz (dort aber nur alltägliche berufsbezogene Situationen, die kein berufliches Fachvokabular erfordern) und Bildungsinstitutionen (Situationen im Zusammenhang mit Lernen und Kursbesuch).

Exkurs Landeskunde und interkulturelles Lernen

Landeskunde gehört seit jeher zum Fremdsprachenunterricht, doch verstand man früher darunter mehr oder weniger ausschließlich reine Institutionenkunde. Als wir früher in der Schule Englisch lernten, mussten wir uns damit beschäftigen, wie das englische Schulsystem aufgebaut war und wie die englische Regierung und Verfassung funktionierte – natürlich auf Deutsch – und das war dann Landeskunde.

Sigrid Luchtenberg: Zur Bedeutung von Language-Awareness-Konzeptionen für die Didaktik des Deutschen als Fremd- und Zweitsprache, in: Zeitschrift für Fremdsprachenforschung 5(1), 1994

In den 70er Jahren sprach man von integrierter Landeskunde und meinte damit, dass man mit der Sprache selbst vieles von der Kultur, so auch Normen und Werte, automatisch aufnahm und verarbeitete. Sprachvermittlung war immer auch gleich Vermittlung von Landeskunde. Heute versteht man Sprachunterricht als interkulturelles Lernen, wobei das interkulturelle Lernen aber weit über die Sprachvermittlung hinausgeht. Interkulturelles Lernen verlangt zumindest im Ansatz das, was heute als Language Awareness bezeichnet wird.

Language Awareness ist ein ganzheitliches Lernkonzept. Es bettet den Unterricht in den klassischen Fertigkeiten Hören, Lesen, Sprechen, Schreiben in Formen der Sprachsensibilisierung, der Sprachreflexion und des Sprachbewusstseins ein. Dabei sind der bewusste Umgang mit grammatischen Regeln (Diskursgrammatik und handlungsorientierte Grammatik) und die Sensibilität in der praktischen Verwendung von Sprache (der Muttersprache und der Fremdsprache) nicht das einzige Ziel, das erreicht werden soll. Der Lernende soll auch Einblick und Gespür für Kommunikationsverhalten bekommen, für soziale und sprachliche Regeln und die Gesamtsprachsituation der Gesellschaft. Ihm sollen auf diese Art und Weise emotionale Zugänge zur Sprache ermöglicht werden.

Wie kann man im Unterricht solche hoch gesteckten Ziele erreichen? Wie kann man diesen Prozess in Gang bringen? Man sollte als Kursleiter/in nicht nur dem sprachlichen Handeln Aufmerksamkeit zollen, sondern auch dem Nachdenken und Sprechen über Sprache Raum geben und dabei die sprachstrukturellen Aspekte nicht betonen. Der Sprachvergleich spielt bei Language Awareness eine große Rolle, wobei dieser Sprachvergleich etwas anderes ist als bekannte kontrastive Ansätze für den Fremdsprachenunterricht. „Der Vergleich geht jetzt von den Lernenden aus, die – oft spielerisch – Ähnlichkeiten und Unterschiede zwischen Sprachen entdecken und diese Ergebnisse dann in den Unterricht einbringen." (Sigrid Luchtenberg, a. a. o.) In diesen Sprachvergleich einbezogen werden Gesprächsverhalten, Sprachrituale, nonverbale Kommunikation und pragmatische Verhaltensregeln wie für z. B. Grüßen und Danken. Werden den Lernenden die Gemeinsamkeiten und Unterschiede dieser Verhaltensregeln in den verschiedenen Sprachen bewusst (gemacht), erweitert das auf jeden Fall ihre Handlungskompetenz und hilft Fremdheit der anderen Kultur gegenüber abzubauen. Der Lernende reflektiert in einem Sprachunterricht nach diesem Konzept die eigene Sprache und geht als Folge bewusster mit der fremden Sprache um. Kommunikationsfähigkeit in der Fremdsprache verlangt bewussten Umgang mit der fremden Sprache und dies bedingt Reflexion der eigenen Sprache. Man könnte sagen, nur so, mit diesem Ansatz des Sprachenlernens, entsteht Mehrsprachigkeit. Wenn DaF-Unterricht im Zielsprachenland, also in einem deutschsprachigen Land, stattfindet, kann man davon ausgehen, dass die Lerngruppe multinational ist, d. h. unterschiedliche Erstsprachen hat. Oft haben die TN auch Kenntnisse in weiteren Fremdsprachen. Diese

Gruppen haben viele Anknüpfungspunkte zum Sprachvergleich und zum eigenständigen Umgang mit Sprache. Hier sind die Chancen Mehrsprachigkeit zu erreichen größer als bei einer homogenen Lernergruppe.

Unser Lehrwerk hat sich dem Ansatz von Language Awareness verpflichtet. Wir geben Ihnen und Ihren TN immer wieder Ansatzpunkte diesen Weg des interkulturellen Lernens einzuschlagen und darüber hinauszugehen. Die TN erhalten – in einer dem Unterricht auf Grundstufenniveau angemessenen Form – regelmäßig Gelegenheit, nicht nur sprachliche Phänomene, sondern auch Kommunikationsverhalten und soziale sprachliche Regeln zu erkennen, zu verstehen und mit ihrer Muttersprache und ihrem Heimatland zu vergleichen.

So werden die Sprachen im Hinblick auf sprachliche Phänomene verglichen: Gibt es z. B. in der Muttersprache der TN auch produktive Wortbildungsverfahren wie im Deutschen (Verb + Endung = Nomen) oder Komposita mit übertragener Bedeutung (wie Wasserratte)? Insbesondere aber in den Übungsmustern „Schon gehört?" (z. B. Floskeln wie ‚ja' oder ‚Mensch ...'), „Typisch deutsch?" (z. B. Händeschütteln bei Begrüßungen, Anstoßen beim Trinken) und Beobachtungsaufgaben (z. B. wie begrüßen sich die Leute in der deutschsprachigen Umgebung der TN) versuchen wir die entsprechende Sensibilisierung zu provozieren und weiterzuentwickeln. Im Unterricht spielen Sie als Kursleiter/in an diesen Schnittstellen als Vermittler eine wesentliche Rolle.

Zurück zur rein pragmatischen Landeskunde: Informationen zu Land und Leuten, über Landestypisches, Ereignisse etc. Wir bieten in unserem Lehrwerk sehr viel an Information; der Lernende wird und soll nur das aufnehmen, was ihn interessiert. Aber alle Darstellungen und Informationen haben unterstützende Funktion im dargestellten Prozess von Language Awareness.

Was nun die einzelnen Lektionen und die darin enthaltenen Darstellungen der deutschen Bundesländer, Österreichs und der Schweiz betrifft, so erwarten Sie bitte keine geschlossene Darstellung des (Bundes)Landes, sei es in geschichtlichem, kulturellem oder touristischem Hinblick. Wir haben versucht besonders interessante Aspekte und Besonderheiten oder Probleme des Landes aufzuzeigen. Teilweise spielen unsere Geschichten auch einfach nur dort. Sollte es Ihnen und Ihrer Lerngruppe so gehen wie uns Autorinnen – wir haben viel für uns Neues, Interessantes über die deutschen Lande erfahren, dass wir öfter die Familie am Wochenende ins Auto gepackt haben, um bestimmte Sachen realiter zu sehen und zu erfahren –, so bleibt es Ihnen unbenommen, die Arbeit zu einer bestimmten Gegend zu erweitern und zu vertiefen. Für die Kursarbeit bieten sich diverse Möglichkeiten an: Schreiben Sie Verbände und Institutionen mit der Bitte um Informationsmaterial an und / oder planen Sie Fahrten und Besuche bestimmter Orte. Wir haben bei der Bitte um Prospektmaterial sowohl bei Fremdenverkehrsverbänden als auch bei Firmen / Institutionen nur gute Erfahrungen gemacht und sind immer zuvorkommend bedient worden. Der Fremdenverkehrsverbände bitten in der Regel um (geringfügige) Unkostenbeiträge. Einige Institutionen und Firmen schicken ausgesprochen faszinierendes und sehr professionell aufbereitetes Info-Material (z. B. das Bundesverkehrsamt Flensburg oder die Müllverwertung in Berlin). Ihre Anfragen können Sie in fast jedem Ort an das „Fremdenverkehrsamt" oder die „Touristeninformation" schicken; auch ohne vollständige Adresse kamen unsere Briefe dort an. Hilfreich sind die inzwischen überall erhältlichen CD-Roms mit einem Anschriftenverzeichnis von ganz Deutschland. Sehr informativ sind auch das alle zwei Monate im Rahmen der Öffentlichkeitsarbeit der Bundesregierung erscheinende „Journal für Deutschland" (Presse- und Informationsamt der Bundesregierung, Welckerstraße 11, 53113 Bonn, Tel. 02 28 / 208-0. Achtung: Auch dieses Amt wird nach Berlin umziehen, die neue Adresse ist uns noch nicht bekannt, die Internet-Adresse lautet: http://www.Bundesregierung.de . Dort gibt es dann einen Link zur Presseinformation. Dieses Journal liegt teilweise auch in Postämtern aus.) und die in den Fernzügen der Deutschen Bundesbahn ausliegenden Zeitschriften wie „Zug".

Zu guter Letzt: In unserem landeskundlichen Rahmen haben wir auch versucht, dem im Land Lernenden ein bisschen so etwas wie praktische Hilfe im neuen Umfeld zu geben: Wo man sich anmelden muss (Einwohnermeldeamt), wo man in (medizinischen) Notfällen anrufen kann, wichtige Telefonnummern (Zeitansage, Telefonauskunft, Auskunft der Deutschen Bahn) etc.

Exkurs Lerntechniken und Lernstrategien

Es gibt verschiedene Gründe, warum Deutschlernende bei einer VHS, dem Goethe-Institut oder einer anderen Bildungseinrichtung einen Sprachkurs besuchen. Das Ziel ist jedoch für alle gleich: Sie wollen die deutsche Sprache so schnell, so gut wie möglich lernen. Aber alle, die einmal eine Sprache gelernt haben, wissen, dass das gar nicht so einfach ist. Man braucht viel Geduld, Einsatz und Ausdauer und der lange Weg ist mit Fehlern und Misserfolgen gepflastert. Aber es gibt Hilfsmittel, die das Lernen angenehmer und effektiver gestalten können. Dazu gehören die **Lerntechniken**. Dies sind „Fertigkeiten, die Lernende einsetzen können, um etwas ... zu lernen." Dazu zählen u. a. die Benutzung eines Wörterbuchs, die Erschließung von Wortbedeutungen, das Ableiten von Grammatikregeln, das Anfertigen von Notizen, das Führen einer Vokabelliste und vieles mehr. Viele dieser Lerntechniken stellen wir Ihnen im Lehrbuch selbst vor. Durch Arbeitsanweisungen werden die TN darauf aufmerksam gemacht und üben den Umgang mit den Techniken. Diese zunächst unreflektierte Anregung zur Anwendung dient dazu, die Technik an sich kennen zu lernen. Aber so früh wie möglich sollten Sie den TN bewusst machen, was sie da tun und warum sie es machen. Ziel ist, dass die TN diese Techniken verinnerlichen, in ihren Lernstil aufnehmen und auch außerhalb des Kurses ohne Anleitung anwenden. Sie sollen erkennen, dass diese Techniken helfen leichter und effektiver mit der Sprache umzugehen und sie zu erlernen. Diese Lerntechniken sind kein Zwang. Jeder kennt das Gefühl, ob beim Kochen oder Lernen, das habe ich schon immer so gemacht – haben Sie Geduld, wenn die Lerner einmal den Nutzen erkannt haben, werden sie sie anwenden.

Peter Bimmel und Ute Rampillon: Lernerautonomie und Lernstrategien, Langenscheidt, Berlin und München 1997; S. 75

Die Kenntnis der verschiedensten Lerntechniken ist die Voraussetzung für das Aufstellen von **Lernstrategien**. Darunter versteht man einen „Plan, um ein Lernziel zu erreichen." (Bimmel, Rampillon, S. 72). Sie dienen dazu, „fremdsprachliches Lernen vorzubereiten, zu steuern und zu kontrollieren." Wie auch die Lerntechniken benutzen die TN die Lernstrategien zunächst unreflektiert. Sie wenden sie an, weil es die Aufgabenstellung und die Arbeitsanweisungen so verlangen. Aber sie sollten so schnell wie möglich verstehen, warum bei der Bearbeitung einer Aufgabe in einer bestimmten Art und Weise vorgegangen wird, um zu einer Lösung zu kommen. Die TN nehmen dann diese Strategien in ihr Lernrepertoire auf und werden sie im sprachlichen „Leben" nutzbringend anwenden – auch im Umgang mit der Sprache außerhalb des Unterrichts.

Ute Rampillon: Lernen leichter gemacht. Deutsch als Fremdsprache, Hueber, Ismaning 1995; S. 14

Die Lerner sollen in die Lage versetzt werden autonom ohne Hilfe des KL so effektiv wie möglich mit der deutschen Sprache umzugehen und diese zu erlernen. Je erfolgreicher sie dabei sind, umso mehr wird das Interesse an Sprache wachsen und das ist die beste Voraussetzung zum selbstständigen Lernen.

Wie im *Exkurs* Hausaufgaben dargestellt, gibt es verschiedene Lernertypen, die gemäß ihrer Veranlagung bestimmte Aufgabentypen bevorzugen. Das heißt auch, dass nicht alle Lernstrategien zu jedem Lerner passen. Jeder Typ muss für sich die Strategien herausfinden, die er am besten versteht, mit denen er deshalb am besten umgehen kann. Und sie werden ihm bei der Bewältigung sprachlicher Probleme helfen. Im Unterricht sollten – soweit die Arbeitsanweisungen nichts anderes sagen – alle Übungen von allen TN bearbeitet werden. Dabei wird sich zeigen, wer mit welchem Verfahren besser oder schlechter zurechtkommt. So wird sich im Laufe der Zeit durch die Übungen im Umgang mit den Strategien zur Lösung von Aufgaben herausstellen, was zu wem passt. Und diese „Auswahl" an Strategien können die TN dann überall effektiv und nutzbringend anwenden, wenn es um die Bewältigung sprachlicher Probleme geht.

Das Wissen um den Lernertyp und die damit verbundenen persönlichen Lernstrategien garantieren effektives Lernen im Kurs und – was eigentlich viel wichtiger ist – die Fähigkeit im sprachlichen Alltag allein zu bestehen und mit Spaß und Erfolg sprachlich tätig zu sein.

Wenn Sie sich weiter mit diesem Thema beschäftigen möchten, empfehlen wir Ihnen das Buch von Ute Rampillon: Lernen leichter gemacht. Deutsch als Fremdsprache, Hueber, Ismaning 1995. Es stellt eine Fülle von Lerntechniken unter Berücksichtigung verschiedener Lernertypen vor.

Exkurs Leseverstehen

Einen fremdsprachigen Text hören und dabei gleichzeitig verstehen wird von den meisten Lernern als sehr schwer erachtet. Es ist sicher auch nicht einfach, weil man das, was man hört, eben nicht schwarz auf weiß vor sich hat, man kann es nicht (mehrmals) nachlesen, man kann keine Wörter im Wörterbuch nachschlagen, weil man oft nicht genau weiß, wie sie geschrieben werden. Lesetexte in einer fremden Sprache erscheinen dagegen viel leichter zu verstehen zu sein. Man kann so oft, so langsam wie man will nachlesen, man findet unbekannte Wörter im Wörterbuch, weil man ja weiß, wie sie geschrieben werden. Damit kann jeder Lesetext irgendwie entschlüsselt werden. Aber nur selten wird ein Text, der auf diese Art und Weise bearbeitet wird, verstanden, oder erst nach großer Mühe. Denn durch das Aneinanderreihen von Wörtern, deren Bedeutung man aus dem Wörterbuch herausgeschrieben hat, ergibt sich nicht notwendigerweise Sinn. Die Arbeit, die oft mit einem hohen Zeitaufwand verbunden ist, ist nicht effektiv, weil sie nur auf die „Textoberfläche" (Axel Vielau: Methodik des kommunikativen Fremdsprachenunterrichts, Cornelsen, Berlin 1997; S. 257) beschränkt bleibt.

Um aus einem Text Informationsgewinn zu erzielen, muss er anders bearbeitet werden. Der Lerner muss dazu gebracht werden, informativ und orientiert zu lesen – auch wenn der Text unbekannte Wörter enthält. Und das Ergebnis dieser Art von Bearbeitung wird sicher ein Informationszuwachs sein. Um das zu erreichen, müssen bestimmte Lesestrategien (vgl. Hörstrategien) angewendet werden.

Dazu gehört vor der eigentlichen Arbeit mit dem Text eine sinnvolle Vorentlastung. Sie soll zum einen Schwierigkeiten aus dem Weg räumen und zum anderen an die Textthematik heranführen. Dazu dienen die Vorschaltübungen zu den einzelnen Lesetexten, die Sie genau nach Anweisung – und mit Hilfe der Erläuterungen im Lehrerhandbuch – mit den Lerner/innen durchführen sollten. Dort werden z. B. Schwierigkeiten lexikalischer Art durch Wortschatzsammlungen zu einem bestimmten Wortfeld geklärt. Allgemeine, landeskundliche, sachbezogene Kenntnisse der Teilnehmer werden aktiviert und können so an die Thematik heranführen. Auch sollte je nach Textsorte die äußere Form eines Textes, das Layout, die dazugehörigen Bilder betrachtet werden, die einen Hinweis auf die Thematik, die Intention des Textes, die Situation, in der sich die Texte abspielen, geben können. Wenn dann die TN am Ende der Vorbereitungsphasen Hypothesen über den Inhalt aufstellen können, sind sie bestens auf ein strategisches Lesen vorbereitet. Es wurde ein Interesse aufgebaut, das zur Weiterarbeit mit dem Text motiviert. Und die Lerner werden nicht mehr an unbekannten Wörtern hängen bleiben. Sie können sie überlesen, weil sie nach wesentlichen *inhaltlichen* Informationen Ausschau halten. Jedoch soll und kann nicht jede sprachliche Äußerung, jeder Text vorentlastet werden. Im „normalen" sprachlichen Alltag kann man sich auch nicht auf jede Situation vorbereiten, man wird immer wieder ins „kalte Wasser geworfen" und muss unvorbereitet und spontan in der fremden Sprache reagieren und kommunizieren. Um die Lerner/innen auch auf diese Situationen vorzubereiten, haben nicht alle Lehrbuchtexte Vorschaltübungen. Die Lerner sollen unvoreingenommen und „unwissend" an den Text herangehen und sich damit auseinander setzen. Sie sollen selbst aus dem Fundus an Strategien, die sie bei der Erarbeitung anderer Texte schon praktiziert haben, die passende anwenden und damit den Text erschließen, wie im sprachlichen Alltag auch.

Zu jedem Lesetext gibt es im Lehrbuch Übungen. Wenn sie genau nach Anweisung – und entsprechend den Erläuterungen im Lehrerhandbuch – gemacht werden, wird am Ende der Text gemäß seiner Intention bearbeitet sein, d. h. die Informationen, die er vermitteln will, sind entdeckt. Dabei wenden die Lerner die Verstehensstrategien zunächst unreflektiert an, sie gehen so vor, wie es laut Übungsanweisung sein soll. Sie als KL sollten aber so früh wie möglich – je nach Kompetenz der Lerner – den TN Sinn und Zweck der Lesestrategien erklären. Nur so werden sie lernen außerhalb des Kursraumes fremdsprachige Texte zu verstehen und nicht von vornherein zu kapitulieren, weil sie „nichts verstehen". Die Steuerung durch die Übungsformen soll durch ein vom Lerner selbst gesteuertes, freies Lesen abgelöst werden, um im sprachlichen Alltag Texte so lesen zu können, dass er sie versteht und wie er sie in seiner Muttersprache auch liest: gemäß der Intention des Textes und gemäß seines eigenen Interesses.

1. **Orientierendes Lesen**
   Dabei wird der Text nur überflogen. Es geht darum, sich zu orientieren, die Thematik herauszufinden. Gezielte Übungen im Lehrbuch leiten dazu an. Je nach Aufgabenstellung – oder je nach Situation im „normalen" Leben – kann / soll der Leser entscheiden, ob der Text für ihn überhaupt interessant ist. Wenn ja, kann er weiterlesen. Wenn der Text uninteressant ist, kann er ihn beiseite legen. Im Leben „außerhalb des Kursraumes" – nicht als Lerner einer fremden Sprache – tun wir das ja auch: nur das, was uns interessiert, lesen wir. Naturgemäß haben wir dazu im Unterricht wenig Gelegenheit. Eine Aufgabe, die hierher gehört, wäre z. B. ein Sortieren von Zeitschriften oder Artikeln nach Themen.

2. **Kursorisches Lesen**
   Die Hauptinformationen eines Textes sollen durch kursorisches Lesen herausgefunden werden. Entsprechende Übungen leiten dazu an. Der Zeitaufwand für diese Art von Lesen sollte relativ gering sein. Durch eine Zeitvorgabe wird der Lerner dazu gezwungen, gezielt zu lesen und nicht an Details oder jedem unbekannten Wort hängen zu bleiben.

3. **Selektives / Selegierendes Lesen**
   Hier geht es darum, bestimmte Details aus einem Text herauszufinden, die durch die Aufgabenstellung und durch ein besonderes Interesse wichtig

sind. Dabei bietet es sich z. B. an, wichtige Wörter, Ausdrücke, Sequenzen kenntlich zu machen – durch Unterstreichen oder Markieren. Dann kann man nach dem Lesen des gesamten Textes alle wichtigen Aussagen auf einen Blick abrufen und zusammenstellen. Auch hier sollte der Lerner nicht unbefristet Zeit zum Lesen haben. Er soll lernen so schnell wie möglich das herauszufinden, was er braucht. Denn im sprachlichen Alltag spielt der Zeitfaktor eine wichtige Rolle.

4. **Totales / Detailliertes Lesen**
   Durch genaues und langsames Lesen soll jedes Detail des Textes erarbeitet werden. Damit ist nicht ein Wort-für-Wort-Lesen im Sinne der Lexik gemeint. Es geht darum, den Text inhaltlich genau zu verstehen. Sicher spielen dabei die Vokabeln eine große Rolle. Aber die einzelnen Wörter müssen im Textzusammenhang gesehen werden und nicht als Einzelteile.

Auswertung der Übungsergebnisse

Die inhaltliche Auswertung eines Textes hängt im Unterricht meist von der Aufgabenstellung, im normalen sprachlichen Alltag vom Interesse an der Thematik ab. Da jeder Leser mit anderen Voraussetzungen an einen Text herangeht – unterschiedliches Vorwissen, Sprachkompetenz etc. –, wird auch das Ergebnis nach der Lektüre variieren. Die Lösungen werden und sollen nicht identisch sein. Weisen Sie die TN darauf hin, dass es (fast) nie nur eine „richtige" Lösung gibt. Es gibt immer Varianten, die von den TN jedoch erläutert und begründet werden müssen. Und das wiederum sind willkommene und sinnvolle Sprech- und Diskussionsanlässe.

Exkurs Rahmenbedingungen

Sitzordnung

Im kommunikativen Unterricht arbeitet man am besten im Stuhlkreis: alle können einander sehen und Kontakt miteinander aufnehmen, gleichzeitig ermöglicht der freie Raum in der Mitte die Bewegung, die Sie und die TN benötigen und den leichten Wechsel der Plätze. Sollten Sie und die TN großen Wert darauf legen, auch an Tischen arbeiten zu können, wäre es optimal, wenn die Tische so ständen (Hufeisen oder Quadrat), dass durch kurzes Umstellen der Stühle der gewünschte Stuhlkreis im freien Raum zwischen den Tischen entstehen könnte. Wenn Sie das Zimmer umräumen müssen, machen Sie es gemeinsam mit den TN: Es bringt Bewegung in die Gruppe, das gemeinsame Handeln schafft Vertrautheit und sozialen Kontakt (siehe *Exkurs* Bewegung).

Raumgestaltung

Versuchen Sie, ganz egal wo Sie unterrichten, den Ihnen zur Verfügung stehenden Raum – wenn er es nicht ohnehin ist – freundlich, ansprechend und dem Lerngegenstand entsprechend zu gestalten. Bringen Sie durch Prospektmaterial, Plakate – wenn nötig – Farbe in Ihr Klassenzimmer. Bringen Sie Blumen in den Unterricht mit. Motivieren Sie auch Ihre TN dazu, den Raum selbst kreativ zu gestalten: Wir hatten auch schon einmal bei einem Seminar eine Pierrot-Puppe als Farbklecks in der Mitte des Freiraums.

Musik
Halten Sie einen Kassettenrekorder und / oder einen CD-Player bereit (Sie brauchen ihn auf jeden Fall für die Hörübungen). Lassen Sie leise Musik spielen, wenn die TN eintreffen. Nutzen Sie die Musik auch für die Phasen von Gruppen- und Partnerarbeit. Bei Hintergrundmusik stören sich die Gruppen nicht gegenseitig, Musik kann die TN eher zum Sprechen ermutigen als Stille im Raum, und das Abschalten der Musik signalisiert das Ende der Arbeitsphase.

Geeignet ist ausschließlich instrumentale Musik, vor allem Barockmusik und konzertante Musik, die heute vielfach als Entspannungsmusik auf Tonträgern zusammengefasst ist.

Hier einige Beispiele von CDs, die wir für besonders geeignet halten:
Largo – Serene and Stately, 1987, LIND Institute
Pastorale
Classic Melodies
Classical Harmonies
Pianissimo
Adagio
Andante
Classical Rhythms
Classical Impressions
Interlude
Dance Of The Unicorn, Citizan Cain, Serpents In Camoflage
Meditation Sampler 2
In my time, Yanni
Relax with the Classics, LIND Institute
Anugama – Silent Joy, New Age Music
Apocalypse des Animaux, Chariots fo Fire, Music of Vangelis

In Bewegungsphasen können Sie aber auch flotte, rhythmische Instrumentalmusik oder beschwingte Lieder einsetzen, um die Arbeit schneller und dynamischer zu gestalten (siehe *Exkurs* Bewegung).

Exkurs Spiele

Als eine mögliche und beliebte Übungsform haben sich in den letzten Jahren im Bereich der produktiven Fertigkeiten – Sprechen und Schreiben – sowie bei der Grammatik (Sprach)Spiele durchgesetzt. Aber nicht alle Lernenden spielen gern; sicher gibt es auch nationalitätsspezifische Unterschiede. Spielen wird oft gleichgesetzt mit „nicht lernen", es wird als nicht ernsthaft genug angesehen. Als KL sollte man daher Spiele nicht als solche präsentieren, sondern immer als Lernaktivitäten. Sie können diese Problematik mit Ihren TN auch thematisieren, sprechen Sie mit ihnen darüber, vielleicht lassen sich so Hemmnisse abbauen. Aber nicht nur manche TN haben Schwierigkeiten mit dieser Übungsform. Es spielen auch nicht alle KL gern. Wenn das bei Ihnen so ist, können Sie sich vielleicht trotzdem überwinden und die Möglichkeiten, die Ihnen Spiele im Unterricht bieten, nutzen. Lernen Sie es gemeinsam mit Ihren TN und führen Sie sie in kleinen Schritten an spielerische Übungsformen heran. Spiele haben mindestens denselben Übungseffekt wie hergebrachte Übungsformen. Wir glauben, dass sie sogar einen nachhaltigeren – weil auf der emotionalen Ebene wahrgenommenen – Effekt haben können. Auf jeden Fall lockern sie auf und wirken motivierend auf die Lerner/innen, insbesondere wenn Wettbewerbscharakter ein entsprechendes Engagement fordert. Und: Spiele bringen Bewegung in die Gruppe (siehe *Exkurs* Bewegung), denn bei nahezu allen Spielen müssen die TN aufstehen und im Raum umhergehen.

Wenn Sie nicht ohnehin schon in Ihrem Unterricht Sprachspiele einsetzen und sich in dieser Materie auskennen, dann können Sie sich auf Fortbildungsveranstaltungen mit dem Umgang mit Spielen vertraut machen. (Die Volkshochschulen und ihre Landesverbände haben regelmäßig Veranstaltungen dazu in ihren Programmen.) Die Veranstaltungen befassen sich teilweise nicht nur theoretisch mit dem Einsatz von Spielen und stellen Spiele vor, sondern sie geben auch Hinweise für die eigene Materialerstellung oder es werden gemeinsam Materialien unter Anleitung erstellt.

Wir geben Ihnen im Folgenden Tipps zur Herstellung und zum Einsatz von Spielen. Auch in den Lektionsbeschreibungen finden Sie Vorschläge für passende Spiele. Nutzen Sie diese Angebote und Anregungen, und vor allem: Lassen Sie Ihre Fantasie und Kreativität walten, Ihre Lerner/innen werden es Ihnen danken.

Herstellung von Spiele-Material:

Was Sie an Material brauchen:
bunten Fotokarton, Plakatkarton in verschiedenen Farben, buntes Papier, verschiedenfarbige Klebepunkte (gibt es im Bürohandel), Papier-Ovale und -Kreise (gibt es als Metaplan-Karten zu kaufen, die jedoch ziemlich teuer sind. Sie können auch selbst Ovale und Kreise aus farbigem Papier schneiden), bunte Karten in verschiedenen Größen (Sie können sie aus dem Fotokarton oder Plakatkarton im Bürogroßhandel oder bei Druckereien schneiden lassen. Sie können sie auch selbst schneiden, dabei werden jedoch die Ränder oft nicht gleichmäßig), Schere, Kleber, einen schwarzen Filzstift mit schräger Mine (macht eine schönere Schrift), durchsichtige Klebefolie (zum Überziehen des Materials mit Folie. Es wird so haltbarer.)

Die Herstellung von Materialien ist natürlich zeitaufwendig, aber sie haben einen positiven Effekt im Unterricht und sind immer wieder einsetzbar. Wenn Sie sich mit Ihren Kolleginnen und Kollegen zusammen tun und gemeinsam Material erarbeiten, wird die Herstellung ökonomischer.

Was es dazu im Handel gibt (eine Auswahl):
- Blanko-Spielkarten (zur Herstellung von Quartetts und Dominos)
  550 Karten: DM 11,60 zzgl. 16% MwSt. und Porto (Stand April 1998)
  über: Spielkartenfabrik Altenburg, Leipziger Straße 7, 04600 Altenburg, Tel. 0 34 47 / 582-0, Fax 0 34 47 / 582-139 oder 31 16 69
- Diverse Karten für Memory, Bingo, Domino etc. (und andere im Unterricht einsetzbare Hilfsmittel. Sie können bei Interesse einen Katalog anfordern)
  über: Villa Bossa Nova, Postfach 130251, 42817 Remscheid, Tel. 0 21 91 / 8 02 17, Fax 0 21 91 / 8 13 87
- Schaumstoffwürfel, Größe ca. 20 x 20 x 20 cm (für Grammatikübungen bis hin zu gelenkter Konversation) mit 50 Blankokarten zum Einstecken und Auswechseln, ca. DM 40,–
  über: AOL Verlag, Waldstraße 17–18, 77839 Lichtenau, Tel. 0 72 77 / 95 88 0

Was Sie herstellen können und was Sie im Unterricht damit machen können

Lernaktivitäten mit Karten

Die TN behalten Wortschatz besser, wenn er bunt ist und man ihn anfassen kann. Auch wenn in der Literatur die Zuordnung von Bild und Wort wegen der Nichtübereinstimmung von Erst- und Zweitsprache als fragwürdig beschrieben wird, halten wir entsprechende Übungen zur Wortschatzfestigung im Anfängerunterricht für sinnvoll und legitim. Wichtig ist, dass die Bilder eindeutig Dinge / Gegenstände darstellen.

1. Bunte Bilder (Gegenstände, die in der letzten Lektion behandelt worden sind) aus Zeitschriften ausschneiden, auf bunte Kärtchen aufkleben und mit Folie überziehen.
   Verlauf: Jeder TN zieht eine Karte und muss die Abbildung benennen (oder die anderen TN müssen sie benennen.)
2. Zur Paarbildung: Die Wörter aus 1. werden auf Karten geschrieben, die Bilder und die Karten werden vermischt und verteilt.
3. Karten mit Verben
   Verlauf: Variante 1: Ein TN nimmt eine Karte, zeigt diese, das Verb wird anschließend mimisch / gestisch dargestellt.
   Variante 2: Ein TN nimmt eine Karte und muss mimisch / gestisch das Verb darstellen, das die anderen TN erraten müssen.
   Auf diese Weise können auch Adjektive, Adverbien und Präpositionen geübt werden.
4. Stichworte / Bilder / Symbole aus zuletzt behandelten Themen, Texten, Situationen oder Dialogen liegen verdeckt aus.
   Verlauf: Jeder TN nimmt 1–3 Karten. Derjenige, der glaubt, den Anfang der Geschichte, des Dialogs zu haben, sagt einen Satz zu seinem Stichwort, Bild o. Ä. und legt die Karte offen vor sich. Dann wird nach und nach die Geschichte, der Dialog etc. vervollständigt.
5. halbierte Karten

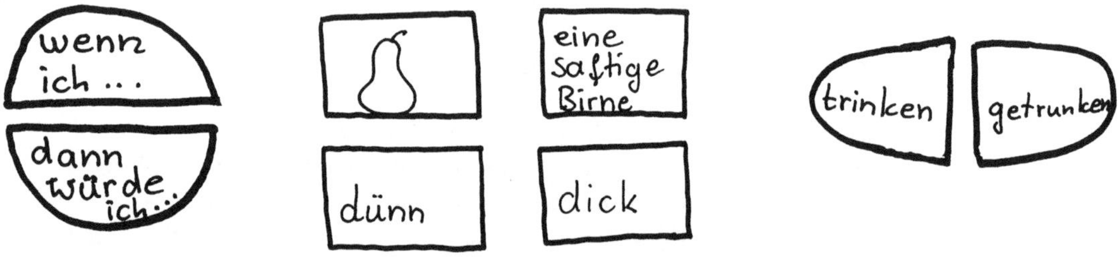

   zur Paarbildung, Wortschatzwiederholung oder Wiederholung der Zeitformen der Verben
6. Karten mit Konjugationsformen

a.

ich schreib[e]
ich schreib[st]

b.

ich	schreib	e
du	schreib	st
er	schreib	t

Die Karten liegen durcheinander auf einem Tisch, die TN sollen sie sortieren (= Konjugation zum Anfassen).

7. Karten mit 3–4 Satzteilen

a.

ich	schreibe	einen	Brief
er	schreibt	seinen	Eltern
du	liest	die	Zeitung

Anmerkung: In diesem Beispiel wäre die Aufgabenstellung möglichst viele Sätze zu bilden. Die Lösung: *Du liest seinen Brief.* ist zwar richtig, doch lässt sie keine weiteren sinnvollen Sätze zu.

b.

Kerstin	macht	das	Frühstück
Das Meerschweinchen	gehört	dem	Jungen

Verlauf wie bei 6, im Kurs oder in Gruppen.
Zum Üben der Konjugation, des Satzbaus, zum Gebrauch von Dativ- oder Akkusativ-Ergänzungen. Wenn alle TN eine Karte ziehen, können diese Karten auch zur Gruppenbildung eingesetzt werden.

8. Karten mit Halbsätzen
Verlauf: In der Mitte liegt ein Stapel mit Karten (entweder alle ersten Satzteile oder alle zweiten Satzteile, die anderen Karten werden ausgeteilt, so dass jeder TN 5–6 Karten hat. Ein TN deckt die erste Karte vom Stapel auf, liest sie der Gruppe vor und legt sie hin. Wer eine dazu passende Karte hat, legt sie hin.
Einsatz: Wenn-Sätze (z. B. Wenn Sie Lust haben, kommen Sie uns doch mal besuchen.)
Weil-Sätze (z. B. Weil die Post schon zu war, konnten wir keine Briefmarken kaufen.)
Imperfekt-Sätze (z. B. Die Post war schon zu. Wir konnten keine Briefmarken kaufen. Oder: Die Post war schon zu, deshalb konnten wir ...)
Relativsätze (z. B. Bayern ist ein deutsches Bundesland, das wir noch nicht kennen.)

9. Karten mit Buchstaben
z. B. N O R D R H E I N W E S T F A L E N
Es sind mehrere Kartensätze nötig.
Verlauf: Gruppenbildung. Jede Gruppe erhält einen Kartensatz und legt mit den Buchstaben neue Wörter. Die Gruppe mit den meisten Wörtern hat gewonnen.
Variante a: Alle Buchstaben dürfen beliebig oft benutzt werden. b: Jeder Buchstabe darf nur einmal benutzt werden.
Sie können dazu lange (bekannte) Wörter nehmen oder aber pro Gruppe alle Buchstaben des Alphabets austeilen (dann aber nur Variante b.)

10. Karten mit auseinander geschnittenen Sätzen
Nehmen Sie dazu einen bekannten, ggf. von Ihnen leicht modifizierten, aus 10–20 Sätzen bestehenden Text. Schreiben Sie für alle Sätze die Wörter einzeln auf Karten. Mischen Sie die Reihenfolge der Sätze.
Verlauf: Bei 5–6 Gruppen erhält jede Gruppe 3–4 Sätze, die jeweils sinnvoll zusammengesetzt werden müssen. Diese Übung kann dafür sensibilisieren, dass es im Deutschen keinen starren Satzbauplan gibt, und ist daher beson-

ders gut im Laufe des zweiten Bandes einsetzbar, wenn dieses Thema behandelt wird. Anschließend muss der Gesamttext im Plenum zusammengebaut werden. Die Gesamtgruppe kann dann den fertigen Text aufkleben und sichtbar aufhängen.
Variante: Das wäre auch mit unbekannten (Zeitungs-)Texten über aktuelle Geschehnisse (der Weltpolitik, in den Religionen) möglich, über die alle mehr oder weniger informiert sind.

Die Kopiervorlagen finden Sie am Ende dieses Buches.

11. Brettspiel 1
Ein einmal angefertigtes Spiel ist für alles Mögliche einsetzbar und kann immer wieder benutzt werden. Es müssen nur die thematisch oder dem Ziel entsprechenden neuen Karten angefertigt werden.

Brettspiel 1

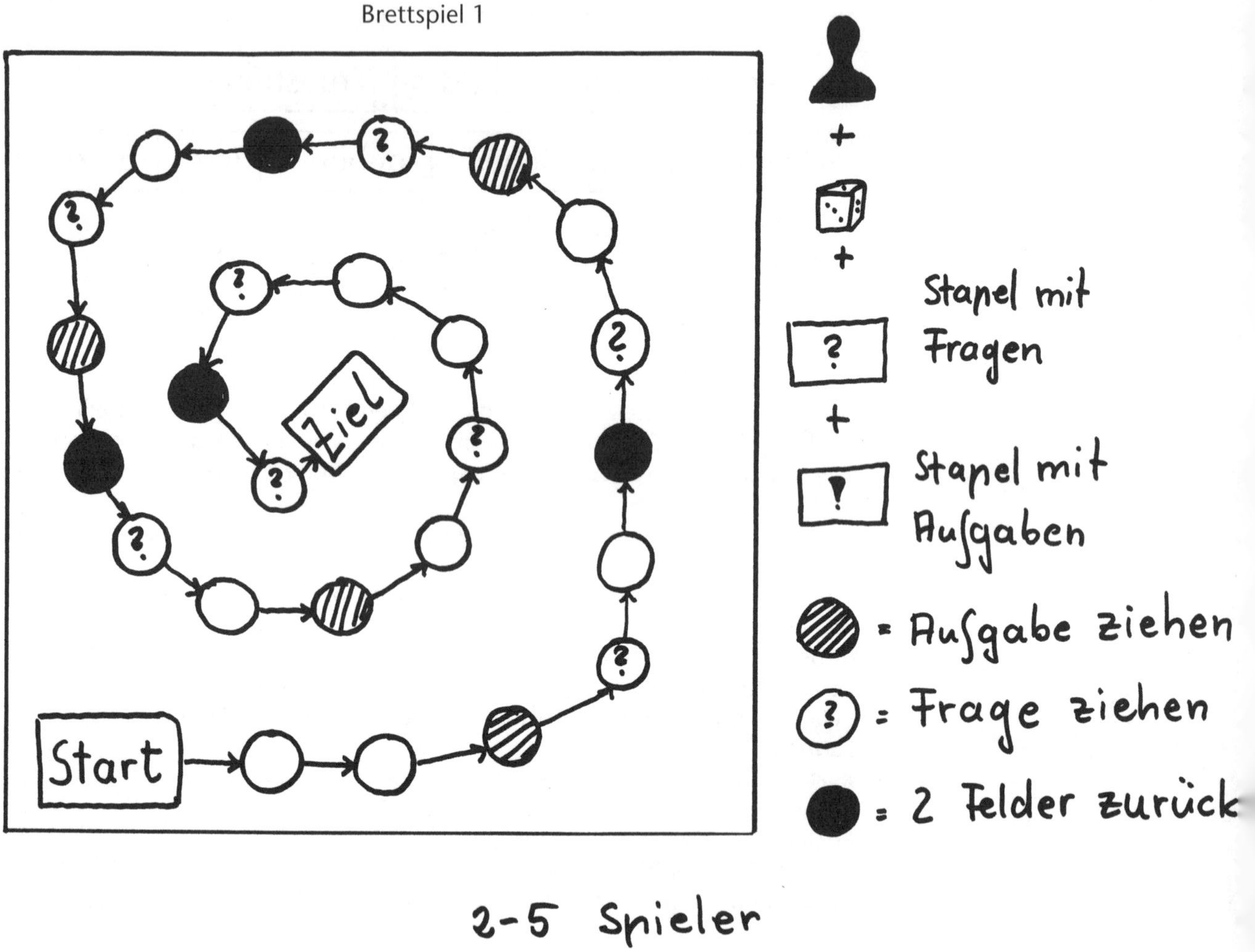

Brettspiel 2

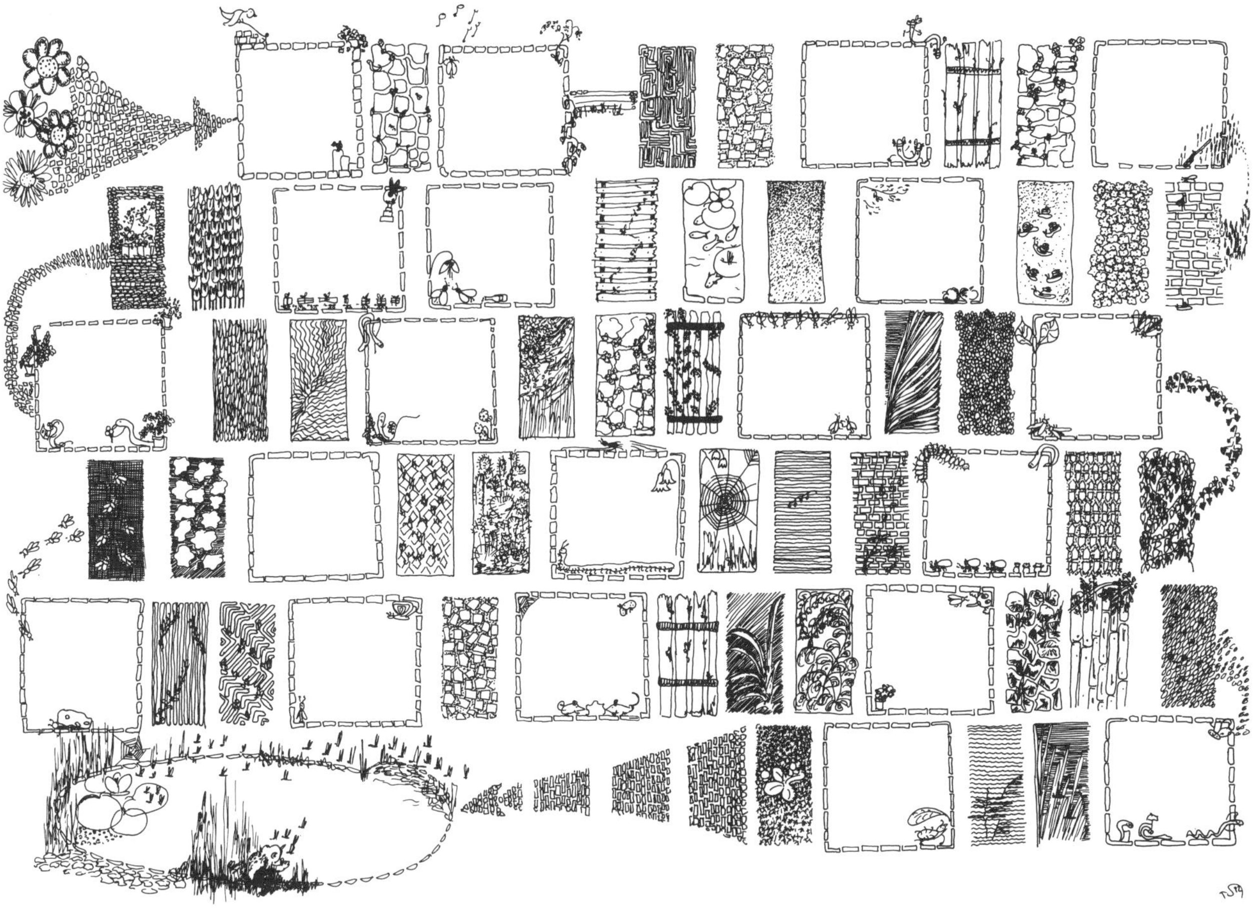

Brettspiel 3

12. Dominos

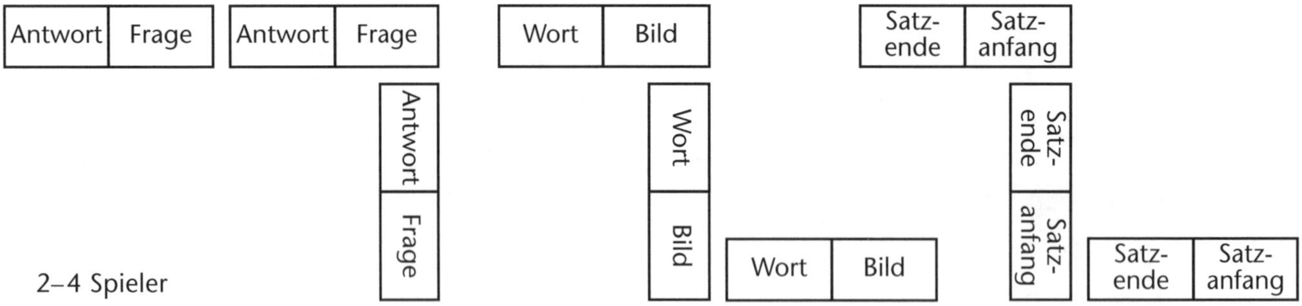

2–4 Spieler

Eignet sich besonder gut zum Üben von Präpositionen.

usw.

13. Puzzle
Puzzle für 4-er Gruppe(n)

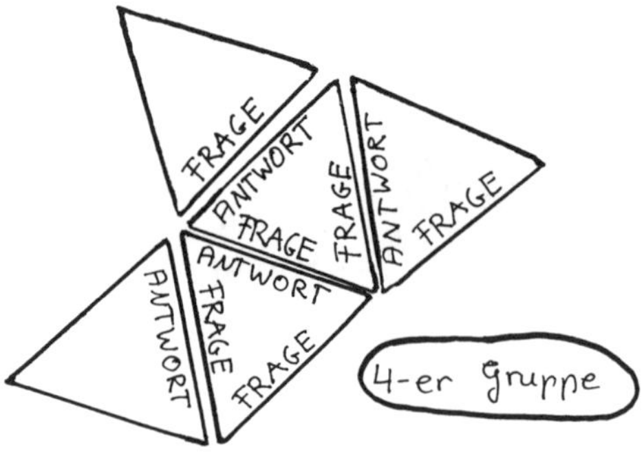

Ein DIN A Karton – in Teile geschnitten, pro Gruppe wird ein Exemplar des Puzzles benötigt. Die TN müssen die Teile zusammensetzen. Die schnellste Gruppe hat gewonnen.

Einsatz: Frage und Antwort
Präsens und Imperfekt / Perfekt
wenn-Sätze / weil-Sätze

Puzzle für die ganze Gruppe

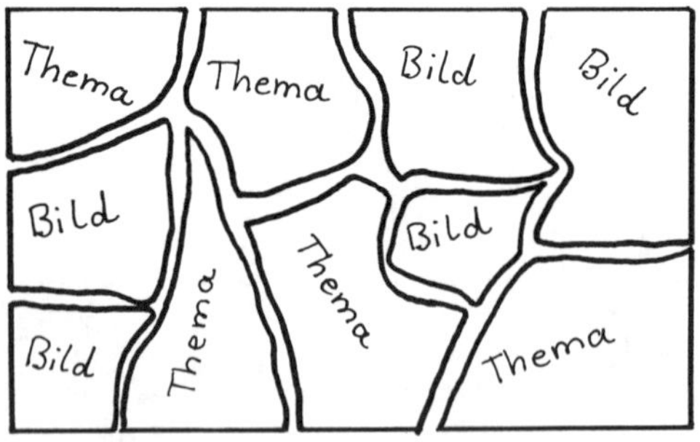

DIN A 3 oder Plakatformat
Verlauf: Jeder TN legt ein Puzzle-Teil und sagt / erzählt etwas zu dem Thema oder Bild.

14. Memory

15. Rad

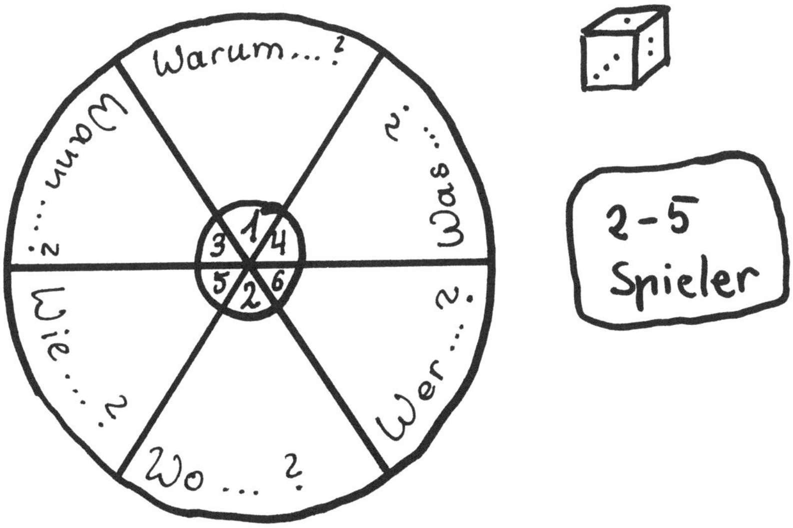

Verlauf: Ein TN würfelt und stellt dem TN 2 eine Frage mit dem Fragewort, das zu der gewürfelten Zahl gehört.
TN 2 antwortet.

Varianten: Statt der Fragewörter können in den 6 Feldern Sommer / Herbst / Winter / Frühling // Weihnachten / Ostern / Nikolaus // heute / morgen / gestern / vorgestern / übermorgen / irgendwann // u. Ä. stehen.

Exkurs Schreiben

Nicht nur Lesen, Hören und Sprechen, sondern auch das Schreiben trägt wesentlich zum Erwerb einer Fremdsprache bei.

„Das Thema ‚Schreiben' hat zahlreiche Aspekte. Im Fremdsprachenunterricht schreibt man, um Neues besser aufzunehmen und behalten zu können (Schreiben als Lernhilfe und Arbeitstechnik), um das Schriftbild der fremden Sprache flüssig und richtig zu beherrschen (Schreibmotorik und Rechtschreibung), ... um erworbene Kenntnisse nachzuweisen (Schreiben als Lernkontrolle)." (Axel Vielau: Methodik des kommunikativen Fremdsprachenunterrichts, Cornelsen, Berlin 1997; S. 265) Deshalb „sollte es sich als ein roter Faden durch den ganzen Unterricht ziehen." (Ulrich Häussermann, Hans-Eberhard Piepho: Aufgabenhandbuch Deutsch als Fremdsprache, iudicium, München 1996; S. 323) Schreiben sollte keine Verlegenheitsbeschäftigung, kein Pausenfüller sein, sondern einen festen Platz bei der Unterrichtsplanung einnehmen.

In den ersten Unterrichtsstunden wird sich das Schreiben auf Abschreiben und Einsetzen beschränken. Aber auch das ist eine sinnvolle Tätigkeit. Die TN kombinieren Schriftzeichen zu Wörtern und Sätzen. Aufgrund der Vorlage entstehen dabei sprachlich richtige Formulierungen. Durch das Selbst-Erarbeiten prägt sich das Er-Schriebene ein und wird nicht so schnell vergessen. Auch Abschreiben ist eine sinnvolle Art des Vokabellernens, da man die Wörter nicht einzeln als Vokabeln lernt, sondern in sinnvollen Zusammenhängen verwendet. „Hat der Unterricht ... den Charakter eines äußerst lebendigen, kommunikativen Geschehens ..., so bilden die Schreibphasen das systematische Gegengewicht. Hier wird handwerklich genau, in langsam, sorgfältig reflektierten Schritten Sprach-Richtigkeit aufgebaut." (Häusserman, Piepho, S. 323). Auch dieser Aspekt ist wichtig: Schreiben ist eine langsame Tätigkeit. Sie läßt im Unterschied zum spontanen Sprechen Zeit zum Überlegen. Das, was man schreibt, kann man überdenken und überprüfen, indem man Hilfsmittel wie Wörterbücher und Grammatiken zu Rate zieht. Beim Abschreiben hat man Zeit nachzuvollziehen, warum die Formulierung so und nicht anders heißt. Es entsteht ein Bewusstsein für richtigen Sprachgebrauch, das später bei der Erstellung eigener Formulierungen und Texte eine gute Ausgangsposition ist. „Rechtschreiben" – zuerst durch Vorlagen gelenkt und dann immer freier – sollte einen festen Platz in Ihrem Fremdsprachenunterricht haben. Ermutigen Sie die TN zum Schreiben, nicht nur zu Hause, auch im Unterricht. Es bringt Ruhe – kommunikativer Unterricht ist immer unruhig – und wirkt dadurch entspannend. Die TN können alles (ab-)schreiben, immer wieder, auch wenn sie nicht explizit durch eine Übungsanweisung im Lehrbuch dazu aufgefordert werden. Und die Fehlerkorrektur ist auch kein Problem. Die Texte liegen vor und jeder kann sich selbst kontrollieren.

Sehr schnell werden die TN in unserem Lehrwerk durch gezielte Arbeitsanweisungen – zu denen Sie auch Erläuterungen bei den Anmerkungen zu den einzelnen Lektionsverläufen finden – zum freieren Schreiben angehalten. Die TN sollen lernen „einfache Gebrauchstexte auf angemessene Art in der Fremdsprache" abzufassen (Vielau, S. 265). Dabei sollten sie sich genau an die jeweiligen Anweisungen im Lehrbuch halten. Sie werden zum Produzieren von eigenen Texten detailliert angeleitet. Machen Sie den TN die einzelnen Schritte bewusst, damit sie später selbst ohne Anleitung angemessen schreiben können. Aber auch wenn es nicht explizit in der Arbeitsanweisung steht, muss jedes freie Schreiben sorgfältig vorbereitet, d. h. geplant sein. Denn einfach „drauflosschreiben" ist auch in der Muttersprache nicht empfehlenswert und schon gar nicht in einer fremden Sprache. Zunächst sollte das Thema, zu dem man etwas schreiben will, eingegrenzt werden. Inhaltspunkte sollten notiert werden (eventuell in der Muttersprache). Dann muss der erforderliche Wortschatz einschließlich Redemitteln, Floskeln u. Ä. gesammelt werden. Das nächste wäre die Erstellung eines Konzepts, eines Planes, an dem man dann „entlangschreiben" kann. So entsteht ein gedanklich strukturierter Text. Die grammatische Korrektheit müsste dann in einem gesonderten Durchgang – nochmaliges Durchlesen des Geschriebenen – überprüft werden.

Wenn die Teilnehmer/innen einzeln oder in Gruppen Texte erarbeitet haben, müssen die Ergebnisse ausgewertet werden. Dies kann in Form von Textvergleichen geschehen: wer hat was wie geschrieben. Sie können die verschiedenen Varianten an der Tafel / auf einer Folie sammeln. So können sie alle Teilnehmer/innen sehen und lesen und vielleicht übernehmen bzw. auch im eigenen Text Korrekturen vornehmen. Erarbeiten Sie, welche Formulierungen nicht so gut, welche angemessen / passend oder am treffendsten / besten sind. Begründen Sie diese Wertungen, geben Sie Erläuterungen und finden Sie im Kurs zusätzliche Beispiele. Sie können auch gemeinsam einen Mustertext erarbeiten, der anschließend allen in Kopie zur Verfügung gestellt wird. Eine andere Möglichkeit wäre, alle Texte an eine Pinnwand zu heften, so dass sie von den TN gelesen werden können. Ermutigen Sie sie zum kritischen Umgang mit ihren „Produkten" und denen der anderen TN. Gegenseitige Korrekturen – u. U. auch mit Ihrer Unterstützung – sind für alle gewinnbringend. Sie tragen zur Sprachsensibilisierung bei und wirken sich positiv auf die persönlichen Ausdrucksmöglichkeiten aus (siehe *Exkurs* Fehler und Fehlerkorrektur).

Exkurs Sprechen

Unabdingbare Voraussetzung für angemessenes Sprechen in der Muttersprache und auch in einer Fremdsprache sind Hören, Hörverstehen und Hörsehverstehen (siehe *Exkurs* Hören). Lange bevor das Schriftbild einer Sprache eingeführt wird und bekannt ist, nehmen die Lernenden die fremde Sprache über die „Ohren" auf. Ständiges Hörtraining im Unterricht steigert die Aufnahmebereitschaft für die fremden Laute. Zudem sind die Teilnehmer/innen von Deutschkursen im Inland tagtäglich von der fremden Sprache umgeben, sie hören – und sehen – sie ständig. Sie nehmen die Sprache auf – ohne dabei alles zu verstehen – und sind dann auch relativ schnell in der Lage die Sprache lautlich wiederzugeben.

Sprechen ist ein wichtiger Bestandteil des modernen Fremdsprachenunterrichts. Es „wird bei Lernbefragungen allgemein als wichtigste Zielfertigkeit gesehen ..., oft auch als größtes Lernproblem ... Das Sprechen einer Fremdsprache wird subjektiv oft als schwieriger empfunden als das Hörverstehen." (Axel Vielau: Methodik des kommunikativen Fremdsprachenunterrichts, Cornelsen, Berlin 1997; S. 243)

Das hat verschiedene Gründe:

– Die Teilnehmer/innen unserer DaF-Kurse sind überwiegend Erwachsene. Sie stellen hohe Ansprüche an ihre Ausdrucksweise. In ihrer Muttersprache können sie sich lexikalisch und grammatisch korrekt ausdrücken. Und genau diesen Anforderungen wollen sie auch in der Fremdsprache gerecht werden.

> Sie haben Angst davor, Fehler zu machen, sich zu blamieren. Diese Angst baut Hemmungen auf. Es fehlt ihnen dann die Spontaneität und Unbekümmertheit von Kindern, die ohne Rücksicht auf Fehler Sprache „ausprobieren" und so schnell kommunizieren können. Sie als KL haben es zum Teil in der Hand, dass Hemmungen erst gar nicht entstehen oder, wenn sie schon vorhanden sind, diese abzubauen. Partner- und Gruppenarbeit eigenen sich dafür besonders gut und sind dem Frontalunterricht vorzuziehen. Lerner/-innen, die auf demselben sprachlichen Niveau sind, reden freier untereinander, weil sie wissen, dass der Partner es auch nicht besser kann als sie. Bei Frontalunterricht – der KL vor der ganzen Gruppe – ist der KL der überlegene und der Lernende immer der unterlegene. Er muss sein Können vor dem Plenum unter Beweis stellen. Das erzeugt Druck, macht unsicher und verhindert spontane Kommunikation.

Und noch ein Aspekt ist wichtig: Lerner/innen sollten vorrangig über Dinge und Sachverhalte kommunizieren, die sie kennen, die sie interessieren, zu denen sie etwas sagen können und wollen. Wir haben versucht, dies bei den Texten, den verschiedenen Übungstypen und Aufgabenstellungen zu berücksichtigen. Denn „die wichtigste Quelle für authentisches kommunikatives Handeln bleibt ... die Realsituation des Lerners." (Vielau, S. 252)

„Kommunikatives Sprechen setzt aktives geistiges Planungshandeln voraus. Der Sprecher muss entscheiden, **was** er im gegebenen Kontext sagen und **wie** er sich dafür ausdrücken will, dafür eine passende Formulierung sowie die geeigneten Redemittel finden." (Vielau, S. 244) Und all das geschieht unter Zeitdruck. Denn anders als beim Schreiben hat man beim Sprechen nicht viel Zeit zum Nachdenken, man kann keine Hilfsmittel zu Rate ziehen. Man muss spontan reagieren. In der Muttersprache ist das für die meisten Menschen kein Problem. Aber selbst dort gibt es Redegewandte und solche, denen mündliche Kommunikation, das selbstständige spontane Formulieren von Gedanken und Aussagen nicht so leicht fällt. Wie viel schwerer ist es dann erst in einer Fremdsprache! Die Ideen, die man formulieren möchte, kann man sich zwar in der Muttersprache zurechtlegen; aber wenn dann die entsprechenden Redemittel, der Wortschatz bei der Umsetzung in die Fremdsprache fehlen, ist eine Verständigung schwierig oder sogar unmöglich.

Daher ist die Planung beim kommunikativen Sprechen ein entscheidender Punkt:
Man muss entscheiden, was man in einer bestimmten Situation sagen will. Diese Gedanken- und Ideensammlung kann man in der Muttersprache anlegen. Auch die erforderlichen Formulierungen legt man sich in der Muttersprache zurecht. Sie müssen dann in die Fremdsprache übersetzt werden. Und das ist – rein zeitlich – ein langer Weg. Er ist auch deshalb problematisch, weil Interferenzfehler schon vorprogrammiert sind: Wörtliche Übersetzungen, „falsche Freunde" u. Ä. können die Informationen derart entstellen, dass keine Kommunikation zustande kommt, weil der Gesprächspartner nichts oder etwas Falsches versteht. Dieses Problem ließe sich erst dann lösen, wenn man als Lernender in der Fremdsprache „denken" kann und nicht mehr den Umweg über die Muttersprache machen müsste. Das ist sicher ein erstrebenswertes Ziel, aber es wäre erst das Ende eines sehr langen Lernweges. „Dass diese Diagnose zwar naheliegend, aber grundfalsch ist, zeigt ein Blick auf funktionierende Kommunikation bei beschränkten Ausdrucksmitteln (kindlicher Spracherwerb, ... Gastarbeiterdeutsch). Nicht der Umfang des Sprachwissens ist das Problem, sondern die Art, wie der Lerner sein Wissen einsetzt (der Grad der Verfügbarkeit des Wissens)." (Vielau, S. 244). Verfügbar ist das Wissen, wenn die TN ständig damit umgehen. Im Unterricht ist es das systematische Üben von Sprachstruktu-

ren, von Redemitteln, von grammatischen Formen und Gefügen. Durch das „Ausprobieren" der Sprache riskiert man Fehler, aber aus Fehlern kann man lernen (siehe *Exkurs* Fehler). In vielen Texten im Lehrbuch werden den TN für bestimmte Situationen Redemittel vorgeführt, die sie in den sich anschließenden Übungen verwenden können. Dabei sollten Sie darauf achten, dass die TN immer alle Varianten mindestens einmal ausprobieren, auch wenn später – außerhalb des Kurses – nur ein Bruchteil davon aktiv benutzt werden wird. Neben Redemitteln, Wortschatz u. Ä muss natürlich auch Grammatik geübt werden. Auch hier sollten die TN immer wieder sprechen und hören. Denn besonders hier geht es um sprachliche Korrektheit. Korrigieren Sie immer wieder, fordern Sie die TN zu gegenseitiger Korrektur untereinander auf. Wenn diese Übungen auch manchmal langweilig sind, so sind sie doch notwendig, denn ohne ein gewisses Maß an Korrektheit funktioniert keine Kommunikation. Auch passiver Einsatz der vorhandenen Kenntnisse, indem man das sprachliche Umfeld, die einen umgebende Sprache analysiert und aufnimmt (Radio, Fernsehen, Zeitungen, Werbung ...), hält erworbene Kenntnisse wach, man vergisst sie nicht und sie bleiben abrufbar.

„Neben dem Wissensabruf sind es aber besonders die **Planungsstrategien**, die Schwierigkeiten machen." (Vielau, S. 245). Beim Sprechen geht es in erster Linie um die Vermittlung von Inhalten. Der Gesprächspartner soll verstehen, was man sagen will. Dabei ist die grammatische Korrektheit der Formulierungen nur in sofern wichtig, als das Verständnis gewährleistet sein muss. Das bedeutet – auf die Unterrichtssituation bezogen – dass der KL die Lerner/innen sprechen, d. h. aussprechen, lassen soll. Dauerndes Unterbrechen zur Verbesserung nebensächlicher Grammatikfehler würde den Gedankenfluss stören und die Kommunikation ersticken. Legen Sie sich einen Notizzettel bereit und notieren Sie beim Hören die Fehler – grammatische, semantische, lexikalische ... –, dann können Sie anschließend die erforderlichen Korrekturen vornehmen.

Wie bereits gesagt, sollen beim Sprechen Informationen, Gedanken vermittelt werden. Deren Umsetzung in die Fremdsprache ist aber oft schwierig, weil das erforderliche Wortmaterial fehlt. Im Kurs können die Lerner/innen nach Wortbedeutungen fragen, den KL oder die anderen TN. Mitten im Gespräch ist das aber oft problematisch, weil Sprecher und Zuhörer dann u. U. den „Faden verlieren würden". Deshalb sollten die Lerner über Strategien verfügen, mit denen sie sich selbst aus der Klemme helfen können. Dazu gehört z. B. das Bewusstsein, Wörter, deren Übersetzung man im Moment nicht weiß, zu umschreiben. Um sich Zeit zum Überlegen zu verschaffen, kann man sich bestimmter Verzögerungstaktiken – z. B. Moment, ... – bedienen. Auch Mimik und Gestik, die Kenntnis von Textsorten – Dialoge bestehen oft aus kurzen, elliptischen Sätzen – usw. können fehlenden Wortschatz ersetzen. Eine Vielzahl dieser und anderer Strategien finden Sie in den Texten und Übungen im Lehrbuch. Wir haben uns bemüht die Erklärungen einfach und gebrauchsgerecht zu halten. Ergänzende Erläuterungen dazu finden Sie an den entsprechenden Stellen auch bei den Lektionsverläufen in diesem Handbuch.

Bei allem Streben nach korrektem Sprechen ist es vor allem wichtig, „dass gewisse **essentials** der interkulturellen Verständigung verstanden und von Anfang an praktiziert werden:" (Vielau, S. 255)

- Achtung des Gesprächspartners: angemessene Formen „der Anrede und des Umgangs miteinander; Respekt und Zurückhaltung.
- Begreifen, dass nicht Verständigung, sondern eher partielles Missverstehen selbstverständlich ist, dass daher Toleranz gefordert ist;
- Bereitschaft, immer neu an der Verständigung zu arbeiten, sprachliche Hilfe zu erwarten und anzubieten;

- Verzicht auf Dominanz und/oder Werturteile bei fehlerhaftem oder stockendem Ausdruck des Gesprächspartners …
  Sprechintention und Redemitteloptionen in Einklang zu bringen, die rhetorische Expressivität zu schulen und zu verbessern, die Wirksamkeit der Rede zu optimieren, bleibt ein generelles, nie abschließend lösbares Problem der Sprecherziehung – gleich ob in der Erst- oder Zweitsprache." (Vielau, S. 255)

Exkurs Themen

Es gibt bestimmte Themenbereiche, die in einem Grundstufenlehrwerk in der Regel bearbeitet werden. Es sind dies die Themenbereiche, die mit dem Lernziel „Sprachbeherrschung in Alltagssituationen" (siehe *Exkurs* Lernziel Kommunikative Kompetenz) korrespondieren und die auch für das Zertifikat Deutsch (siehe *Exkurs*) von Bedeutung sind:

Person
Menschlicher Körper, Gesundheit, Körperpflege
Wohnen
Orte
Tägliches Leben
Essen und Trinken
Erziehung, Ausbildung, Lernen
Arbeit und Beruf
Geschäfte, Handel, Konsum
Dienstleistungen
Natur und Umwelt
Reise und Verkehr
Freizeit und Unterhaltung
Medien und moderne Kommunikationstechniken
Gesellschaft, Staat, internationale Organisationen
Beziehungen zu anderen Menschen und Kulturen

Wir behandeln in unserem Lehrwerk alle diese Themenbereiche, aber vielleicht nicht so, wie Sie es erwarten oder gewohnt sind. Das hängt auch mit dem Aufbau nach Bundesländern zusammen, der automatisch alternative – teilweise durch das Bundesland vorgegebene – Themen nach sich zog und es nicht zuließ, sich pro Kapitel auf ein Thema zu konzentrieren. Das hängt aber auch damit zusammen, dass wir der Ansicht sind, dass manche Bereiche in späteren Lektion wieder aufgegriffen werden müssen: zum einen um früh behandelte Inhalte auch mit differenzierterem Sprachmaterial in Verbindung zu bringen und um die Möglichkeit zum Wiederholen zu nutzen. Wenn wir z. B. das Thema ‚Essen und Trinken' behandeln, bearbeiten wir es, wie es in die entsprechende Situation einer Lektion passt, aber wir greifen es vielleicht in anderen Lektionen unter neuen Aspekten wieder auf. Die meisten Themenbereiche kommen immer wieder vor. Das bedeutet natürlich nicht, dass Sie in jeder Lektion ein Sammelsurium an Themen erwartet. Wir haben jeder Lektion Schwerpunktthemen zugeordnet, die im Mittelpunkt stehen. Dies hat natürlich Auswirkungen auf die Wortschatzarbeit. Sie finden diese Schwerpunktthemen in der Gesamtübersicht über die Inhalte der Lektionen am Anfang jedes Bandes.

Natürlich ist das in unserem Lehrwerk wie in jedem Lehrwerk: Die Themen können nicht umfassend behandelt werden. Die Darstellung im Lehrwerk kann immer nur Ausgangspunkt sein, jedes Thema muss im Unterricht den Bedürfnissen der Teilnehmer/innen angepasst und entsprechend vertieft und erweitert werden.

Über die genannten Themenbereiche hinaus bieten wir Ihnen aber auch Themen an, die zum Alltag – (auch) zum deutschsprachigen Alltag – gehören, die aber nicht immer ausdrücklich genannt werden. Sie müssen im Unterricht nicht thematisiert werden, aber sie sind existent und wenn Sie und/oder Ihre TN die Thematik aufgreifen möchten, so ist der Sprechanlass gegeben: So begegnen Ihnen im Lehrwerk unter anderem allein erziehende Mütter und Väter, behinderte Kinder, homosexuelle Männer und Schwangere.

Ein Thema, das sich durch das gesamte Lehrbuch durchzieht, ist die Frage: Wie sehe ich mich, wie sieht mich der andere? Ein Zwiegespräch zwischen Nationen und Kulturen, ein Vergleich zwischen dem eigenen und dem Fremdverhalten. Was sind positive und was negative Vorstellungen oder Erwartungen?

Es muss an dieser Stelle noch einmal betont werden: Es gibt bestimmte Themenbereiche, die gehören zum Alltag. Davon sind einige, im Gegensatz zum Beispiel zur Kinder- und Jugendliteratur und zum muttersprachlichen Unterricht im Unterricht Deutsch als Fremdsprache noch immer tabuisiert. In DaF in 2 Bänden kommen sie vor. Oft nur am Rande, so die Homosexualität, Behinderungen, Tod. Sie müssen sie nicht behandeln und/oder problematisieren, wenn es Ihnen oder Ihrem Kurs Probleme bereitet – doch das Umfeld nimmt auch keine Rücksicht.

Und noch etwas zur Verteilung der Themen: Bestimmte Themen bieten sich für bestimmte sprachliche Phänomene besser an andere schlechter. Es hat also nichts mit einem bestimmten Bundesland zu tun, wenn es gerade da um Müll oder Arbeitslosigkeit geht – da hatte die sprachliche Progression das Sagen.

Exkurs Wortschatz

Wörter sind wesentliche Bedeutungsträger in der sprachlichen Übermittlung, daher sollte man dem Wortschatz und seiner Vermittlung von Beginn an größte Aufmerksamkeit schenken. Wortschatz kann nicht einfach nebenbei mitgelernt werden.

In diesem Zusammenhang fällt jedem von uns das Vokabellernen aus der Schulzeit ein: zwei Wortlisten nebeneinander, die 'rauf und 'runter zu lernen waren. Wir neigen dazu, von unseren TN zu erwarten, dass sich ihr Wortschatzerwerb genauso vollzieht bzw. genauso abzulaufen hat. Das mag vielleicht sinnvoll sein, wenn Bedeutung in der Erstsprache oder in der Ausgangssprache und Bedeutung in der Zweitsprache oder in der Zielsprache korrespondieren, aber wir wissen heute alle, dass das in der Regel nicht so ist. Jedes Wort ist in einem lexikalisch-semantischen Netz der Sprache verankert, es hat nicht eine, sondern mehrere Bedeutungen, die sich aus dem spezifischen Gebrauch im kommunikativen Kontext ergeben.

Axel Vielau: Methodik des kommunikativen Fremdsprachenunterrichts, Cornelsen, Berlin 1997; S. 176

Außerdem haben zweisprachige Vokabellisten im mehr oder weniger einsprachigen Unterricht, wie er im deutschsprachigen Raum stattfindet, nichts zu suchen: Weil die Teilnehmer/innen meist unterschiedliche Erstsprachen haben, der Unterricht daher einsprachig, also auf Deutsch, erfolgt, steuert nicht unbedingt die Erstsprache die Zweitsprache. Das erleichtert den Aufbau eines neuen lexikalisch-semantischen Netzes.

In einem kommunikativen Unterricht sollte sich aus dem Unterricht heraus der Bedeutungszusammenhang ergeben.

Als Kursleiter/in im Ausland, wo in der Regel alle Teilnehmer/innen und vielleicht auch Sie die gleiche Erstsprache oder Ausgangssprache haben, sollten Sie diese Problematik mit den TN (in der Ausgangssprache; wir gehen davon aus, dass Sie sie beherrschen) ansprechen – der Gebrauch der Lexik ergibt sich aus dem Unterricht. Der Rückgriff allein auf die Wortlisten verführt zu falschen Analogieschlüssen.

An beiden Lernorten, sowohl im Inland als auch im Ausland, müssen die TN auf verschiedene Weise bei dem Aufbau dieses Netzes – also des Wortschatzes in der Fremdsprache – unterstützt werden. Zunächst muss klar sein, dass Wortschatz keine alphabetische Reihenfolge ist, es steht nicht ein isoliertes Wort nach dem anderen. Jedes Wort gehört in seiner jeweiligen Bedeutung zu einem Wortfeld, über dessen Erschließung sich Wortschatz aufbauen lässt. Und fast jedes Wort gehört zu einer Wortfamilie. Insbesondere, wenn Prinzipien der Wortbildung beherrscht werden, lassen sich so Bedeutungen erschließen. Wortmaterial lässt sich darüberhinaus am ehesten in (Sinn)Zusammenhängen erlernen.

Wir halten für die Wortschatzarbeit – d. i. das Erlernen von Wortschatz, seine Erweiterung und Festigung – folgende Grundsätze für entscheidend:

- Die Teilnehmer/innen sollten von Anfang an in die Benutzung des Wörterbuchs eingewiesen werden. Zunächst kann mit zweisprachigen Lexika gearbeitet werden, später sollte immer häufiger ein einsprachiges Wörterbuch benutzt werden. Je früher die Teilnehmer/innen damit anfangen, umso leichter werden ihnen später die Übungen fallen, in denen die Benutzung des Wörterbuchs für die Spracharbeit in thematischen Zusammenhängen unumgänglich ist. Ob die Teilnehmer Wörterbücher im Unterricht verwenden, und wie, hängt von der Gruppe ab. Nichts bringt einen Unterricht mehr durcheinander, als wenn jeder Teilnehmer jedes Wort nachzuschlagen versucht, statt erst einmal die Techniken zum Verstehen einzusetzen. Vielleicht ist es am günstigsten, wenn für echte Zweifelsfälle ein Wörterbuch / Wörterbücher bereitliegt/en, das / die gezielt eingesetzt werden kann / können.
- Jeder TN sollte seine eigene Wortschatzkartei anlegen. Wir ermuntern Ihre Kursgruppe im Lehrbuch dazu – wir nennen diese lernereigene Kartei „Wörterkiste" – und erklären, wie man das am besten macht. Im Laufe des Lehrwerks schlagen wir den TN immer wieder vor, die Wörter, die sie für wichtig halten und die sie lernen möchten, in die Wörterkiste aufzunehmen. Diese Form der eigengesteuerten Wortschatzaufnahme ist eine Ausdrucksform für eigenbestimmtes Lernen. Der Gedanke der Lernerautonomie geht davon aus, dass man nur das wirklich lernt, was man selbst lernen möchte und dass nur dieser „eigene Lehrplan" der Motor für das Lernen ist bzw. sein kann.

  Da ein Lehrbuch nicht konsequent genug auf die Wortschatzkartei und ihre Führung eingehen kann, gibt es das Wortschatzheft, das die Lerner begleitet.

  Ute Rampillon, Lernen leichter machen. Deutsch als Fremdsprache, Hueber, Ismaning 1995, S. 93 f

  Eine ausführliche Anweisung für die Deutschlerner/innen und ihre Arbeit mit einer eigenen Vokabelkartei finden Sie bei Ute Rampillon. Ergänzende „Tipps für die Praxis im Kurs" sagen Ihnen, wie Sie als Kursleiter/in die Teilnehmer/innen im Kurs anleiten und motivieren können.
- Großen Wert haben wir von Anfang an auf die Wortbildung gelegt. (Ausführliche Erläuterungen dazu finden Sie im *Exkurs* Grammatik.) Denn es ist wohl so, dass insbesondere die deutsche Sprache über ein riesiges Potential von aus einzelnen Wortelementen und nach bestimmten Regeln neu gebildeten Wörtern verfügt, deren (neuer) Bedeutungsinhalt (oftmals) ein Teil der Regel ist. Wenn man über die Prinzipien dieser Wortbildungen verfügt, sind viele Wörter in ihrer Bedeutung erschließbar. Auf dem Niveau der

Grundstufe wird natürlich die Kenntnis von Wortbildungsregeln ausschließlich rezeptiv vermittelt: Die Regeln sollen helfen den Bedeutungsgehalt von Wörtern mit bekannten Teilelementen zu erschließen.

– Internationalismen
  Es gibt Wörter, die in vielen Sprachen gleich oder ähnlich sind, die gleiche Bedeutung haben und daher leicht zu verstehen sind. Wir schlagen vor, dies „als ›Trick‹ beim Lernen und Sprechen im Unterricht zu nutzen" Es werden vier Texte gleichen Inhalts einander gegenüber gestellt (deutsch, spanisch, englisch, französisch). Beim Lesen sollen (und werden!) die Kursteilnehmer/-innen erkennen, dass sie etliche Wörter auch in einem fremdsprachigen Text erkennen und kennen. (Das funktioniert nicht mit allen Sprachen.) Wörter, bei denen dies deutlich gemacht werden kann, brauchen entweder gar nicht mehr gelernt zu werden oder sie werden leichter gelernt / behalten. Man sollte also als Kursleiter/in „aus Gründen der Lernökonomie das bereits mit der Muttersprache plus einer oder mehrerer erlernter moderner Fremdsprachen erworbene linguistische Potential als Schlüssel zum Erwerb einer ... Sprache benutzen."

  Rampillon, S. 79

  Im gleichen Zusammenhang wird darauf hingewiesen, dass „Internationalismen ... nicht nur als Einwort-, sondern auch als Mehrwortlexeme (Phraseologismen)" vorkommen. „Zwei Beispiele: dt. den Kopf verlieren, e. lose one's head, frz. perdre la tete, it. perdere la testa, nl. het hoofd verliezen, sp. perder la cabeza; dt. die Kastanien aus dem Feuer holen, e. pull the chestnuts out of the fire, frz. tirer les marrons du feu, it. cavare / togliere le castagne dal fuoco, nl. kastanjes uit het vuur halen, sp. sacar las castanas del fuego." Aber, Vorsicht vor falschen Freunden. – Hier kommt den Beobachtungsaufgaben, wie würde ich das in meiner Muttersprache ausdrücken, wie drücke ich das in der Fremdsprache aus, große Bedeutung zu.

  Ottmar K. Siegrist: Grundlagen neusprachlicher Curricula: Fächerübergreifende Aspekte beim Fremdsprachenlernen, in: FMF Schriften 1, S. 20 f, Berlin-München 1998

Versuchen Sie gemeinsam mit Ihren TN entsprechende Übereinstimmungen sowohl bei Wörtern (s. o. Feuer – fire – feu – fuoco – vuur – fuego) als auch bei Phrasen zu finden und zu verbalisieren. So kann auf relativ einfache Art und Weise der verfügbare Wortschatz Ihrer TN erweitert werden.

Was nun die Einführung neuen Wortschatzes betrifft, so knüpfen wir hier noch einmal daran an, dass Wortschatz am besten im Sinnzusammenhang gelernt wird. Wir haben daher Themenwortschatz regelmäßig in Zusammenhang mit bestimmten Aufgabenstellungen erarbeitet.

Darüber hinaus finden Sie vielfältige Formen zur Einführung und zum Üben des Wortschatzes. Wenn Sie selbst Übungen ergänzen wollen, sollten Sie (auch) berücksichtigen, dass „alle Übungstypen, die den Lernenden dazu bringen, den Wortschatz zu ordnen, zu gruppieren und zu skalieren ... im Prinzip geeignet" sind, „die Tiefenverarbeitung zu fördern; sie helfen dem Lerner, Struktur und Ordnung in sein neues lexikalisch-semantisches Netz zu bringen." (–> Wortschatzarbeitsheft)

Axel Vielau: Methodik des kommunikativen Fremdsprachenunterrichts, Cornelsen, Berlin 1997; S. 181

Der aktive Wortschatz sollte ständig und regelmäßig wiederholt werden. Das kann der TN selbstständig; Sie sollten nur (immer wieder) dazu anhalten. Da wir ja alle Themen nicht auf einmal vollständig abhandeln, sondern im Laufe des Lehrwerks jedes einzelne wieder aufnehmen (siehe *Exkurs* Themen), kann der persönliche Wortschatz immer neu ergänzt werden. Der vorhandene Wortschatz wird damit gleichzeitig gefestigt. Eine Wiederholung des gelernten Wortschatzes bieten auch die Übungen Für Sie zu Hause, Band 2.

Auch könnten Sie im Kurs im Zusammenhang mit der Wiederaufnahme von Themen Bezüge zu sinnverwandten Themen herstellen und z. B. Wortschatz in Sachfeldern geordnet zusammenstellen (lassen). Wir geben Ihnen bei den Ausarbeitungen zu den einzelnen Lektionen entsprechende Hinweise.

Exkurs Zertifikat Deutsch

Nach Abschluss der beiden Bände unseres Lehrwerks können die TN die Prüfung zum Zertifikat Deutsch (bis 1999: Zertifikat Deutsch als Fremdsprache) ablegen. Diese Prüfung ist Anfang der 70er Jahre gemeinsam vom Goethe-Institut und dem Deutschen Volkshochschul-Verband entwickelt worden und wird bis heute von beiden Institutionen getragen. Bei der Revision der Prüfung (abgeschlossen 1998/99) haben auch die entsprechenden Institutionen aus Österreich (das Österreichische Sprachdiplom) und der Schweiz (die Eidgenössische Direktorenkonferenz) mitgewirkt. Das bedeutet, die Prüfungen werden sowohl weltweit als auch im deutschsprachigen Raum mit den gleichen Inhalten und nach den gleichen Richtlinien durchgeführt.

Das Zertifikat Deutsch – und davor das Zertifikat Deutsch als Fremdsprache – ist **die** Basisprüfung in Deutsch. Beim Goethe-Institut hat das Zertifikat die frühere Grundstufen II-Prüfung ersetzt. Das Zeugnis genießt weltweit Anerkennung und wird von vielen Deutschlernenden als erste Prüfung angestrebt. In der Bundesrepublik Deutschland wird es mancherorts als Nachweis ausreichender deutscher Sprachkenntnisse bei einer Einbürgerung anerkannt; die Arbeitsverwaltung verlangt es – teilweise verbindlich – als Abschluss der früher 9-, heute 6-Monatslehrgänge für Aussiedler/innen und Kontingentflüchtlinge.

Detaillierte Informationen zu der Prüfung erhalten Sie bei allen ortsansässigen Goethe-Instituten (auch im Ausland), bei der Zentralverwaltung des Goethe-Instituts in München, bei der WBT (der Rechtsnachfolgerin der Prüfungszentrale des Deutschen Volkshochschul-Verbandes) oder bei jeder Volkshochschule. In Österreich wenden Sie sich bitte an ÖSD, in der Schweiz an die Koordinationsstelle der Klubschulen.

1. Goethe-Institut, Helene-Weber-Allee 1, 80637 München, Tel: 089/159210, Fax: 089/15921102, E-Mail: pruefung@goethe.de
2. WBT Weiterbildungstests GmbH, Hansaallee 150, 60320 Frankfurt a. M., Tel: 069/9562460, Fax: 069/95624662, E-Mail: WBTests@aol.com
3. ÖSD Österreichisches Sprachdiplom Berggasse 21/14, A-1090 Wien, Tel: 01-3193395, Fax: 01-3193396
4. Koordinationsstelle der Klubschulen, Limmatstr. 132, Postfach, CH-8031 Zürich, Tel: 01-2772023, Fax: 01-2772014
5. Verband Schweizer Volkshochschulen, Hallerstr. 58, Postfach CH-3000 Bern 26, Tel: 031-3028209, Fax: 031-3025646

Das Zertifikat Deutsch testet das Groblernziel „Kommunikationsfähigkeit in Alltagssituationen" (siehe *Exkurs* Lernziel Kommunikative Kompetenz). Die drei Komponenten der Kommunikationsfähigkeit – die soziokulturelle, die sprachstrukturelle und die kommunikative Kompetenz – werden durch die Zuordnung bestimmter Stoffkataloge operationalisiert. Zur soziokulturellen Kompetenz gehört der Katalog der Sprechintentionen, zur sprachstrukturellen Kompetenz der Wortschatz, eine Themenliste, die Grammatik, Allgemeinbegriffliche Aussagen – Notionen – und zur kommunikativen Kompetenz eine Auflistung von Strategien und ein spezieller Teil der Grammatik – die Diskursgrammatik.

Die Verknüpfung aller Kataloge in bestimmten, ebenfalls beschriebenen Situationen (Szenarien) verdeutlichen das, was heute unter Kommunikationsfähigkeit bzw. Sprachhandlungsfähigkeit verstanden wird.

Wir haben im Lehrbuch alle Kataloge systematisch berücksichtigt. Eine Auflistung der behandelten Sprechintentionen und Notionen (Allgemeinbegriffliche Aussagen), Segmente der Diskursgrammatik und Diskursstrategien – als Floskeln und Strategien bezeichnet – finden Sie in der Inhaltsübersicht zu Beginn jedes Bandes. Für Sie enthält dieses Handbuch ausführliche Hinweise vor und in den Beschreibungen der einzelnen Lektionen.

Die Zertifikatsbroschüre, die Sie bei den oben aufgeführten Institutionen erhalten, enthält die genannten Kataloge und informiert Sie detailliert über deren Zusammenspiel. Die Lernziele in den einzelnen Fertigkeitsbereichen – Hören, Lesen, Sprechen, Schreiben – werden genau beschrieben. Außerdem finden Sie in der Broschüre Beispiele von Prüfungsgaufgaben.

Die Prüfung im einzelnen:

Die Prüfung besteht aus zwei Teilen, einer schriftlichen Gruppenprüfung und einer mündlichen Einzel- oder Paarprüfung. In der schriftlichen Prüfung werden die Fertigkeiten Lesen, Hören und Schreiben sowie Grammatikkenntnisse abgeprüft, in der mündlichen Prüfung die Ausdrucks- und Sprachhandlungsfähigkeit in dem mit den Lernzielen des Zertifikats beschriebenen Rahmen.

Beim Lesen und Hören gibt es Aufgaben zum orientierenden, kursorischen, selektiven und totalen Verstehen. Der Grammatikteil enthält Einsatz- und Multiple Choice-Aufgaben zum Grammatikverständnis. Beim schriftlichen Ausdruck müssen die TN nach einer Vorgabe einen persönlichen oder halbformellen Brief schreiben.

In der mündlichen Prüfung zeigt der TN, dass er sprachlich zur Kontaktaufnahme fähig ist, anhand bestimmter Vorgaben (Foto, Statistik) über ein Thema sprechen und mit einem Partner eine Aufgabe sprachlich bewältigen kann.

Sie dürfen sicher sein, dass Ihren TN nach Abschluss des zweiten Bandes unseres Lehrwerks alle infrage kommenden Aufgabentypen bekannt sind, viele von ihnen werden bereits im ersten Band eingeführt.

Die letzten Lektionen des 2. Bandes von „DaF in 2 Bänden" befassen sich intensiv mit der Prüfung: Lektion 18 stellt Teile der Prüfung vor, die Lektionen 19 und 20 enthalten Musteraufgaben und den genauen Prüfungsablauf. So können Sie und Ihre TN sich mit dem Testformat vertraut machen und die Prüfung gezielt vorbereiten.

Einzelne Schritte bei den Lektionen

Lektion 1: Hallo

Lektion 1 ist der Einstieg in die deutsche Sprache und Lebensweise. In sechs Situationen wird gezeigt, wie Deutschlernende sprachlichen Kontakt untereinander und zu deutschsprachigen Sprechern knüpfen können. In der 1. Situation lernen die TN, wie sie sich informell (Du-Version) begrüßen, Namen und Herkunftsland erfragen, darauf reagieren und wie sie Personen miteinander bekannt machen können. Die entsprechenden Redemittel in der formellen Sie-Version werden in der 2. Situation behandelt. Ergänzend werden den Tageszeiten angemessene Grußformeln eingeführt. Die TN lernen, sich nach Sprachkenntnissen zu erkundigen und die Negationen *nein, nicht* und *kein* zu verstehen und so eine Aussage zu verneinen und zu widersprechen. Fragen nach dem Befinden als Gruß und die Reaktion darauf sind Thema der 3. Situation. Hier wird auch die typisch deutsche Gepflogenheit des Händeschüttelns angesprochen und den TN wird eine Reihe von regionalen Grußvarianten vorgestellt. In Situation 4 wird durch die Leiterin eines Aupair-Clubs eine erste Verbindung zu Österreich als deutschsprachigem Land hergestellt. Neben den deutschen Bundesländern finden die TN hier eine Liste der österreichischen Länder und der Kantone der Schweiz. Das deutsche Alphabet zum Buchstabieren von Namen oder Adressen und die Zahlen im Zusammenhang mit Postleitzahlen und Telefonnummern lernen die TN in Situation 5. Die Lektion endet in Situation 6 mit verschiedenen Registern des sich Verabschiedens. Inhaltlich kann / soll diese Lektion den Teilnehmern Möglichkeiten aufzeigen, wie sie im deutschsprachigen Raum Kontakte knüpfen können: Diese müssen den örtlichen Gegebenheiten angepasst werden und Adressen durch relevante ersetzt werden, wenn Bedarf entsteht.

Themenwortschatz:
Person: Name, Adresse, Nationalität, Muttersprache
deutschsprachige Länder

Sprechabsichten:
jmdn. ansprechen und darauf reagieren
jmdn. grüßen und auf einen Gruß reagieren
jmdn. / sich vorstellen und bei einer Vorstellung reagieren
Personen miteinander bekannt machen
Frage nach dem Befinden als Gruß
sich nach Sprachkenntnissen erkundigen
sich verabschieden
etwas verneinen/widersprechen
Bitte, Aufforderung äußern

Strategien:
Wie bitte? Moment, ... (siehe *Exkurse* Sprechen, Zertifikat)

Grammatik:
Konjugation regelmäßiger und unregelmäßiger Verben im Präsens
Kardinalzahlen, Alphabet
nein, nicht

Typisch deutsch?:
Der Händedruck

Texttranskriptionen und Lösungen finden Sie im Anhang.

Die Übungen aus *Für Sie zu Hause* haben am Ende einer Lektion ihren Platz und dienen der Nachbereitung, während im Kurs schon die nächste Lektion vorbereitet wird. Wo sich Übungen aber direkt am Anschluss an Aufgaben aus der Lektion anbieten, wird dies vermerkt. Die Übungen aus *Für Sie zu Hause* sind fakultativ, d. h. es steht Ihnen und Ihren TN frei, ob Sie sie machen wollen oder nicht. Die Lösungen der Übungen *Für Sie zu Hause* stehen auch im Wortschatzheft.

Wie detailliert Sie Lektion 1 behandeln, hängt vom Kenntnisstand Ihres Kurses ab. Üben Sie nur dort ausführlich, wo es Ihnen notwendig erscheint. Im Kursen mit Vorkenntnissen können Sie sich auf die Systematisierung der Grammatik beschränken.

Die Situationen im einzelnen:

Situation 1: **Aupair-Club, Hamburg**

Vorbereitung (siehe *Exkurs* Rahmenbedingungen):
Halten Sie für Lektion 1 bereit:
- CD-Player / Kassettenrekorder
- Deutschlandkarte, Weltkarte (Globus), Bildmaterial über Deutschland, Österreich oder die Schweiz (je nachdem, wo Sie unterrichten)
- einen weichen Ball
- Musik (Kassette / CD)
- Pappuhr

Sitzordnung: Stuhlkreis

In Dialog 1 und Übung 1 geht es darum, sich vorzustellen und auf die Vorstellung eines anderen zu reagieren. Gestalten Sie die ersten 90 Minuten als echte Kennenlernphase. Das Buch dient dabei als Unterstützung und Leitlinie.
–> sich vorstellen und den Namen erfragen

Wo wird gelernt?	Was wird gelernt?	Wie wird gelernt?	Infos und Tipps
Dialog 1 / *Übung 1*	Wortschatz und Strukturen, gelenktes Sprechen	Kurs	Sie stellen sich mimisch und gestisch unterstützt namentlich vor (Vor- und Zuname) und fragen die TN nach ihrem Namen: „Ich heiße … / Wie heißen Sie?" oder „Wie heißt du?" Provozieren Sie bei den TN die Antwort: „Ich heiße …" Wiederholen Sie dies bei 3–4 TN. Fordern Sie sie dann gestisch und mimisch dazu auf, sich vorzustellen und die Namen ihrer Lernpartner zu erfragen. (Unterstützen Sie diese Phase mit der Namensliste auf Folie / OHP).
Herkunftsland sagen und erfragen	Wortschatz und Strukturen, gelenktes Sprechen	Kurs	Verfahren Sie genauso wie bei der namentlichen Vorstellung. Zuerst Sie: „Ich komme aus … Woher kommen Sie?" oder „Woher kommst du?" Lassen Sie 3–4 TN antworten. Fordern Sie dann die TN auf, sich gegenseitig zu befragen und zu antworten. Zeigen Sie dabei auf der Weltkarte / dem Globus Ihr Herkunftsland und lassen Sie die TN zeigen, woher sie kommen. So kommt auch Bewegung in den Kurs (siehe Exkurs Bewegung). Erarbeiten Sie hier die deutschen Bezeichnungen der Herkunftsländer und -städte. Schreiben Sie wenn möglich auf Folie, damit Sie im Laufe der Lektion darauf zurückkommen und damit üben können. Es reicht, wenn jeder TN sein eigenes Herkunftsland benennen kann – die anderen werden, falls sinnvoll, im Übungsablauf abgelesen.

Nach dem Einstieg in den Kurs dienen Dialog 1 und Übung 1 der Wiederholung.

Dialog 1 (2 Varianten)	kursorisches Hören	Kurs	Kopieren Sie die Zeichnungen auf Folie oder – wenn das nicht möglich ist – betrachten die TN sie im Buch, wobei der Dialog abgedeckt werden sollte.

Die Zeichnungen verdeutlichen den Rahmen, in dem die Gespräche stattfinden und unterstützen so das Verstehen der Dialoge. Spielen Sie dann den Dialog 1–2× vor. Dialoge dienen der Übung des Hörverstehens. Das heißt, sie sollten zunächst auch tatsächlich nur gehört und nicht gelesen werden. Bearbeiten Sie erst alle Übungen zu dem entsprechenden Dialog über das Hörverstehen. Dann können die Dialog zur Erarbeitung lexikalischer, syntaktischer, grammatischer Phänomene gelesen werden. Machen Sie dies auch von den Lerngewohnheiten Ihrer TN abhängig: Wenn Ihre TN daran gewöhnt sind, Lehrbuchdialoge zu lesen, so tun Sie es. Unsere Dialoge sind nur Beispiele, wie man in einer spezifischen Situation sprachlich handeln könnte. Ziel ist der eigene Dialog der Lerner, d. h. dass sie in die Lage versetzt werden, sich in ähnlichen Situationen angemessen ausdrücken zu können.

Übung 1	totales Hören, Wortschatz und Strukturen	Kurs, Partnerarbeit	Der Lehrbuchtext bleibt abgedeckt.

Wie kleinschrittig bei dieser Übung vorgegangen wird, hängt vom Kenntnisstand Ihres Kurses ab. Sollten Ihre TN keine oder nur geringe Vorkenntnisse haben, können Sie diese Übung in folgende Schritte aufteilen: Die Beispielsätze von Kassette / CD abspielen.

1. Übungsschritt: Die TN sollen sich gegenseitig fragen: „Wie heißt du?“ und antworten: „Ich heiße …“
2. Übungsschritt: Frage: „Woher kommst du?“ oder „Woher bist du?“ und Antwort: „Ich komme aus …“ oder „Ich bin aus …, das ist in …“ Schreiben Sie alle Varianten aus Übung 1 (Fragen und Antworten) an die Tafel / auf Folie. Die TN sollen von Kursbeginn an dahingehend sensibilisiert werden, dass ihnen verschiedene Redemittel zur Verfügung stehen, um denselben Inhalt auszudrücken.
3. Übungsschritt: Spielen Sie die Szene im Kurs: Die TN üben in Partnerarbeit Namen und Herkunft zu erfragen und wechseln nach jedem Gespräch zu einem anderen Partner. Bedienen Sie sich, wenn die TN sich ungern bewegen, des Balls. Unterlegte Musik kann Hemmungen abbauen. Oder geben Sie den TN durch Rollenkarten neue Identitäten.

Dialog 2 (2 Varianten)
Bearbeiten Sie Dialog 2 erst in Verbindung mit Übung 2! Gehen Sie so vor, wie dort beschrieben.

Übung 2	selektives Hören	Einzelarbeit	Die TN hören Dialog 2, lesen anschließend die Aufgaben und lösen sie dann während oder nach nochmaligem Hören des Dialogs. Die Ergebniskontrolle sollte im Kurs stattfinden.

Phonetik, siehe S. 159 im LHB.

Abenteuer Grammatik 1 –> Bearbeiten Sie bitte nach Übung 3 in Verbindung mit **Abenteuer Grammatik** 2.

Übung 3 (2 Varianten)	selektives Hören	Einzelarbeit	Ergebniskontrolle im Kurs.
Abenteuer Grammatik 1, 2		Einzelarbeit	Verbkonjugation (ich, du, er / sie / es) Dialog 1 und 2 müssen jetzt auch gelesen werden. Arbeiten Sie genau nach den Anweisungen, auch wenn es einigen TN zu leicht erscheinen mag. Sie sollen durch das schrittweise Vor-

			gehen durch das SOS-Prinzip selbst grammatische Regeln entdecken: SOS = selektieren (suchen) – ordnen (zuordnen, ergänzen) – systematisieren. Machen Sie Ihren TN diese Strategie bewusst, soweit das hier sprachlich schon möglich ist, oder erläutern Sie ihnen diese Strategie zu einem späteren Zeitpunkt. Versuchen Sie ihnen zu zeigen, dass sie so selbst Grammatik erarbeiten. Vielleicht hilft das, die Angst, den Respekt vor Grammatik gleich am Anfang ein wenig abzubauen und zu erkennen, dass Grammatik ein Mittel, ein Weg zum Ausdruck von Inhalt ist.
Übung 4	totales Hören und Lesen	Einzelarbeit, Kurs	Hören des Dialogs 1-mal bei geschlossenem Buch. Spielen Sie den Dialog ein zweites Mal und klären Sie, wie viele Personen sprechen. Lassen Sie den TN anschließend die Sätze lesen und die Übung nach nochmaligem Hören bearbeiten.
Übung 5	Wortschatz und Strukturen	Kurs	Für diese Übung brauchen Sie einen weichen Ball o. Ä. Die TN hören und / oder lesen die Beispielsätze. Werfen Sie dann einem TN den Ball zu und fragen Sie: „Wer ist Ihr/e Nachbar/in?" Der TN stellt seinen Nachbarn vor: „Das ist … Er / Sie kommt aus … Das ist in …", wirft dem Ball einem weiteren TN zu und fragt diesen: „Wer ist Ihr/e Nachbar/in?" usw. Achten Sie darauf, dass alle TN an die Reihe kommen. Verwenden Sie dabei die Liste mit den Herkunftsländern und -städten. (Folie aus dem Einstieg. Es geht um Strukturen, weniger um die Erinnerungsleistung. Aber wenn es Spaß macht …)

Phonetik, siehe S. 159

Übung 6	Wortschatz und Strukturen	Einzelarbeit, Partnerarbeit	Lassen Sie die Übung wie angegeben bearbeiten.

Hier soll die Grammatik, die die TN in **Abenteuer Grammatik** 1 und 2 erarbeitet haben, schriftlich geübt werden. Während des Schreibens hat der Lerner zum einen Zeit zum Reflektieren, zum Nachdenken über die Formen. Zum anderen sieht er die Form, er nimmt sie visuell wahr, was eine einprägende Wirkung hat (siehe Exkurs Schreiben). Die Kursleiterin / Der Kursleiter hat die Möglichkeit einzelnen TN zu helfen.

Hier passen die Übungen 1–3 aus *Für Sie zu Hause* (siehe Exkurs Hausaufgaben). Sie können diese Übungen alle oder teilweise auch im Kurs machen, wenn Sie der Meinung sind, dass die Formen noch intensiver geübt werden müssen. Die TN sollten die Lösungen aber nicht in das Buch schreiben, damit die Übungen später wiederholt werden können. Schlagen Sie den TN vor, die Lösungen auf Karteikarten zu sammeln. Und wenn sie diese nach Lektionen, Situationen und Übungen sortieren, sind sie jederzeit als Kontrolle verfügbar.

Situation 2: Internationaler Frauentreff

Die eigene und gegenseitige Vorstellung wird nun in der formellen Sie-Version weitergeführt und durch verschiedene Grußformeln ergänzt.

Dialog 1	totales Hören	Kurs	Die Zeichnungen sollten Sie möglichst wieder mit dem OHP präsentieren oder den Dialog im Lehrbuch abdecken lassen. Spielen Sie den Dialog vor (Kass. / CD).

Hier wird im Unterschied zu Situation 1 nun die Sie-Form eingeführt. Strategie (siehe Exkurs Sprechen): *Wie bitte?* Gerade diese Strategie des Nachfragens, wenn man etwas nicht verstanden hat, ist für die TN von großer Bedeutung. Sie wird im Anschluss an Übung 1 eingeübt. Wir stellen Ihnen bei den Dialogen des Lehrbuchs eine Auswahl an Strategien und Floskeln vor, die die Sprecher verwenden, und erläutern Ihnen die jeweilige Bedeutung bzw. deren Zweck. Machen Sie Ihre TN auf diese Strategien und Floskeln aufmerksam und ermuntern Sie sie, diese in ihren eigenen Dialogen zu verwenden. Überlegen Sie gemeinsam, wie man sie sprachlich auch anders ausdrücken könnte. Sie könnten auch gemeinsam eine Liste mit Diskursstrategien und Floskeln erstellen, die Sie im Laufe des Kurses ergänzen könnten. Z. B: redeeinleitende *Strategien:* Entschuldigung / Entschuldigen Sie // Darf ich Sie / dich etwas fragen … // Sagen Sie / sag mal, … (siehe Exkurse Sprechen, Zertifikat).

Übung 1 (2 Varianten)	Wortschatz und Strukturen, gelenktes Sprechen	Kurs	Erarbeiten Sie mit den TN nach dem Hören der Beispielsätze, wie man formell nach dem Namen fragen kann. Schreiben Sie die Formen in eine Tabelle: in die linke Spalte mit der Überschrift Fragen: Wie heißen Sie? / Wie ist Ihr Name? und Wer sind Sie? In die rechte Spalte der Tabelle die Antworten: Ich heiße … / Ich bin … / Mein Name ist …

Machen Sie deutlich, dass zu jeder Frage jede Antwortform passt. Dies dient der Sensibilisierung der TN, dass es eine Vielzahl von Ausdrucksmöglichkeiten gibt.

Schreiben Sie unter die Tabelle die Nachfrage „Wie bitte?". Vielleicht kennen die TN noch andere Formen, dann ergänzen Sie sie (z. B. Entschuldigung?). Hier kann es vorkommen, dass Transferleistungen aus der Muttersprache (gekoppelt mit Verhaltensweisen ?) den TN schon Probleme bereitet haben.

Zum Üben der Fragen und Antworten gehen die TN im Raum umher und fragen sich gegenseitig nach ihrem Namen.

Zur Einübung der Strategie „Wie bitte?" können Sie für jeden TN ein Namenskärtchen mit ausgefallenen deutschen Namen vorbereiten. Die TN fragen sich nach „ihren" Namen. Antworten wie „Kunigunde" werden dann auch die Reaktion „Wie bitte?" hervorrufen.

Dialog 2	totales Hören	Kurs	Die Sie-Form in Verbindung mit dem Verb *kommen* wird eingeführt. Wenn Bedarf besteht, können Sie diese Form kurz mit den TN einüben.

Abenteuer Grammatik 3 –> Einzelarbeit –> Verbkonjugation mit Sie.

Die TN lesen Dialog 1 und 2 und suchen die fehlenden Endungen. **Ihre Grammatikerklärungen** 1; 2; 4. Sollten die TN **Abenteuer Grammatik** nicht gemacht haben, müssen an dieser Stelle die Grammatikerklärungen systematisiert an der Tafel festgehalten werden. Auf jeden Fall sollte hier die Systematik der Grammatikerklärungen aufgezeigt werden. Da nur auf die Grammatikerklärungen 1, 2 und 4 hingewiesen wird, soll auf die Grammatikerklärung 3 auch tatsächlich nicht eingegangen werden.

Ein Hinweis noch: Weisen Sie auf die in den Grammatikerklärungen vorkommenden Fachtermini hin: Infinitiv, Verb, Präsens. Die TN sollen mit diesen Begriffen vertraut gemacht werden, weil spätere Erklärungen darauf aufbauen. Wir haben uns jedoch bemüht so wenig Fachbegriffe wie möglich einzuführen. Die Sie-Form zählen wir übrigens konsequent zur 2. Person.

Bei **Abenteuer Grammatik** und den Grammatikerklärungen sind wir von folgenden grundsätzlichen Überlegungen ausgegangen: Wenn auf ein spezifisches grammatisches Problem sowohl in **Abenteuer Grammatik** als auch in den Grammatikerklärungen eingegangen wird, bearbeiten Sie bitte zuerst **Abenteuer Grammatik**. Wie Sie dann auf **Ihre Grammatikerklärungen**, d. h. die systematische Zusammenstellung, eingehen, bleibt Ihnen und Ihrem Kurs überlassen. Machen Sie es von den Lerngewohnheiten Ihrer TN abhängig: Sie können gemeinsam im Kurs die Systematisierung vornehmen, Sie können Ihre TN aber auch nur auf die Grammatikerklärungen verweisen und sie sich die Systematik in Einzel- oder Partnerarbeit (im Kurs / als Hausaufgabe) aneignen lassen. Wenn nur in **Ihre Grammatikerklärungen**, in **Abenteuer Grammatik** jedoch nicht auf ein grammatisches Phänomen eingegangen wird, dann sollte die Systematisierung auf jeden Fall gemeinsam im Kurs geschehen (siehe Exkurs Grammatik). Denn nicht alle grammatischen Phänomene bieten sich zum Selbsterarbeiten an.

Phonetik, siehe S. 160

Übung 2 a./b.	Wortschatz und Strukturen	Einzel-, Partnerarbeit	Hier werden die bereits erarbeiteten Frage- und Antwortmöglichkeiten geübt. Die TN werden herausfinden, dass sie unterschiedliche Formen gewählt haben. Es muss nun entschieden werden, ob ihre Formen passen. Hier sollten Sie gegebenenfalls unterstützend eingreifen.
Übung 2 c.	totales Hören, gelenktes Sprechen	Gruppenarbeit	

Wählen Sie hier die einfachste Form der Gruppenbildung: Sie teilen 4 Personen der Reihe nach einander zu (siehe Exkurs Arbeitsgruppen). Lassen Sie die TN die Dialoge hören (die natürlich nicht unbedingt identisch sind mit den von den TN erarbeiteten). Beim Spielen der Situationen sprechen drei TN, der Vierte ist Beobachter, Kontrollorgan. Jede Gruppe muss vier Durchgänge spielen, damit jeder zum Sprechen kommt. Denken Sie an eine Hintergrundmusik während der Spielphase. Stoppen Sie die Musik, wenn Sie sehen, dass die Gruppen die Dialoge durchgespielt haben, und beenden Sie damit die Gruppenarbeit (siehe Exkurs Rahmenbedingungen, Musik).

Übung 3 a.	Wortschatz und Strukturen	Kurs	Übertragen Sie die Begrüßungsformeln und die Uhrzeiten auf Folie oder auf die Tafel und machen Sie die Übung gemeinsam im Kurs.

Dabei wird deutlich, welche Formen wann benutzt werden und welche Begrüßungen unabhängig von der Tageszeit sind. Haben die TN schon „Mahlzeit" gehört? „Gute Nacht" ist übrigens keine Grußformel, sondern ein guter Wunsch. Sammeln Sie nun noch die bereits bekannten Begrüßungsformeln aus den bisherigen Situationen (Hallo, grüß dich) und ordnen Sie sie zu.

Übung 3 b.	interkulturelles Lernen	Einzelarbeit, Kurs	Sollte als Hausaufgabe und Beobachtungsaufgabe gegeben werden. Das nächste Mal wird im Kurs verglichen.

Phonetik, siehe S. 160

Übung 3 c.	interkulturelles Lernen	Kurs	

In anderen Sprachen gibt es z. B. kein Äquivalent zu „guten Tag" oder man sagt schon am Nachmittag „guten Abend". Deshalb sind Teil c. und d. der Übung besonders wichtig. Die TN entdecken die kulturspezifischen Unterschiede zwischen ihrer Muttersprache und dem Deutschen.

Übung 3 d.	interkulturelles Lernen, Wortschatz und Strukturen	Kurs	Benutzen Sie eine große Pappuhr. Stellen Sie verschiedene Uhrzeiten ein und lassen Sie die TN sich untereinander begrüßen, zuerst in der Muttersprache und dann auf Deutsch.
Übung 4	Wortschatz und Strukturen	Einzelarbeit	Die TN tragen den der Tageszeit entsprechenden Gruß ein (eventuell als Hausaufgabe).
Dialog 3	kursorisches Hören	Kurs	

Hier wird die reale Situation der Deutschlerner nachempfunden: Sie müssen in der Lage sein nachzufragen, welche Verständigungsgrundlage mit anderen gegeben ist und adäquat auf eine solche Frage reagieren können. Zunächst werden von dem Dialog (bei geschlossenen Büchern) nur die türkischen Äußerungen gehört. Stoppen Sie das Band danach und warten Sie ab, welche Reaktionen erfolgen. Spielen Sie dann den Rest ab. Zeichnen Sie eine Skala auf die Tafel und tragen Sie ein:

Ja, ich spreche Deutsch ←————————→ Nein, ich spreche kein Deutsch.

Ergänzen Sie gemeinsam im Kurs: *Ja, ein bisschen*. So wird den TN bereits ein Gefühl für die Nuancen einer Sprache vermittelt und die Negation mit *kein* eingeführt, aber nicht systematisiert. Es geht um das Registrieren von Negationen als Empfänger.

Phonetik, siehe S. 160

Übung 5	Wortschatz und Strukturen	Kurs	Fragen Sie die TN nach ihren Fremdsprachenkenntnissen: „Sprechen Sie … / Sprichst du …?" Bitte beschränken Sie sich nur auf die Sprachen, die von den TN gesprochen werden. Verwenden Sie dazu wieder die Liste mit den Herkunftsländern und -städten und schreiben Sie nun die genannten Sprachen dazu.

Spielen Sie die Beispieldialoge von Kassette / CD ab. Die TN sollen sich anschließend gegenseitig befragen.

Abenteuer Grammatik 4 –> Einzelarbeit –> Konjugation von *sprechen* (ich, du, Sie, er / sie). Gehen Sie genau nach den Anweisungen vor.

Ihre Grammatikerklärungen 3 –> Kurs –> Konjugation von *sprechen*. Verweisen Sie auf die systematische Darstellung der in **Abenteuer Grammatik** erarbeiteten Formen.

Übung 6	Wortschatz und Strukturen	Kurs	Hier soll die Konjugation von *sprechen* geübt werden.

Achten Sie auf den Vokalwechsel und korrigieren Sie. Beginnen Sie die Kettenübung, indem Sie einen TN fragen: „Sprechen Sie / Sprichst du (Muttersprache des TN)?" Antwort: „Ja, ich spreche …" Jetzt wiederholen Sie: „(Name des TN) spricht …, ich spreche Deutsch." Dann fährt der nächste TN fort, wiederholt die Sätze seiner Vorgänger und fügt seine Muttersprache an.

Phonetik, siehe S. 160

Einzelarbeit –> **Abenteuer Grammatik** 5.1 –> Verbkonjugation im Singular (regelmäßig). Hier wird erarbeitet, welche Endung zu welcher Person passt (unabhängig vom Verb).

Abenteuer Grammatik 5.2 –> Einzelarbeit –> Die Endungen aus 5.1 werden nun an beliebige Verben angehängt. Damit hat sich die Hypothese aus 5.1 als richtig erwiesen. Die TN haben selbst eine Regel gefunden und auf ihre Richtigkeit hin überprüft. Eine Ausnahme davon haben sie sich auch schon erarbeitet: die Formen von *sein* (**Abenteuer Grammatik** 2).

Übung 7	Wortschatz und Strukturen	Kurs	Spielen Sie die Dialoge einmal vor. Beim zweiten Hören sollen die TN deutlich machen – z. B. durch Klatschen –, dass sie eine Negation bemerkt haben.

Hier geht es eher um ein passives Verstehen als ein aktives Anwenden der Verneinung. Gibt es in den Muttersprachen der TN auch andere (nonverbale) Formen der Verneinung wie z. B. Kopfschütteln, Achselzucken, ablehnende Handbewegung? Je nach Kenntnisstand des Kurses können Sie noch Strukturübungen anschließen. Stellen Sie Fragen, die die TN verneinend beantworten sollen: „Spricht XY Finnisch?" / „Ist das Maria?" etc.
Ihre Grammatikerklärungen 5 –> *nein* und *nicht*

Situation 3: **Freundschaftsverein**

In dieser Situation wird gezeigt, wie man sich sowohl in der Sie-Form als auch in der Du-Form als Begrüßung nach dem Befinden von jemandem erkundigt. Die TN lernen eine Vielzahl von regionalen Begrüßungen kennen und diskutieren, ob das Händeschütteln eine typisch deutsche Form der Begrüßung ist.

Dialog 1, 2 (2 Varianten)	totales Hören	Kurs	Zeichnungen als Verstehenshilfe auf Folie oder Dialoge abdecken lassen. Fragen nach dem Befinden wird sowohl in der Sie- als auch in der Du-Form eingeführt.
Übung 1	kursorisches Hören	Einzelarbeit, Kurs	Die Zuordnungen Bilder – Dialoge gemeinsam im Kurs besprechen.
Übung 2	interkulturelles Lernen	Kurs	
Übung 3	interkulturelles Lernen	Kurs	Welche Begrüßungsformen kennen die TN aus ihrer deutschsprachigem Umgebung, welche persönlichen Erfahrungen haben sie gemacht? Eventuell kommen sie selbst auf regionale Varianten und Unterschiede zu sprechen.

Situation 4: **Im Aupair-Club**

Wenn im Zusammenhang mit Situation 1 der Aupair-Club noch nicht thematisiert worden ist, versuchen Sie es hier, so es sprachlich möglich ist: Was ist ein Aupair? Wer im Kurs ist ein Aupair? Was ist ein Aupair-Club? Gibt es einen am Ort oder in der Umgebung (nur interessant, wenn Aupairs im Kurs sind)?

Sie benötigen eine Landkarte, in der die deutschen Bundesländer, Österreich und die Schweiz eingezeichnet sind; ist keine entsprechende Karte vorhanden, kopieren Sie die Karte im Buch von Seite 22 auf Folie. Wichtig ist, dass mit einer für alle sichtbaren Karte gearbeitet wird. Besprechen Sie gemeinsam mit den TN: Wo liegen Österreich und die Schweiz? Wo befindet man sich selbst? Welche deutschen / österreichischen / schweizerischen Städte sind noch bekannt?

Dialog	kursorisches Hören	Kurs	Ziehen Sie die Zeichnung auf Folie als Verstehenshilfe. Die TN hören 1–2-mal den Dialog (bei geschlossenen Büchern). Klären Sie dann gemeinsam folgende Fragen: Woher kommt Frau Brandner? Zeigen Sie die Lage von Eisenstadt an einer / der Karte. Wo lebt Frau Brandner jetzt? Wo ist Hamburg?

Verdeutlichen Sie dabei die Strategie „Moment, …“, die von großer Bedeutung ist, wenn der Sprecher Zeit braucht um zu überlegen, etwas nachzusehen oder wenn ein Wort auf Anhieb nicht verfügbar ist.

Wortbildung	Wortschatz und Strukturen	Kurs	Wortbildung mit *-in*

Bei Kursen mit Vorkenntnissen können Sie ein erstes Prinzip der Wortbildung erläutern. Erklären Sie: „Ich bin die Leiterin.“ Als Kursleiterin, indem Sie mimisch/gestisch deutlich machen, dass Sie hier die Leiterin sind. Zeigen Sie ein Bild, auf dem ein Mann „leitet“ und erklären Sie, dass dieser der Leiter ist. Als Kursleiter: Machen Sie mimisch / gestisch deutlich, dass Sie der Leiter sind im Gegensatz zu Frau Brandner im Aupair-Club. Vielleicht kennen die TN schon jetzt weitere Beispiele, sonst kommen Sie bei der nächsten Gelegenheit darauf zurück.

Arbeiten Sie weiter an der Karte: Wie viele Bundesländer hat Deutschland (Österreich, die Schweiz)? Was ist ein Bundesland? Bitte bearbeiten Sie, wenn Sie in Deutschland unterrichten nur Deutschland, in der Österreich nur Österreich und in der Schweiz auch nur die Schweiz detaillierter. Weisen Sie aber darauf hin, dass es in allen drei Ländern Bundesländer bzw. Kantone gibt, um Übung 1 vorzubereiten. In welchem Bundesland befindet man sich? Wo spricht man überall Deutsch? Auch in Südtirol, Italien, sprechen viele Leute Deutsch. Lassen Sie die TN die Namen der Bundesländer und deren Hauptstädte sprechen.

Übung 1	Wortschatz und Strukturen	Kurs	Machen Sie diese Übung mit der Auflistung im Buch und / oder einer Landkarte.

Phonetik, siehe S. 161

Interviews, im Kurs. Hier könnten Sie nun zum ersten Mal die authentischen Befragungen einsetzen: Im Laufe einiger Gespräche hat es sich ergeben, dass wir die Passanten fragten oder sie uns erzählten, woher sie kämen; diese Äußerungen haben wir zusammengeschnitten.

Vielleicht zeigen diese Gesprächsausschnitte, dass es für uns „Deutschsprachige“ normal ist, darüber nachzudenken und nachzufragen, wer woher kommt.

Situation 5: Im Aupair-Club

Einführung und Üben des Alphabets und der Kardinalzahlen.

Dialog (2 Varianten)	kursorisches Hören	Einzelarbeit, Kurs	Die TN hören den Dialog bei geschlossenen Büchern. Anschließend, je nach Kenntnisstand des Kurses, Einführung oder Wiederholung des Alphabets und der Zahlen (beides finden Sie auf Kassette / CD zur Verdeutlichung der richtigen Intonation). Fragen Sie die TN nach ihrer Adresse und Telefonnummer und / oder die TN befragen sich gegenseitig, um so Zahlen und Buchstabieren zu üben.

Phonetik, siehe S. 162

Übungen	Wortschatz und Strukturen	Kurs	Zum Üben der Zahlen bieten sich mehrere Möglichkeiten an, die Sie alternativ verwenden können:

Üben Sie mit dem bekannten Ballspiel:
Die TN sitzen im Kreis, Sie werfen den Ball einem TN zu und nennen eine zweistellige Zahl. Der TN muss eine neue Zahl bilden, indem er die genannte Einerzahl als Zehnerzahl verwendet: z. B. 18 – 82 – 25 – 54 – …

Sie können auch Rechenaufgaben stellen (an der Tafel, auf Karten, …) und dann in Partner-, Gruppen- oder Einzelarbeit lösen lassen.

Halten Sie Zahlen zwischen 1 und 1 000 für mehrere Runden auf Karten bereit, die TN ziehen eine Karte und sprechen die Zahl.

Sie können die Zahlen mit einem spielerischen Telefonieren üben: Jeder TN erhält eine Tel.-Nr. und eine Liste mit den Tel.-Nr. der anderen TN. Ein TN ruft jemanden von der Liste an: Er / Sie „wählt", indem er / sie eine der Nummern sagt. Es muss sich der TN mit dieser Nummer „melden". Dieser ruft dann den nächsten an usw.

Machen Sie bei dieser Übung darauf aufmerksam, dass Telefonnummern unterschiedlich gesprochen werden: 3–4–8–4–1–2–1 oder 34–84–12–1 oder 34–84–121 etc.

Wenn Ihre TN Schwierigkeiten mit den Zahlen haben, üben Sie diese zwischendurch immer wieder einmal, als Auflockerung oder zu Beginn eines Kurses. (Die Systematik, wie zum Beispiel „Zehnerzahlen" gebildet werden, unterscheidet sich im Deutschen stark von anderen Sprachen.)

Die folgenden Aufgaben (Ü1–Ü6) üben schrittweise und beispielhaft das Alphabet und die Zahlen in Verbindung mit Adressen und Telefonnummern.

Übung 1	totales Hören	Einzelarbeit	Kontrolle im Kurs
Übung 2	selektives Hören	Einzelarbeit	Kontrolle im Kurs
Übung 3	gelenktes Sprechen	Kurs, Gruppenarbeit	Sammeln Sie vor der Arbeit in Gruppen gemeinsam die im Buch aufgelisteten Redemittel zum Erfragen von Anschrift und Telefonnummer und / oder spielen Sie sie von Kassette / CD ab. Wenn Sie möchten, können Sie diese Liste auch ergänzen. Anschließend befragen sich die TN in Gruppen. Wenn Ihr Kurs einverstanden ist, können Sie eine Teilnehmerliste mit den Angaben erstellen.
Übung 4	interkulturelles Lernen	Kurs	Bringen Sie ein Exemplar des örtlichen Telefonbuchs, ein Postleitzahlenbuch und ein Branchenbuch in den Unterricht mit und lassen Sie den Umgang mit ihnen im Kurs erarbeiten. Wo findet man sie, wenn man keine zu Hause hat? In Ö und CH: Erklären Sie die vergleichbaren Exem-

			plare. Im Ausland: Klären Sie die Begriffe anhand der abgebildeten Ausschnitte und vergleichen Sie sie mit den entsprechenden Zusammenstellungen vor Ort.
Übung 4 a.	selektives Lesen, interkulturelles Lernen	Einzel- oder Partnerarbeit	Zunächst Begriffsklärung: Was ist die Auskunft, der ärztliche Notdienst? Erklären Sie den Begriff Kreis-Volkshochschule, insbesondere wenn Sie in einer unterrichten. Ergebniskontrolle im Kurs.
Übung 4 b.	selektives Lesen	Einzel- oder Partnerarbeit	Ergebniskontrolle im Kurs
Übung 4 c.	selektives Lesen, interkulturelles Lernen	Einzel- oder Gruppenarbeit	Entweder geben Sie diese Übung als Hausaufgabe oder Sie bringen mehrere örtliche Telefonbücher in den Unterricht mit und lassen die Aufgabe in Gruppenarbeit lösen. Ergebniskontrolle im Kurs.
Übung 4 d.	interkulturelles Lernen	Kurs	Begriffsklärung: Branchenbuch / Gelbe Seiten. Was findet man darin und wie? Vielleicht können Sie aus der Rundfunk- oder Fernsehwerbung einen Spot dazu aufnehmen und vorspielen.
Übung 5	Wortschatz und Strukturen	Einzelarbeit	In diesem Zusammenhang können Sie auch auf die äußere Form, d. h. wie Anschrift des Absenders und des Empfängers geschrieben werden, hinweisen.
Übung 6	selektives Lesen, interkulturelles Lernen	Einzelarbeit, Kurs	Nicht alle geforderten Daten können in die Tabelle eingetragen werden. Klären Sie die unterschiedlichen Textsorten.

Sie können die Anmeldung bei der Meldebehörde im Anschluss an die Übung exemplarisch im Kurs behandeln. Besorgen Sie ein Exemplar (im Schreibwarenhandel), machen Sie Kopien für alle TN und lassen sie es ausfüllen. Gibt es so etwas auch in den Heimatländern der TN?

Situation 6: **Deutsch-... Freundschaftsverein**

Dialog 1 und 2	totales Hören, interkulturelles Lernen	Kurs	Unterschiedliche Verabschiedungsregister: zwischen Freunden, Bekannten, Arbeitskollegen etc.

Nach dem Hören der Dialoge klären die TN, in welchem Umfeld sich die Dialoge abspielen könnten.
Was hören die TN um sich herum? Etwa Ciao? Wie verabschiedet man sich in den Heimatländern der TN? Händedruck? Umarmung?

Übung 1	Wortschatz und Strukturen	Einzelarbeit	TN entscheiden aufgrund der Zeichnungen, welchen Abschiedsgruß sie in diesen Situationen wählen (müssen). Kontrolle im Kurs.
Übung 2	Wortschatz und Strukturen	Kurs	Bringen Sie diese Übung am besten an einer Stelle im Kursablauf unter, wo sie passt: am Ende einer Veranstaltung.

Lektion 2: Hamburg

In der 1. Situation wird den TN gezeigt, wie man Vorschläge – am Beispiel einer Stadtrundfahrt – sprachlich realisieren und ablehnend oder zustimmend darauf reagieren kann. Die Verbkonjugation im Präsens wird vertieft. Auf einer Stadtrundfahrt in Situation 2 lernen die TN öffentliche Einrichtungen, Sehenswürdigkeiten, Geschäfte und Verkehrsmittel einer Stadt kennen. Die Unterscheidung unbestimmter versus bestimmter Artikel und der bestimmte Artikel im Akkusativ werden in verschiedenen Aufgabenstellungen geübt. In den folgenden Situationen werden die Monate, die Ordinalzahlen und die Wochentage eingeführt und in situationsbezogenen Zusammenhängen geübt: In Situation 4 beispielsweise wird ein Geburtstagskalender im Kurs erstellt. Die TN lernen auch die nötigen sprachlichen Strukturen, um Verabredungen zu treffen und Informationen, z. B. über Abfahrts- und Ankunftszeiten, einzuholen. Frühstücken ist das Thema der 7. Situation: Wortschatz und Strukturen werden erarbeitet und angewendet, die TN erzählen über ihre Frühstücksgewohnheiten und ein gemeinsames Frühstück im Kurs wird geplant.

Aufgaben wie diese sind besonders wichtig, da sie das Ziel haben, Gelerntes in einer gemeinsamen Handlung mit einem gemeinsamen Ziel anzuwenden.

Seinem Missfallen – z. B. über die typisch deutschen (?) Öffnungszeiten – Ausdruck zu verleihen und verschiedene Floskeln mit „Mensch, …“ bilden den Abschluss der Lektion.

Themenwortschatz:
öffentliche Einrichtungen / Ämter, Tage, Monate, Jahreszeiten, Frühstück

Sprechabsichten:
jmdn. ansprechen, etwas vorschlagen und darauf reagieren
etwas benennen, definieren, identifizieren
gratulieren und reagieren
sich verabreden
Gefallen und Missfallen ausdrücken
jmdn. auffordern etwas zu tun
Wünsche äußern
Informationen einholen und geben

Erstaunen, Enttäuschung ausdrücken
Empfehlung, Rat geben
sich verabschieden

Grammatik:
Ordinalzahlen
Verbkonjugation im Präsens
bestimmter / unbestimmter Artikel
Negationsartikel *kein*
W-Fragen
Ja-Nein-Fragen
Deklination: Sg. Nominativ und Akkusativ
Aufforderung: Frage und Imperativ

Floskeln:
Komm ...!
Geh ...!
Mensch ...!
So'n Mist!
nee, och nö

Strategien:
Moment, ...
Sagen Sie mal ...
Sie sind doch ...
... ganz kurz ...

Texttranskriptionen und Lösungen finden Sie im Anhang.

Die Situationen im einzelnen:
dialektales Sprachbeispiel, im Kurs. Auf Kassette / CD finden Sie ein Beispiel für echtes „Hamburgisch".

Situation 1: Gespräch in der Familie

Greifen Sie auf die bereits erworbenen Sprachmittel zurück, um den Namen der Lektion zu klären. Zeigen Sie auf einer Landkarte: „Da liegt Hamburg. Da wohnen Millionen Leute. In Hamburg sind viele Leute aus aller Welt."

Übung 1 (je 2 Varianten)	orientierendes Hören	Einzelarbeit, Kurs	Entscheiden Sie nach der Hörverstehenskompetenz Ihres Kurses, ob die Lernenden in den folgenden Übungen (Ü1–Ü2) Dialog 1 und / oder

Dialog 2 hören sollen. (Dialog 1: Du-Version; Dialog 2: Sie-Version).
m ersten Schritt sollen die TN nur das Thema der Dialoge (Stadtrundfahrt) erkennen und notieren. Kontrolle im Kurs.

Übung 2	selektives Hören	Einzelarbeit	Kontrolle im Kurs.
Übung 3	totales Hören	Einzel-, Partnerarbeit	Kontrolle im Kurs.

Weisen Sie die TN auf die typische gesprochensprachliche Floskel *och nö* (= ach nein) in Dialog 1 hin. Vielleicht können Sie durch Gestik und Mimik die Bedeutung erklären. Klären Sie eventuell noch, in welcher Form Ihre TN die Verneinung im Alltag wahrscheinlich hören: ne, nö, na, … Beobachtungsaufgabe: Ihre TN sollen darauf achten, welche weiteren Ablehnungen sie in ihrem Umfeld hören.

Phonetik, siehe S. 163

Übung 4	Wortschatz und Strukturen	Einzel-, Partnerarbeit	Wortbedeutungen und unterschiedliche Wortformen erkennen. Kontrolle im Kurs.

Abenteuer Grammatik 1.1, 1.2, 2.1, 2.2 –> Einzel-, Partnerarbeit –> Verbkonjugation Sg. und Pl.

(regelmäßig und unregelmäßig: *haben* und *sein*). Das Lesen der Dialoge ist hier die Voraussetzung für das erfolgreiche Erarbeiten grammatischer Regeln. Arbeiten Sie genau nach den Anweisungen, um das SOS-Prinzip (selektieren – ordnen – systematisieren) von Beginn des Kurses an einzuführen.

Wenn Ihre TN aufgrund ihrer Lerngewohnheiten an Tabellen und Übersichten gewöhnt sind, helfen Sie ihnen und systematisieren Sie schon jetzt die Verbkonjugation im Präsens (**Ihre Grammatikerklärungen** 1; siehe Exkurs Grammatik).

Übung 5	Wortschatz und Strukturen	Einzelarbeit, Kurs	

Ihre Grammatikerklärungen 1. –> Tabellarische Darstellung der Verbformen im Präsens. Machen Sie es von der Gruppe abhängig, ob Sie nur auf die Tabellen verweisen oder die Formen noch einmal ausführlich besprechen.

Übung 6	Wortschatz und Strukturen, gelenktes Sprechen	Kurs	Diese Übung ist als Hörtext auf Kassette / CD.
Übung 7	gelenktes Schreiben	Partnerarbeit	Kontrolle im Kurs. Die TN sollen ihre Lösungen anhand der Zeichnungen begründen.

Situation 2: Stadtrundfahrt in Hamburg

Wir stellen Ihnen in dieser Lektion einige Möglichkeiten vor, die Lernpartner neu zusammenzusetzen und gleichzeitig Wortschatz und Strukturen zu wiederholen (siehe Exkurs Arbeitsgruppen).

Wiederholung der Zahlen: Bei 20 TN benötigen Sie 20 Kärtchen mit Rechenaufgaben. Jede/r TN erhält eine Karte mit einer Rechenaufgabe. Die Ergebnisse werden laut vorgelesen. Diejenigen, die die gleichen Ergebnisse haben, bilden ein Paar.

1. Paar: $8-4$ und 2×2
2. Paar: $20+9$ und $45-16$
3. Paar: 9×2 und 3×6
4. Paar: $90-27$ und 9×7
5. Paar: $55:11$ und $45:9$
6. Paar: $47-33$ und 2×7
7. Paar: $28+54$ und $99-17$
8. Paar: 23×3 und $32+37$
9. Paar: 11×7 und 7×11
10. Paar: $100-22$ und 6×13

So wiederholen Sie noch einmal die Zahlen, ihre Aussprache und Strukturen aus Lektion 1. Die TN sollen sich dabei selbst korrigieren. Verwenden Sie folgende Redemittel: *Haben Sie / Hast du die Zahl ...? / Ich habe die Zahl ... und Sie / und du?*

Übung 1 (2 Varianten)	selektives Hören	Einzelarbeit	Teilen Sie entweder Kopien der Seite 40 aus oder lassen Sie die TN den Dialog auf Seite 41 abdecken. Kontrolle im Kurs.

Dialog 1 –> Kann im Zusammenhang mit **Ihre Grammatikerklärungen** 2 gelesen werden.

Ihre Grammatikerklärungen 2 –> Kurs –> Substantiv und Artikel (bestimmt und unbestimmt)

Übung 2	Wortschatz und Strukturen	Einzel-, Partnerarbeit	Der Partnerarbeit kommt hier eine besondere Bedeutung zu: Wörter, die der eine Lernpartner nicht hat, werden vom anderen erklärt und ergänzt. Vielleicht überlegen die Lernpartner auch gemeinsam. Wortschatz und Strukturen werden so in einer zwar unterrichtstypischen, von der Aufgabenstellung her jedoch authentischen Situation geübt.
Übung 3	Wortschatz und Strukturen	Einzelarbeit	

Übung 4	Wortschatz und Strukturen	Kurs	Diese Übung überprüft, ob die TN das System bestimmter oder unbestimmter Artikel verstanden haben. Wird sie falsch gelöst, besteht Erklärungsbedarf. Gehen Sie u. U. den Weg über den Vergleich mit der Muttersprache oder einer anderen schon gelernten Fremdsprache.
Übung 5	Wortschatz und Strukturen, totales Hören	Einzelarbeit	Auch hier gilt: Achten Sie darauf, welcher Kursteilnehmer prinzipiell Schwierigkeiten hat. Versuchen Sie die Unterstützung eines Lernpartners zu finden, der die gleiche Muttersprache hat, die Aufgabe aber lösen kann.
Dialog 2	selektives Hören	Kurs	Die TN hören den Dialog und sollen die Fragen beantworten: Was sehen Frau Fedders und Kristin?

Abenteuer Grammatik 3.1 –> Einzelarbeit –> Akkusativ bestimmter Artikel, Genau nach den Anweisungen vorgehen.

Übung 6	gelenktes Sprechen	Partnerarbeit	Die TN sollen nun selbst ähnliche Dialoge bilden und den Akkusativ üben. Weitere Beispiele finden Sie auf Kassette / CD.
Übung 7	gelenktes Sprechen	Partnerarbeit	Die Beispieldialoge finden Sie auf Kassette / CD.

Ihre Grammatikerklärungen 3.2 –> Systematische Darstellung des bestimmten Artikels im Nominativ und Akkusativ –> Die Formen haben die Lernenden selbst bereits in **Abenteuer Grammatik** 3.1 erarbeitet. Machen Sie es von der Kompetenz und den Lerngewohnheiten Ihrer TN abhängig, ob Sie diese Darstellung besprechen oder nicht
Für Sie zu Hause Übung 1 (oder am Ende der Lektion als Wiederholung)

Situation 3: Der Michel

Der neue Lernpartner (siehe Exkurs Arbeitsgruppen): Wiederholung des unbestimmten und des bestimmten Artikel: Verteilen Sie an die Hälfte Ihrer TN Karten mit z. B. folgenden Sätzen: Da ist … Dresdner Bank. / Dort ist … Müchner Rathaus. / Das ist … Straße. / Das ist … Hamburger Hafen. / Das ist … Straße. / Dort ist ein Restaurant. … ist gut. / Das ist … Turm. / Das ist … Kaufhaus. Verteilen Sie die entsprechende Anzahl an Karten mit unbestimmten / bestimmten Artikeln an den Rest Ihres Kurses: die, eine, der, ein, das, eine. „Satz“ und „passender“ Artikel sind jeweils ein Paar. Diese Übung bringt den TN auch noch einmal den Stoff der letzten Stunde in Erinnerung.

Dialog	orientierendes Hören	Kurs	In Situation 3 wird das Datum eingeführt. Der Dialog dient lediglich der Einstimmung auf das Thema, bildet den Rahmen für die folgenden

			Übungen. Klären Sie mit den TN nur die Situation, die mit diesem Dialog und der Zeichnung dargestellt wird, greifen Sie jedoch nicht vor, indem Sie an dieser Stelle schon die Monatsnamen oder die Ordnungszahlen einführen. Dies geschieht Schritt für Schritt in den nächsten Übungen.
Übung 1	Wortschatz und Strukturen, interkulturelles Lernen	Einzel-, Partnerarbeit, Kurs	Gehen Sie hier schrittweise vor. Wichtig ist dabei die TN auf die Unterschiede zwischen Muttersprache und Zielsprache hinzuweisen. Oft werden gerade so einfache und analoge Wörter falsch ausgesprochen und geschrieben. Die Monatsnamen finden Sie auch auf Kassette / CD.

Phonetik, siehe S. 164

Leseecke: Es war eine Mutter … Die TN können je nach Wunsch die beiden Verse auswendig lernen oder nur lesen. Üben Sie mit diesem Text den Wortakzent: Es wár eine Mútter, die hátte víer Kínder …
Gibt es ähnliche Gedichte in den Muttersprachen der Lerner? Lassen Sie die TN diese Gedichte vortragen, wenn sie es möchten.

Übung 2 a.	Wortschatz und Strukturen	Einzelarbeit	Diese Übung schafft eine erste Sensibilisierung für die Bildung der Ordinalzahlen und Abweichungen von der Regel.

Phonetik, siehe S. 164

Übung 2 b.	Wortschatz und Strukturen	Partnerarbeit	Die TN sollen hier selbst entdecken, wie die Bildung der Ordinalzahlen funktioniert.
Übung 2 c.	Wortschatz und Strukturen	Einzelarbeit, Kurs	Bestehen Sie darauf, dass die TN die Zahlen laut vorlesen, um die Aussprache zu üben. Die Aussprache und Betonung können Sie auch anhand der Kassette / CD vorführen.
Übung 3	Wortschatz und Strukturen, gelenktes Sprechen	Partnerarbeit	Als Beispiel für die richtige Betonung, nicht nur der Datumsangabe, sondern auch um den Wechsel in der Intonation bei Frage- und Aussagesätzen zu verdeutlichen, können Sie den TN die Dialoge von Kassette / CD vorspielen.

Übung 4	totales Hören	Einzelarbeit	
Übung 5	Wortschatz und Strukturen, gelenktes Sprechen	Partnerarbeit	Die Musterdialoge sind auf Kassette / CD. Weisen Sie auch darauf hin, dass die Monatsangabe in diesem Zusammenhang entfallen kann. Hier können Sie noch einmal die Strategie „Moment, …" mit den TN üben. Achtung: Wem ist der 30. 2. aufgefallen?
Übung 6	Wortschatz und Strukturen, gelenktes bis freies Sprechen	Partnerarbeit	Beispieldialog finden Sie auf Kassette / CD. Weisen Sie auf die Dativendung der Ordinalzahlen in Verbindung mit *von* und *bis* hin, aber ohne dies grammatisch zu erklären. Wenn Ihre TN es wünschen, können Sie die Schilder auch ausführlich besprechen. Sie können diese Übung dann auch noch mit Wochentagen machen: Wann hat die Post, das Restaurant um die Ecke zu? Sie können hier noch einmal klären, wann der Kurs eventuell ausfällt, wann Ferien sind etc. Fragen, die für die TN wichtig sind und oft nur halbverstanden im Raum stehen.
Übung 7	Wortschatz und Strukturen, gelenktes Sprechen	Partnerarbeit	(Beispieldialoge auf Kassette / CD) Klären Sie den Unterschied zwischen Urlaub und Ferien.

Der Sprachgebrauch differenziert nicht in allen Regionen so genau. In der Schweiz verwendet man beispielsweise nur den Begriff Ferien.

Die TN interessieren sich je nach Altersstruktur natürlich für die Ferien- bzw. Urlaubsregelungen im deutschsprachigen Raum, wobei das Feriensystem in Deutschland und der Schweiz oft einiges Unverständnis hervorruft.

Sie üben mit diesem Dialog auch die Strategien *Sagen Sie mal, … bzw. Sag mal, …*, um eine Frage einzuleiten, und die Modalpartikel *eigentlich*, um mit einer Frage ein neues Thema einzuleiten.
Floskel *ah ja:* man hat verstanden.

Übung 8	selektives Hören	Einzelarbeit	Die TN sollen sich möglichst selbst durch nochmaliges Hören und Vergleichen korrigieren.
Übung 9	Hotelspiel		Das Brettspiel finden Sie zum Kopieren am Ende der Lektionsbeschreibung.

Situation 4: **Einwohnermeldeamt**

Der neue Lernpartner (siehe Exkurs Arbeitsgruppen):
Wiederholung der Monatsnamen und der Ordinalzahlen:
Schreiben Sie – entsprechend der Anzahl der TN – Monatsnamen und Ordinalzahlen auf Kärtchen. Januar und 1., Februar und 2. etc. bilden ein Paar.

Übung 1 a.	selektives Hören	Einzelarbeit	
Übung 1 b.	gelenktes bis freies Sprechen	Kurs	Besprechen Sie mit den TN die Redemittel. Die Übung selbst sollte dann kurz ablaufen (z. B. als Kettenübung); das eigentliche Üben erfolgt in Übung 3.
Übung 2	totales Hören	Einzelarbeit	Weisen Sie darauf hin, dass bei privaten Fragen nach dem Geburtstag das Geburtsjahr oft nicht angegeben wird, auf Ämtern und Formularen hingegen schon. „Wann sind Sie geboren?" oder „Ihr Geburtsdatum bitte" erfordern eine andere Antwort als die Frage „Wann haben Sie / hast du Geburtstag?"
Übung 3	freies Sprechen und Handeln	Kurs	Machen Sie die TN auf die Redemittel aufmerksam. Bei dieser Übung können Sie unterschiedlich vorgehen: Immer zwei Lerner erhalten eine kopierte Teilnehmerliste und ergänzen diese mit Angaben. Die Ergebnisse werden dann gemeinsam auf dem Kalender zusammengetragen oder auf einem Wandkalender im Unterrichtsraum aufgehängt. Sie können die Ergebnisse auch auf Folie sammeln, kopieren und an die TN verteilen (und eventuell auch Adressen und Telefonnummern auf die Liste setzen). Feiern Sie im Kurs im kleinen Rahmen die Geburtstage.

In diesem Zusammenhang können Sie auch auf die Sternzeichen eingehen. Sind im Kurs vielleicht TN, die andere Horoskope (z. B. das chinesische) haben? Ist die Geburtstagsfeier in der Heimat der TN auch so wichtig wie im deutschen Sprachraum? Erklären Sie, wie man auf Deutsch gratuliert und darauf reagiert. (Hier ist leider durch einen drucktechnischen Fehler im ersten Druck die Marginalspalte mit den entsprechenden Redemitteln verloren gegangen.)

Situation 5: **Grüße aus Hamburg**

Übung 1	Wortschatz und Strukturen, interkulturelles Lernen	Einzelarbeit, Kurs	Gehen Sie am besten so vor: Die Lerner ergänzen die Wochentage in ihrer Muttersprache, lesen anschließend die Karte und notieren dann die Wochentage auf Deutsch. Sie können die Wochentage von Kassette / CD vorspielen und so die TN eventuelle Fehler selbst korrigieren lassen. Wie klingen die Namen der Wochentage in der Muttersprache und auf Deutsch? Die TN lesen und sprechen laut.

Spiel zu Wortschatz und Strukturen in Gruppenarbeit: Jeweils drei TN spielen zusammen. Auf dem Tisch liegen verdeckt 7 Kärtchen mit den Zahlen 1–7 (als Symbol für die Wochentage). Spieler 1 fragt Spieler 2: „Wann kommst du?" Spieler 2 zieht ein Kärtchen und antwortet entsprechend der Zahl: „Ich komme am ..." Die Progression in diesem Kapitel ist noch recht langsam, da mit wenig Sprachmaterial möglichst viele Bereiche sprachlich ausgefüllt und geübt werden sollen. Der Komplex, der hier behandelt wird, wird im täglichen Gebrauch oft fehlerhaft aber verständlich eingesetzt und daher nie wieder korrigiert. Hier entstehen – oder sind schon vor dem Sprachkurs entstanden – gerade beim Lernen im deutschen Sprachraum „individuelle Regeln", gepaart mit Analogiebildungen zur Muttersprache, die negative Auswirkungen auf den gesamten Spracherwerb haben können.

Übung 2	gelenktes bis freies Sprechen	Partnerarbeit, Kurs	Die Beispieldialoge sind auf Kassette / CD.

Ideal wäre es, diese Übung mit einem Stadt- und Umgebungsplan des Lernortes zu machen. So wird zwar die Struktur geübt – es findet aber sicherlich auch ein Austausch über mögliche Freizeitaktivitäten statt. Besteht dazu keine Möglichkeit, dann sollte diese Übung als reine Strukturübung wahrgenommen werden. Der gesamte Komplex der Wegbeschreibung kann hier nicht aktiv gelernt werden (es fehlen die Präpositionen, siehe Lektion 6), doch lernen die TN mit Hilfe der Karte um erste Informationen zu bitten und diese zu geben. Der Imperativ ist hier als Vorschlag zu verstehen. Den Imperativ als Aufforderung kennen die TN aus dem Kurs, aus den Arbeitsanweisungen im Lehrbuch. Den Imperativ als Bitte können sie dem Postkartentext entnehmen (Komm bitte früh.). Üben Sie mit den TN die Intonation, damit der Ratschlag sich nicht wie ein Befehl anhört. Im Verlauf der Lektion werden auch noch Fragen behandelt, die die Funktion einer Bitte oder Aufforderung erfüllten und oft freundlicher klingen.

Ihre Grammatikerklärungen 6 –> Imperativ –> Kurs

Die Grammatikerklärungen dazu sind (wie meistens bei der Systematisierung von Verbformen) in drei Abschnitte gegliedert: In 6.1 werden die Regeln der Bildung erklärt und Beispiele gegeben. In 6.2 wird die Stellung des Imperativs im Satz behandelt. Beachten Sie bitte, dass wir davon ausgehen, dass das Verb immer auf Position 2 steht. Es hat wenig Sinn, einen vermeintlichen Positionswechsel der Verben zu lehren. Diese Auffassung ist zwar weit verbreitet, aber nicht ganz richtig. Bleiben Sie dabei, dass das Verb immer auf Position 2 steht; bei bestimmten Satztypen (Aufforderung, Frage) ist die Position 1 einfach unbesetzt. Dies wird im Buch an gegebener Stelle auch immer wieder visualisiert.
In 6.3 wird die Bedeutung des Imperativs im Sprachgebrauch erläutert. Da es hier keine selbstständige Erarbeitung in **Abenteuer Grammatik** gab, ist eine Systematisierung im Kurs unbedingt erforderlich. Entscheiden Sie selbst, ob Sie diese vor oder nach Übung 2 vornehmen.

Übung 3	Wortschatz und Strukturen, selektives Hören	Einzelarbeit	Im Rahmen dieser Übung können Sie überprüfen, ob die Grammatikerklärungen 6 vermittelt worden sind. Sollten die TN Schwierigkeiten haben, besteht nochmaliger Erklärungsbedarf. Beachten Sie die Reihenfolge der Arbeitsschritte: Der Lerner versucht die Texte zu ergänzen, dann überprüft und korrigiert er seine Lösungen selbst mit Hilfe der Kassette / CD. Greifen Sie erst ein, wenn die Lerner fertig sind oder Sie um Hilfe bitten.
Übung 4	interkulturelles Lernen	Einzelarbeit, Kurs	Hier werden die Lernenden mit den Floskeln *komm* und *geh* bekannt gemacht.

Komm drückt eine Dringlichkeit aus, verstärkte Aufforderung (man versucht, den anderen unbedingt zu etwas zu bewegen), bindet die Aufmerksamkeit des Hörers auf den Sprecher. Für den Sprecher ist das, was er zu sagen hat, von großer Bedeutung.

Geh bedeutet: Das ist Unsinn, das glaube ich nicht.

Wichtig ist hier das Reflektieren der TN, ob sie diese Aussagen schon einmal gehört haben. Fordern Sie Ihre Lerner auf, die Sprache zwischen Muttersprachlern genau zu beobachten. Wie sprechen sie untereinander, sprechen sie mit den Kursteilnehmern anders?
Die Sätze der Übung sind auch auf Kassette / CD.

Situation 6: **Anruf aus Pinneberg**

Übung 1 (2 Varianten)	selektives Hören	Einzelarbeit	Machen Sie auch diese Übung möglichst wieder ohne Buch.

Kopieren Sie wenn möglich die Zeichnung auf Folie und notieren Sie vor dem Hören für alle sichtbar die Frage: Wann kommt Jasumi? In dieser Situation werden Zeitangaben eingeführt. Kommen Sie auf den Dialog als freie Sprechübung erst am Ende dieser Situation zurück, machen Sie also vorher unbedingt die Übungen 2–10. Es hat keinen Sinn, den Dialog so lange zu hören, bis man ihn fast auswendig nachsprechen kann, und dann die Strukturen zu erlernen. Freies Sprechen ergibt sich immer aus einem Verstehen und daher souveränem Umgang mit Strukturen.

Übung 2 a.	Wortschatz und Strukturen	Kurs	Vermitteln Sie die hochsprachlichen Strukturen der Zeitangabe. Vergleich zur Muttersprache: Wie klingt es, wenn man die deutschen Zeitangaben wortwörtlich in die Muttersprache übersetzt? Wie klingt es umgekehrt? Den Dialog finden Sie auf Kassette / CD.

Übung 2 b./c.	interkulturelles Lernen	Kurs	Gerade in diesem Zusammenhang sind viele regionale Varianten zu beobachten. Klären Sie, welche für Ihre Lerner relevant sind. Machen Sie aber auch deutlich, dass bestimmte Varianten in anderen Gegenden nicht verstanden werden.
Übung 3 a., b., c.	totales Hören	Einzelarbeit, Kurs	
Übung 3 d.	freies Sprechen	Kurs	

Übungen zur Zeitangabe:
Uhrzeitendiktat zwischen Lernpartnern und / oder Kursleiter und Teilnehmern.

Bringen Sie eine Pappuhr oder Spieluhr mit und erfragen Sie damit verschiedene Uhrzeiten und / oder die TN erfragen mit der Spieluhr gegenseitig Uhrzeiten.

Übung 4	interkulturelles Lernen, totales Hören	Einzelarbeit, Partnerarbeit	Die Sekundenangabe von der Kassette / CD ist im Lehrbuch weggelassen.
Übung 5	selektives Hören oder Lesen, Landeskunde	Einzelarbeit	Gibt es an Ihrem Lernort eine telefonische Fahrplanauskunft? Suchen Sie gemeinsam mit Ihren TN im Telefonbuch.
Übung 6 a.	gelenktes Sprechen	Partnerarbeit	Die Dialoge sind auf Kassette / CD.

Orientieren Sie sich bei dieser Übung am Fahrplan auf Seite 59 oder wählen Sie Uhrzeit und Tageszeit willkürlich. Natürlich können die TN auch erst Fahrpläne am Bahnhof besorgen (Übung 6 b.), mit denen gearbeitet werden kann.
so um ...: ungefähr, etwa

Übung 6 b.	Handeln	Einzelarbeit	Planen Sie das Besorgen von Fahrplänen im Kurs. Oft liegen an Bahnhöfen Fahrpläne für bestimmte Strecken unentgeltlich aus.
Übung 6 c.	gelenktes Schreiben	Einzelarbeit	Aus Erfahrung wissen wir, dass sich Strukturen bei manchen Lernern besser einprägen, wenn sie diese zu Hause schriftlich festhalten. Dort, wo es besonders erwähnt wird, erscheint es uns wichtig.

Phonetik, siehe S. 164

Übung 7	gelenktes Sprechen	Partnerarbeit	Beispieldialoge sind auf Kassette / CD.
Übung 8	selektives Hören	Einzelarbeit, Kurs	
Übung 9	selektives Lesen	Einzelarbeit, Kurs	
Übung 10	freies Sprechen und Handeln	Kurs	Hier wird vieles aus Lektion 1 und 2 wiederholt und in einem neuen, die TN direkt betreffenden Zusammenhang wiederholt. Halten Sie die Ergebnisse der Planung schriftlich fest. Eine Verwirklichung dieser Stadtbesichtigung wäre schön.
Dialog zu Übung 1	freies Sprechen	Partnerarbeit	Nachdem die Strukturen nun eingeübt wurden, können die TN Dialog 1 spielen.

Situation 7: Traumfrühstück

Phonetik, siehe S. 165

Wortschatz 1	Wortschatz und Strukturen	Kurs	Wortschatz erkennen, verstehen, sortieren

Ihnen stehen mehrere Möglichkeiten zur Verfügung den Wortschatz einzuführen: Zeigen Sie das Foto eines Frühstücksbüffets auf Folie oder bringen Sie alte Zeitschriften mit, aus denen die TN Collagen zum Thema Frühstück erstellen können. Sie können auch eine Wandzeitung mit Wortfeldern erstellen.

Welche Wörter kennen die TN schon? Isolieren Sie die bekannten Wörter aus der Liste. Wer kann welche Wörter erklären? Welche Wörter versteht niemand? Überlegen Sie gemeinsam, nach welchen Kriterien man die Wörter sortieren könnte. Diesen Wortschatz finden Sie auch auf Kassette / CD.

Wortschatz 2	Wortschatz und Strukturen, interkulturelles Lernen	Kurs	Wortschatz erkennen, verstehen, sortieren

Überlegen Sie auch hier, nach welchen Kriterien Sie den Wortschatz ordnen können. Im Inland: Bedenken Sie, dass die Lerner teilweise schon seit Wochen im deutschen Sprachraum leben und auch Lebensmittel kaufen. Vielleicht kennen sie schon viele (regionale) Begriffe?

Übung 1	Wortschatz und Strukturen	Einzelarbeit, Kurs	Systematisieren von Wortschatz

Systematisieren Sie in diesem Zusammenhang das Wörterlernen, wenn Sie es nicht schon bei Wortschatz 1 und 2 getan haben.
Sinnvolle Vorgehensweisen sind:
Sortieren der Wörter nach Zusammenhängen (z. B. mit einem Wortigel).

Erstellen einer Wörterkartei: Beispielsätze auf die Rückseite (später auch Erklärungen, Synonyme, das passende Verb etc.). Erläutern Sie den Lernern, wie sie mit den Kärtchen aktiv ihren Wortschatz festigen können. Auf diese Wörterkartei wird später im Lehrbuch noch ausführlicher eingegangen.

Sollten Ihre TN bei der Erstellung des Wortigels auch Begriffe wie „lecker" oder Ausdrücke wie „Ich frühstücke nie" bringen, so hindern Sie sie nicht daran. Auch das ist sinnvolle Wortschatzarbeit!

Übung 2	gelenktes bis freies Sprechen	Gruppenarbeit	(Beispiele sind auf Kassette / CD.)

Lassen Sie die Pluralformen unreflektiert benutzen, d. h. geben Sie die Pluralformen bei Bedarf an, aber keine Erklärungen dazu. (Die Pluralformen lernen die TN in Lektion 3.) Einige Formen werden die Lerner im Inland auch aus ihrem Alltag mitbringen.

Zur Bildung der Gruppen siehe Exkurs Arbeitsgruppen.

Interviews: im Kurs. Auf Kassette / CD finden Sie einige authentische Interviews über Frühstücksgewohnheiten. Vergessen Sie nicht, hier geht es nur um das selektive Hören, ah, das habe ich verstanden. Diese Beispiele können nicht detailliert verstanden werden. Wenn Sie als Kursleiter eher das Gefühl haben, dass die Teilnehmer von den Straßeninterviews zunächst frustiert sind, dann kehren Sie später dazu zurück.

Übung 3	selektives Hören	Einzelarbeit	
Dialog 2	kursorisches Hören, totales Lesen	Einzelarbeit	Nachdem die TN den Dialog gehört haben, lesen sie ihn und markieren alles, was sie verstehen. Was bleibt übrig? Sind es die Akkusativformen?

Phonetik, siehe S. 165

Abenteuer Grammatik 3.2 –> Einzelarbeit –> Unbestimmter Artikel im Akkusativ. Gehen Sie genau nach den Anweisungen vor.

Abenteuer Grammatik 3.3 –> Einzelarbeit –> Verneinung mit *kein* im Nominativ und Akkusativ. Gehen Sie genau nach den Anweisungen vor.

Übung 4	gelenktes bis freies Sprechen	Partnerarbeit	Die Beispieldialog finden Sie auf Kassette / CD.

Für Lerner, die eher noch geführt werden müssen, bietet sich diese Übung als Strukturübung an. TN jedoch, die mit dem Gelernten leichter umgehen, werden hier den Übergang vom gelenkten zum freieren Sprechen finden. Blocken Sie nicht ab, wenn sich das Gespräch stark von den Vorgaben entfernt. Mit einer Hintergrundmusik verhindern Sie, dass sich die Partner gegenseitig stören, und Sie bestimmen die Länge der Partnerarbeit. Überlegen Sie, unter welchen Kriterien Sie die Partner zusammenfügen. Entweder überlassen Sie es den TN, dann sind die Sprechhemmungen am niedrigsten. Oder Sie setzen die TN in diesem Fall nach Sprechkompetenz zusammen, dann können Sie die Partnerarbeit nutzen, um mit jeweils zwei Lernern bestimmte Probleme zu klären. Sie können auch eine der Partnerfindungsübungen nutzen (siehe Exkurs Arbeitsgruppen).

Interkulturelle Komponente: Was sagt man, wenn man gerne noch etwas nehmen möchte oder nichts mehr essen möchte? Wie oft wird einem etwas angeboten? Welche Erfahrungen haben die TN im deutschsprachigen Land? Wie reagieren sie? Wie ist es in ihrer Heimat?

Bestellung: im Kurs. Auf Kassette / CD haben wir eine authentische Bestellung in einem Münchner Straßencafé aufgenommen.

Ihre Grammatikerklärungen 3.1; 4; 5 –> Unbestimmter Artikel im Nominativ und Akkusativ. Der Negationsartikel *kein*. Der Nullartikel.

Übung 5	freies Sprechen und Handeln	Kurs	Entscheiden Sie, was Sie zum Frühstück mitbringen möchten. Welche typischen Sachen fallen den TN ein? Wichtig ist, dass die TN selbstständig Fragen stellen und am Ende auch eine Arbeitsteilung gefunden haben.

Abenteuer Grammatik 4 –> Einzelarbeit –> Erarbeitung der Wortstellung in Fragesätzen. Genau nach den Anweisungen vorgehen.

Ihre Grammatikerklärungen 7 –> Systematisierung von Fragesätzen

Übung 6	freies Schreiben	Einzelarbeit	Weisen Sie auf die Gruß- und Schlussformel von offiziellen Briefen hin.

Für Sie zu Hause Übung 2–12 als Wiederholung.

Situation 8: Zu, Mensch, so'n Mist

Dialog	kursorisches Hören	Einzelarbeit, Kurs	Den Dialog bei geschlossenen Büchern hören. Wie reagieren die Lerner auf den Dialog? Wo könnte das stattfinden? Vergleichen Sie dann die Ergebnisse mit der Zeichnung.

Floskel: *So'n Mist!*

Übung 1	interkulturelles Lernen	Kurs	Pünktlichkeit: eine deutsche Tugend? Was ist um 11.55 Uhr? Kommt man da noch in die Post hinein?
Übung 2	interkulturelles Lernen	Kurs	Sind die Öffnungszeiten anders als in den Heimatländern der TN?
Übung 3	interkulturelles Lernen	Einzelarbeit, Kurs	Die Sätze sind auf Kassette / CD.

Lektion 3: Schleswig-Holstein

Der ersten Situation sind Informationen über das Land Schleswig-Holstein verbunden mit Wortschatzarbeit und der Einführung von Nomen im Plural vorgeschaltet.

In Situation 1 und 2 begegnen wir zwei Frauen, die mit ihren Kindern in Schleswig-Holstein Urlaub machen, sich kennen lernen und anfreunden. Hier wird das Präteritum von *haben* und *sein* eingeführt, der Possessivartikel im Nominativ und Akkusativ und Wortschatz zu dem Begriffsfeld Familie erarbeitet. In Situation 3 dreht sich alles um Lebensmittel: Der nötige Wortschatz wird erarbeitet und mehrere Dialoge und Übungen zeigen exemplarisch, wie und wo beim Einkauf von Lebensmitteln sprachlich gehandelt wird.

Themenwortschatz:
Familie
Einkaufen: Lebensmittel, Geschäfte

Sprechabsichten:
sich verabreden
Freude, Gefallen, Zufriedenheit ausdrücken
Bedarf ausdrücken
Einverständnis ausdrücken
Wünsche äußern
etwas benennen, definieren, identifzieren
Vorschläge machen und darauf reagieren

Grammatik:
Nomen Singular / Plural
Possessivartikel Sg. und Pl. in Nominativ und Akkusativ
Präteritum von *haben* und *sein*

Wortbildung Nomen + Nomen

Floskeln:
Was darf's sein?
Das ist alles.
Macht … Mark.

Strategien:
Dann …
Das geht nicht …

Typisch deutsch:
Anstoßen

Texttranskriptionen und Lösungen finden Sie im Anhang.

Die Situationen im einzelnen:
dialektales Sprachbeispiel: im Kurs. Hier können Sie und Ihre TN „Kieler Platt" hören.

Phonetik, siehe S. 165

Wortschatz 1

Übung 1	kursorisches Lesen	Einzelarbeit	Die Übungsanweisungen sollten eingehalten werden, um die Lernstrategien und Wortschatzarbeit deutlich zu machen. Erklären Sie bitte an dieser Stelle noch keine unbekannten Wörter. Und bitten Sie auch Ihre TN, noch nichts im Wörterbuch nachzuschlagen.
Übung 2	Lernstrategien, totales Lesen	Einzelarbeit, Kurs	Hier werden Lernstrategien für den Umgang mit Texten und zur Erarbeitung von Wortschatz vorgestellt.
Übung 3	leicht gelenktes Sprechen	Partnerarbeit	Diese Übung ist eine Verschnaufpause, bevor es mit dem neuen Wortschatz weitergeht. An dieser Stelle könnten Sie auch eine Bewegungs- oder Entspannungsübung unterbringen (siehe Exkurs Bewegung und Entspannung).
Übung 4	Wortschatz und Strukturen	Einzelarbeit	

Phonetik, siehe S. 165

Wortschatz 2

Übung 5	Wortschatz und Strukturen	Einzelarbeit	
Übung 6	Lernstrategie	Einzelarbeit, Kurs	Die „Wörterkiste" wird eingeführt.

Erklären Sie den TN auch, wie man die notierten Wörter ordnen kann: nach Themen (z. B.: das gibt es in einer Stadt); alphabetisch (zum Lernen und Üben der Wörter zwar weniger geeignet, erleichtert jedoch das Auffinden). Empfehlenswert ist auch, die Wörter innerhalb der einzelnen Themengruppen nach der individuellen Beurteilung „leicht" und „schwer" zu ordnen. Schlagen Sie Ihren TN vor, die Wörter regelmäßig zu wiederholen und dann die, die sie aktiv beherrschen, auszusortieren (siehe Exkurs Wortschatz). Pluralendungen gehören auf diesem Niveau zum Wortschatz. Regeln der Pluralbildung sollten erst im fortgeschritteneren Unterricht besprochen werden.

Übung 7	Wortschatz und Strukturen	Partnerarbeit	Gehen Sie hier auf den Aufbau in Wörterbüchern ein.

Wo finden die Lerner die Pluralform? Sie können diese Übung von Kassette / CD vorspielen, dann hätten die TN die Möglichkeit, ihre Lösungen selbst zu überprüfen.

Ihre Grammatikerklärungen 1; 1.1; 1.2; 4 –> Substantive: Singular und Plural

Übung 8	Wortschatz und Strukturen	Einzel-, Partnerarbeit	
Übung 9	Wortschatz und Strukturen	Partnerarbeit	Die Lösung ist auf Kassette / CD und kann den TN zur Selbstkorrektur vorgespielt werden.

Ihre Grammatikerklärungen 1.3 –> Substantiv im Plural mit unbestimmtem Artikel.

Phonetik, siehe S. 165

Übung 10	Wortschatz und Strukturen	Einzelarbeit	
Übung 11	Wortschatz und Strukturen	Einzel-, Partnerarbeit	

Für Sie zu Hause Übung 1

Wortschatz 3

Übung 12	Wortschatz und Strukturen	Einzelarbeit	Entschlüsselung der Bedeutung zusammengesetzter Wörter.

Dies ist ein wichtiges Instrument zur Erweiterung des Wortschatzes: Die TN sollen erkennen, dass ihnen das Wissen um die Wortbildung bei der Erschließung von Wortschatz hilft. Erarbeiten Sie die ersten Wörter möglichst gemeinsam am Tageslichtprojektor.

Für Sie zu Hause Übung 2

Situation 1: Kennenlernen

Übung 1 (2 Varianten)	selektives Hören	Einzelarbeit	
Übung 2	totales Hören	Einzelarbeit	Wichtig ist hier, dass nicht nur die Verbformen, sondern auch die Zeitangaben (gestern, heute, morgen) über den Zeitbezug der Verben Aus-

kunft geben. Sie können die Lösungen entweder gemeinsam im Kurs besprechen oder durch das Lesen des Dialogs kontrollieren lassen.

Abenteuer Grammatik 1 –> Einzelarbeit –> Präteritum von *haben* und *sein*. Genau nach den Anweisungen vorgehen.

Ihre Grammatikerklärungen 2 –> Präteritum von *haben* und *sein*.

Übung 3 (2 Varianten)	Wortschatz und Strukturen	Einzel-, Partnerarbeit	
Übung 4	Wortschatz und Strukturen	Einzelarbeit	

Phonetik, siehe S. 166

Situation 2: Freundschaft schließen

Der neue Lernpartner (siehe Exkurs Arbeitsgruppen): Teilen Sie Kärtchen mit verschiedenen Nomen im Singular und Kärtchen mit denselben Nomen im Plural aus. Die TN, die das gleiche Nomen haben, bilden ein Paar.

Übung 1 (2 Varianten)	kursorisches Hören	Einzelarbeit	
Übung 2	selektives Hören, Wortschatz und Strukturen	Einzelarbeit, Kurs	Folgender Wortschatz sollte erarbeitet werden: Bruder, Schwester, Sohn, Tochter, Vater, Mutter, Kind, Geschwister, Oma, Opa, Großvater, Großmutter, Eltern, Großeltern, Mann, Ehemann, -frau, Frau, Onkel, Tante. Je nach Familienstruktur der TN können auch folgende Begriffe von Bedeutung sein: Schwager, Schwägerin, Schwiegereltern, -mutter, -vater. Was kann *mein Freund / meine Freundin* bedeuten?
Übung 3	interkulturelles Lernen	Kurs	An diese Übung lässt sich eine Beobachtungsaufgabe anschließen oder eine Stunde, in der jeder etwas zu trinken mitbringt und die Gepflogenheiten seines Heimatlandes vorstellt.

Dialog 2 (2 Varianten)	kursorisches Hören	Einzelarbeit, Kurs	Die 2. Variante ist stark dialektal gefärbt. Statt „Gehen wir noch ein Bier trinken?" lautet der erste Satz z. B.: „Gehen wir noch ein Bierchen schlabbern?" Sie können „ein Bierchen", „ein Gläschen Wein" trinken thematisieren. Welche regionale Variante wird in Ihrer Umgebung verwendet?

Strategie: *Das geht nicht. – Dann ...*: Alternativer Vorschlag auf eine vorangehende ablehnende Reaktion.

Abenteuer Grammatik 2 –> Einzelarbeit –> Possessivartikel im Nominativ und Akkusativ

Ihre Grammatikerklärungen 3 –> Possessivartikel im Nominativ

Für Sie zu Hause Übung 3

Übung 4	Wortschatz und Strukturen	Partnerarbeit, Kurs	Vergleichen Sie die Lösungen im Kurs, da mehrere Möglichkeiten richtig sein können.
Übung 5 a.	Wortschatz und Strukturen	Partnerarbeit	Die Beispieldialoge finden Sie auf Kassette / CD. Gute Lerner werden sich möglicherweise von der Aufgabenstellung entfernen und sich über ihre Familien unterhalten.
Übung 5 b.	gelenktes bis freies Schreiben	Einzelarbeit	

Für Sie zu Hause Übung 4

Phonetik, siehe S. 166

Übung 6 a.	freies Sprechen	Einzel-, Gruppenarbeit	Zur Gruppenbildung siehe Exkurs Arbeitsgruppen.
Übung 6 b.	freies Schreiben	Einzelarbeit	

Situation 3: **Einkaufen**

Dialog 1 und 2 (2 Varianten)	kursorisches Hören	Einzelarbeit	Wie immer sind die Dialoge im Buch nur Beispiele. Ziel ist der eigene Dialog, also sich in ähnlichen Situationen angemessen ausdrücken zu können. Machen Sie nach dem Hören der Dialoge die folgenden Übungen und kehren Sie dann erst zum möglichst authentischen Einkauf zurück.

Floskeln: *Was darf's sein? / Darf's sonst noch was sein? / Ich möchte … / Geben Sie mir bitte … / Haben Sie … / Das ist alles. / Macht …* Was sagen die Leute vor Ort? Lernen Sie gemeinsam, sie zu verstehen.

Ihre Grammatikerklärungen 1.5 –> Substantive: Singular und Plural

Übung 1	selektives Lesen, Wortschatz und Strukturen	Einzelarbeit	Zusätzlich könnten Sie die zu den Mengenbezeichnungen passenden Verben in den Dialogen markieren lassen: z. B. Dann nehme ich davon ein Kilo.
Übung 2	interkulturelles Lernen	Kurs	In dieser Übung werden regionale Eigenheiten behandelt. Denken Sie daran, besonders die hervorzuheben, die in Ihrer Region und für Ihre Lerner von Bedeutung sind.

Redewendung: ein falscher Fuffziger: ein unaufrichtiger Mensch.

Übung 3	Wortschatz und Strukturen	Kurs	(Rückgriff auf Lektion 2: Traumfrühstück)

Folgende Wörter werden gemeinsam gesammelt. Im Ausland sammeln die Teilnehmer in der Muttersprache –> Wie heißt … auf Deutsch?
Grundnahrungsmittel: Zucker, Salz, Mehl, Öl, Essig, Pfeffer, Nudeln, Reis, Eier
Milchprodukte: Milch, Käse, Joghurt, Quark, Sahne, Margarine, Butter
Backwaren: Brot, Brötchen / Semmel, Kuchen, Torte, Vollkornbrot, Weißbrot, Gebäck
Fleisch: Schweine-, Rind-, Kalbfleisch, Geflügel (Huhn, Hähnchen), Wurst, Schinken
Fisch
Gemüse: Kartoffel, Erbse, Bohne, Tomate, Gurke, Zwiebel, Knoblauch, Kohl, Salat, Möhre / Karotte / Wurzel
Obst: Apfel, Birne, Erdbeere, Kirsche, Banane, Apfelsine, Zitrone, Pflaume
Gehen Sie noch einmal auf Sinn und Zweck der Wörterkartei ein. Sinnvoll beim Vokabelüben ist auch ein Umsortieren des Wortschatzes. Überlegen Sie gemeinsam nach welchen Kriterien Sie den Wortschatz neu zusammenstellen könnten, z. B. Vorlieben, Essenszeiten etc.

Für Sie zu Hause Übung 5

Übung 4	Wortschatz und Strukturen	Einzelarbeit, Kurs	Vergleichen Sie Ihre Ergebnisse im Kurs. Sprechen Sie auch an, warum die TN wo einkaufen oder greifen Sie das Thema bei Übung 6 noch einmal auf. Vergleich mit den Heimatländern der TN.
Übung 5	gelenktes bis freies Sprechen	Partnerarbeit	Die Beispieldialoge sind auf Kassette / CD.

Vielleicht möchte eines der Paare seinen Dialog vorspielen? Nutzen Sie die Möglichkeit einzelnen Lernern zu helfen. Gute Lerner werden sich an ausgearbeitetere Szenen heranarbeiten, während schwächere Lerner nach dem Muster der Dialoge nur die Strukturen üben werden. Achten Sie daher bei der Partnerbildung darauf, dass Partner mit etwa gleichem Niveau zusammenarbeiten. Benutzen Sie wenn möglich einen Kassettenrekorder: Die TN können ihre eigenen Dialoge aufnehmen und noch einmal selbst und / oder gemeinsam mit den anderen kritisch anhören.

Übung 6	interkulturelles Lernen	Einzel-, Gruppenarbeit, Kurs	Gehen Sie Schritt für Schritt vor.

Teilen Sie den Kurs in Gruppen auf. Ihre Lerner sollen gezielt bestimmte Geschäfte besuchen und sich Notizen machen. Diese werden dann ausgewertet. Ist es nicht möglich, während des Kurses die Geschäfte aufzusuchen, dann geben Sie die Beobachtungsaufgabe als Hausaufgabe. Füllen Sie erst einzeln und dann gemeinsam b. aus. Analysieren Sie im Kurs, wo die Kommunikationsschwierigkeiten liegen. Besprechen Sie dies ausführlich. Gehen Sie auch auf sprachliche, dialektale und phonetische Schwierigkeiten ein. Sammeln Sie dann im Kurs, was die TN in den einzelnen Fällen sagen können: Noch einmal bitte / Wie bitte? / Ich spreche nicht so gut Deutsch. / Ich möchte ein Pfund von dem da. etc. Diese Redemittel können im Laufe des Kurses immer wieder ergänzt werden. Auch können Sie diese Übung in einigen Wochen wiederholen.

Übung 7 a.	totales Lesen	Einzelarbeit, Partnerarbeit	
Übung 7 b.	totales Hören	Einzelarbeit	Kontrolle im Kurs
Übung 8	selektives Hören	Einzelarbeit	Kontrolle im Kurs

Für Sie zu Hause Übung 6: Hier finden Sie das Rezept zu dem Telefongespräch.

Übung 9	totales Lesen	Einzelarbeit	
Übung 10	sprachliches Handeln	Kurs	

Diese Übungsform ist sehr wichtig: Hier werden in eigenen, geplanten Aktionen erworbene Strukturen und Wortschatz eingesetzt. Da Kaffeekochen ein sehr beschränkter Vorgang ist, können Sie je nach Gruppe auch komplexere Aktionen planen.

Übung 11	freies Sprechen, selektives Hören	Partnerarbeit	Beispieldialoge sind auf Kassette / CD.

Übung 12	Wortschatz und Strukturen	Einzelarbeit	Besprechen Sie die Ergebnisse im Kurs.

Für Sie zu Hause Übung 7

Lektion 4: Mecklenburg-Vorpommern

In Situation 1 finden die TN ein Beispiel für eine schriftliche Einladung, die Reaktion darauf und einige landeskundliche Informationen über Mecklenburg-Vorpommern. Das Perfekt wird eingeführt und in unterschiedlichen Übungen angewendet. Ein Arztbesuch in Situation 2 zeigt nicht nur, wie sprachlich in einer Arztpraxis gehandelt wird, sondern auch damit verbundene deutsche Besonderheiten wie Terminabsprache und das Krankenversicherungssystem. Trennbare Verben sind der grammatische Inhalt dieser Situation. In Situation 3 werden die Empfehlungen des Arztes aus Situation 2 mit Hilfe des Modalverbs *sollen* wiederholt. Ergänzend erhalten die TN landeskundliche Informationen zu medizinischen Notdiensten. In Situation 4 wird Wortschatz zu den Körperteilen erarbeitet und themenspezifische Strukturen und Redensarten vorgestellt und geübt.

Themenwortschatz:
Körperteile
Gesundheit / Krankheit

Sprechabsichten:
jmdn. einladen (schriftlich) und darauf reagieren
jmdn. ansprechen (z. B. in einer Praxis)
über sich berichten
jmdn. nach dem Befinden fragen und darauf reagieren
jmdn. etwas verordnen
Besserung wünschen
Termin ausmachen
Empfehlung / Rat geben

Grammatik:
Perfekt
zweiteilige Verben
Modalverb *sollen*

Floskeln:
Ja
'Tschuldigung
Na klar, …
… einfach nicht …
Ach, …

Na, wie geht es Ihnen?
Also, ehrlich

Redensarten mit Körperteilen

Strategien:
Sag mal, …
Ist das okay?
Die Hüfte … hier rechts.
Fußreflex…?

Typisch deutsch:
Eine Einladung ist ernst gemeint
Wandern

Texttranskriptionen und Lösungen finden Sie im Anhang.

Die Situationen im einzelnen:
dialektales Sprachbeispiel: IM Kurs: Auf Kassette / CD ist ein wenig (!) dialektal gefärbtes Beispiel aus Mecklenburg-Vorpommern.

Bildseite	totales Lesen, freies Sprechen	Kurs	Einstieg

Ziehen Sie die Bilder auf Folie oder lassen Sie die TN die Seite im Buch betrachten. Die TN sollen die Texte lesen. Wo ist Mecklenburg-Vorpommern in Deutschland? Wo ist Rügen, Lübtheen, Schwerin? Was kann man dort machen? Wenn Sie in Mecklenburg-Vorpommern unterrichten, können Sie noch weitere Materialien mit den TN zusammentragen.

Situation 1: „Kommen Sie uns doch mal besuchen."

Übung 1	totales Lesen	Einzelarbeit	Kontrolle der Lösungen im Kurs.

Typisch deutsch: interkulturelles Lernen im Kurs

Text	Briefstruktur	Kurs	Gehen Sie auch auf die Textmerkmale eines persönlichen Briefs ein.

Der Absender oben links, die Anrede *Liebe/r,* die Grußformel *Herzliche Grüße Ihr/e*. Kennen die TN noch weitere Beispiele? Sammeln Sie im Kurs. Stellen Sie dem persönlichen Brief den offiziellen mit den entsprechenden Formeln gegenüber: *Sehr geehrte Damen und Herren; mit freundlichen Grüßen* (siehe Lektion 2, Seite 58). Vergleich mit der Muttersprache: Haben dort Briefe auch solche standardisierten Formeln?

Abenteuer Grammatik 1 –> Einzelarbeit –> Perfekt

Ihre Grammatikerklärungen 1–> Perfekt

Phonetik, siehe S. 166

Wortschatz	Wortschatz und Strukturen	Kurs	Floskel ja. Spielen Sie die Sätze von Kassette / CD vor. Klären Sie, ob die TN dieses ja schon einmal gehört haben.
Übung 2 a.	Wortschatz und Strukturen	Einzelarbeit	Kontrolle im Kurs
Übung 2 b.	freies Schreiben	Einzel-, Partnerarbeit	Achten Sie darauf, dass die TN keine *weil*-Sätze bilden. Sie können es noch nicht und sollen es hier auch noch nicht lernen.
Übung 2 c.	gelenktes Sprechen	Partnerarbeit	
Übung 2 d.	gelenktes Sprechen	Partnerarbeit	Lassen Sie je einen Dialog vorspielen. Achten Sie dabei auf eine angemessene Intonation der TN.

So lernen Sie gut ist als Hinweis gedacht. Die TN sollten Verben immer in Verbindung mit der Perfektform lernen.

Übung 3 a.	Wortschatz und Strukturen	Einzelarbeit	Kontrolle im Kurs oder durch den Lernpartner.
Übung 3 b.	gelenktes Sprechen, Wortschatz und Strukturen	Partnerarbeit	Beispieldialoge sind auf Kassette / CD.

Achten Sie darauf, dass die TN alle Varianten (ich, er, sie) üben. Ermutigen Sie sie sich gegenseitig zu korrigieren, wenn sie Fehler bemerken. Greifen Sie auf jeden Fall dann ein, wenn die grammatischen Formen und die Satzstellung des Perfekts falsch sind. Weisen Sie auch auf die redeeinleitende Strategie *Sag mal, …* hin und ermuntern Sie Ihre TN sie anzuwenden. Zur Festigung der Strukturen können 2–3 Satzpaare pro Variante auch als Schreibaufgabe gegeben werden.

Übung 3 c.	freies Sprechen	Kurs oder Gruppenarbeit	Hier können die TN auch andere Partizipien verwenden. Korrigieren Sie wenn nötig.
Übung 4 a.	Wortschatz und Strukturen, leicht gelenktes Sprechen	Kurs	Einfügen von Zeitadverbien.

Lassen Sie in einem ersten Übungsdurchgang die TN nur jeweils einen Satz sagen. In einem zweiten Durchgang soll ein TN mehrere Sätze hintereinander bilden. Vielleicht entdecken die TN dabei selbst, dass es sich eher um eine Aufzählung als um eine Geschichte handelt. Es fehlen Gliederungselemente wie *dann, danach, zuerst* … Fügen Sie gemeinsam einige dieser Wörter ein. (Achtung: Die Satzstellung ändert sich dann!)

Übung 4 b.	leicht gelenktes Schreiben	Einzel-, Partnerarbeit	
Übung 5 a.	leicht gelenktes Sprechen, Wortschatz und Strukturen	Partnerarbeit	Diese Übung ist kein Muss. Sie ist schwer, weil die TN Partizipien von Verben suchen müssen, deren Bedeutung sie teilweise nicht kennen. Darin liegt aber auch eine Chance zum selbstständigen Arbeiten: Sie können den Umgang mit dem Wörterbuch und mit Verblisten üben.
Übung 5 b.	leicht gelenktes Schreiben	Gruppenarbeit	Auch hier sollte keine Aufzählung, sondern eine Geschichte entstehen.
Übung 6	freies Sprechen	Partnerarbeit, Kurs	Die TN sollen sich Notizen machen und dann im Kurs über das Leben ihres/r Lernpartners/in erzählen.
Übung 7	kursorisches Lesen	Einzelarbeit	Besprechen Sie gemeinsam im Kurs die Lösungen.

Zeigen Sie eventuell zusätzliches Bildmaterial von Mecklenburg-Vorpommern (siehe Exkurs Landeskunde). Ziehen Sie auch den Ausspruch von Fritz Reuter, Seite 95, hinzu. Haben die TN schon einmal Plattdeutsch gehört? (Wenn nicht, zu Beginn der Lektion 3 finden Sie auf der Kassette / CD ein Beispiel für Kieler Platt.)

Für Sie zu Hause Übung 1

Übung 8	selektives Hören	Einzelarbeit	Hier ist es wichtig, dass die TN die Situationsbeschreibung verstehen.

Selbstkorrektur durch nochmaliges Hören des Telefonats und anschließend Kontrolle im Kurs.

Phonetik, siehe S. 166

Übung 9	Wortschatz und Strukturen, totales Lesen	Einzelarbeit Kontrolle im Kurs	

Situation 2: Beim Arzt

Übung 1 a.	totales Lesen, freies Sprechen	Einzelarbeit, Kurs	
Übung 1 b.	Wortschatz und Strukturen	Einzelarbeit	Die TN sollen nur die Wörter notieren, die sie für wichtig halten. Sie können noch einmal auf eine sinnvolle Führung der Wörterkartei (Artikel, Pluralformen, Partizip) verweisen.
Übung 1 c.	interkulturelles Lernen, freies Sprechen	Kurs	
Übung 2 (je 2 Varianten)	kursorisches Hören	Einzelarbeit	
Übung 3 a.	Wortschatz und Strukturen	Einzelarbeit, Kurs	Visualisieren Sie die heutige Kartenflut. Zeigen Sie Ihre Karten und lassen Sie die TN ebenfalls ihre Karten zeigen. Vergleich mit dem Heimatland der TN.
Übung 3 b.	totales Hören	Einzelarbeit	
Übung 4	selektives Hören	Einzelarbeit	Diese Übung bereitet die Behandlung der zweiteiligen Verben vor.

Info –> interkulturelles Lernen –> Kurs –> Gehen Sie darauf ein! Berücksichtigen Sie aber aktuelle Entwicklungen und Tendenzen. Vergleich mit den Heimatländern der TN.

Ihre Grammatikerklärungen 2 –> Zweiteilige Verben. Gehen Sie noch einmal zu Übung 4 zurück. Dort haben die TN zweiteilige Verben markiert. Lassen Sie die Dialoge nun lesen und die zweiteiligen Verben unterstreichen. Dann besprechen Sie die Grammatikerklärungen.

Phonetik, siehe S. 168

Sie können die Dialoge 1–3 nun auch zum Erarbeiten typischer gesprochensprachlicher Merkmale, Strategien und Floskeln lesen:
Dialog 2: Floskel: *Tschuldigung:* eine höfliche Gesprächseinleitung, um jemanden anzusprechen.
Strategie: *Ist das okay?* Hier rechnet der Sprecher schon mit einer positiven Antwort.
Floskel: *Na, klar:* Die erwartete positive Antwort; selbstverständliche Zustimmung

Dialog 3: Floskel: *Also, ehrlich:* stark gefühlsbetont
Die Schmerzen hören einfach nicht auf: Verstärkung

Typisch deutsch: im Kurs. Erzählen Sie vom Deutschen, dem Österreichischen oder dem Schweizer Alpenverein. Informationen erhalten Sie bei den örtlichen Zweigstellen oder bei der Zentrale: Deutscher Alpenverein e. V.; Von-Kahr-Straße 2–4; 80997 München; Tel: 089/14003-0; Fax -12. Sie können den TN auch deutsche Wanderlieder vorspielen.

Übung 5	sprachliches Handeln	Gruppenarbeit	Merken Sie sich, wenn bei der Verwendung der zweiteiligen Verben Fehler gemacht werden. Systematisieren Sie dann noch einmal die zweiteiligen Verben.

Für Sie zu Hause Übung 2

Situation 3: **Bei Horstmanns zu Hause**

Übung 1 (2 Varianten)	Wortschatz und Strukturen, selektives Lesen / Hören	Einzelarbeit	Kontrolle im Kurs. Nach dem Arztbesuch ist Frau Horstmann wieder zu Hause und unterhält sich mit ihrem Mann.

kriege: umgangssprachlich für *bekommen.*

Abenteuer Grammatik 2 –> Einzelarbeit –> Modalverb sollen

Ihre Grammatikerklärungen 3 –> Modalverb sollen

Übung 2	Wortschatz und Strukturen, freies Sprechen, interkulturelles Lernen	Einzelarbeit, Kurs	Achten Sie darauf, dass alle Varianten geübt werden.

Sprechen Sie mit Ihren TN auch über die in der Übung enthaltenen Klischees. Entsprechen sie der Realität hier / in den Heimatländern der TN? Teile dieser Übung können auch als Hausaufgabe schriftlich erarbeitet werden.

Übung 3	selektives Hören	Einzelarbeit	Kontrolle im Kurs.

Ihre Grammatikerklärung 4 –> Zusammenfassung: Klammersprache Deutsch

Für Sie zu Hause Übung 5

Übung 4	kursorisches Hören	Einzelarbeit Kontrolle im Kurs.	

Übung 5	selektives Lesen, interkulturelles Lernen	Einzelarbeit	Die TN sollen zunächst nur Notizen machen. In einem zweiten Schritt sollen diese dann ausformuliert werden.

Übung 5 b. können Sie entweder zu Hause bearbeiten lassen oder in den Unterricht integrieren, falls nicht alle TN über regionale Tageszeitungen und Telefonbücher verfügen. (Bringen Sie dann das nötige Material mit.)

Für Sie zu Hause Übung 3, 4, 5

Situation 4: Bei Herrn Tran Trong Tien

Die TN sollen als Einstieg die Zeichnung beschreiben.

Übung 1	kursorisches Hören	Einzelarbeit	Kontrolle im Kurs.

Dialog-Strategien: Fußreflex…? Strategie des Nachfragens, wenn man etwas nicht verstanden hat
Meine Hüfte hier rechts: Ellipse, aber durch den Kontext verständlich
Ach, …: Beschwichtigung

Phonetik, siehe S. 169

Wortschatz	Wortschatz und Strukturen	Kurs	Sprechen Sie über den „Fuß“.

Kopieren Sie das Bild eines Menschen, lassen Sie Körperteile einzeichnen und durch weitere ergänzen. Was ist mit den Tabu-Körperteilen hier und in den Heimatländern der TN?

Übung 2	Wortschatz und Strukturen	Einzelarbeit	Dies ist eine Möglichkeit, um Körperteile in sinnvollen Zusammenhängen zu erlernen.
Übung 3	Lernstrategie	Einzelarbeit, Kurs	Sortieren und lernen von Wortschatz

Suchen Sie gemeinsam nach weiteren Möglichkeiten, den Wortschatz „Körper“ zu sortieren. Erklären Sie, dass jeder TN für sich seine Variante finden sollte, mit der er gut lernen kann.

Übung 4	Wortschatz und Strukturen, gelenktes Sprechen	Partnerarbeit, Kurs	Redemittel Gesundheit erarbeiten, vergleichen.

Besprechen Sie gemeinsam die Redemittel, wie man sich nach dem Befinden von jemandem erkundigen und darauf reagieren kann. Geben Sie den TN genügend Zeit, dass sie alle Varianten mit wechselnden Partnern üben können. Beispieldialoge sind auf Kassette / CD. Lassen Sie die Formulierungen *Ich bin erkältet. / Ich habe Fieber. / Ich habe Grippe. / Mir ist schlecht* mit anderen Ausdrücken erklären. z. B.: *Ich habe Husten, Schnupfen / Ich habe zu viel gegessen, ich habe Magenschmerzen.*

Phonetik, siehe S. 169

Übung 5	Wortschatz und Strukturen	Einzelarbeit	Kontrolle im Kurs
Übung 6	interkulturelles Lernen	Kurs	Diese Redensarten sind auf Kassette / CD.

Verweisen Sie auf die Zeichnungen. Versuchen Sie, die Redensarten zu umschreiben, suchen Sie gemeinsam nach Situationen, in denen man sie verwenden kann.
Umschreibungen:
a. etwas ist gut durchdacht
b. ohne Hemmungen sprechen, sagen, was man denkt
c. etwas macht mir Sorgen, ist ein Problem für mich
d. eigensinnig / stur sein
e. sich beeilen
f. genug von etwas haben
g. das belastet mich, macht mir Sorgen
h. ich bin furchtbar erschrocken!
i. lass mich in Ruhe, „du kannst mich mal", das interessiert mich nicht
aus: Großwörterbuch: Deutsch als Fremdsprache, Langenscheidt, Berlin und München 1994[2]

Übung 7	interkulturelles Lernen	Partnerarbeit	Wenn die TN noch Lust haben, können sie schriftlich Musterdialoge anfertigen, korrigieren und den andern TN zur Verfügung stellen.
Übung 8	Wortschatz und Strukturen	Kurs oder Gruppenarbeit	Diese Übung können Sie auch an einer anderen Stelle unterbringen, wenn die TN nun genug haben von den Körperteilen. Am Anfang der nächsten Stunde wäre es eine gute Wiederholungsmöglichkeit. Diese Übungsform ist für Wortschatzarbeit in vielen Bereichen einsetzbar; sie eignet sich beispielsweise auch zum Wiederholen von Lebensmitteln etc.

Lektion 5: Niedersachsen

Lektion 5 beschäftigt sich in Situation 1 mit Feiertagen und Wortschatz und Strukturen zu Kleidung und Einkaufen. In diesem Zusammenhang werden der Demonstrativartikel *der, die, das,* der Indefinitartikel *kein-* und Adjektive thematisiert: die Adjektivdeklination im Nominativ und Akkusativ, attributive und prädikative Adjektive. In Situation 2 finden Sie einen Lesetext über das Bundesland Niedersachsen und damit verbundene Wortschatzarbeit. Sprachliche Mittel zu Terminvereinbarungen – unter anderem die Modalverben *müssen, können, wollen* und *dürfen* – und die Bedeutung von Terminen in Deutschland werden in Situation 3 vorgestellt, besprochen und die nötigen Strukturen werden geübt. Die Beziehung zwischen Ossis und Wessis bildet in Situation 4 den Rahmen für die Einführung des Modalverbs *mögen*. Situation 5 enthält neben der Erarbeitung des Wortschatzes zum Thema ‚Farben' Informationen über die Landeshauptstadt Hannover. Eine Zimmerreservierung bei einer „Messemutti" in Hannover und Übungen zum Demonstrativartikel *diese/r/s* und Fragewort *welch-* sind Thema der Situation 6.

Themenwortschatz:
Feiertage, Kleidung, Lernen, Farben

Sprechabsichten:
jmdn. ansprechen, Vorschläge machen und darauf reagieren
etwas benennen, definieren
Meinung äußern, darauf reagieren
Gefallen, Missfallen ausdrücken
Erstaunen ausdrücken
Termin vereinbaren
Termin verschieben
Notwendigkeit ausdrücken
Nachfragen
Telefongespräch eröffnen
eingeladen werden und darauf reagieren

Grammatik:
Adjektivdeklination Nom. + Akk., Sg. + Pl.
Adjektive attributiv und prädikativ
Indefinitartikel (k)ein
Modalverben *müssen, können, wollen, dürfen, mögen*
Fragewort *welch-?*
Demonstrativartikel *der, die, das, diese/r/s*

Wortbildung:
Nomen + Nomen
Adjektiv + Nomen

Floskeln:
Mensch, das ist ja …
Phh, Mensch …
So'n Quatsch.
Mein Gott, bin ich fertig!

Redewendungen mit Farben

Strategien:
Mal seh'n!
Pass mal auf …
Warum ich anrufe …

Typisch deutsch:
Ein Termin ist ein Termin

Texttranskriptionen und Lösungen finden Sie im Anhang.

Die Situationen im einzelnen:
dialektales Sprachbeispiel im Kurs

Situation 1: Einkaufsbummel

Dialog 1	kursorisches Hören	Kurs	Einführung des Wortschatzes

Betrachten Sie vor dem Hören des Dialogs Werbungen. Wenn möglich, bringen Sie reale Werbungen wie Wurfsendungen, Handzettel, Zeitungsbeilagen mit. (Sonst nehmen Sie die Angebote aus dem Lehrbuch, am besten auf Folie; wenn das nicht möglich ist, dann sollen die TN den Dialogtext abdecken). Kennen die TN solche Angebote? Wo, wann, in welchem Zusammenhang? Beim Schlussverkauf? Klären Sie das gemeinsam im Kurs. Die TN können den Dialog ruhig mehrmals hören. Machen Sie sie anschließend auf die umgangssprachlichen Formen *ich brauch', ich bring'* aufmerksam. Statt *nicht* hört man oft *nich'*. Ermuntern Sie Ihre TN immer wieder dazu, den Leuten auf der Straße genau zuzuhören, oder den Teilnehmern an Talk-Sendungen.
Von den gedruckten Versionen können die Dialoge, wie sie auf den Tonträgern sind, manchmal ein wenig abweichen.

Phonetik, siehe S. 169

Übung 1	interkulturelles Lernen	Gruppenarbeit, Kurs	Austauch von Informationen

Nachdem die TN die staatlichen Feiertage in der Tabelle markiert haben, sollte der Vergleich mit den Heimatländern in Gruppen stattfinden, die ihre Ergebnisse dann im Kurs vortragen. Machen Sie die TN auf die Redemittel aufmerksam (Sie finden Sie auch auf Kassette / CD).
Wenn Sie sich noch ausführlicher mit dem Thema beschäftigen möchten, fragen Sie nach, wie bestimmte Feiertage in den unterschiedlichen Ländern gefeiert werden. Und in D / A / CH?

Übung 2	interkulturelles Lernen	Kurs	Auch hier kann mit den Heimatländern verglichen werden.

Übung 3	Wortschatz und Strukturen	Einzelarbeit, Kurs	Erläutern Sie den Amerikanismus Outfit (das Äußere, die Kleidung).

Sie können nach der Übung auf andere „Fremdwörter" im Deutschen zu sprechen kommen. Kennen die TN noch weitere Beispiele? Gibt es in den Muttersprachen auch (so viele) Fremdwörter? Aus welchen Sprachen kommen sie?
Note = Zensur; in der Musik (durch „Vorsingen" erklären)

Übung 4	Wortschatz und Strukturen	Einzelarbeit, Kurs	Sammeln Sie gemeinsam weiteren Wortschatz. Möglicherweise wird eine Diskussion darüber entstehen, was Frauen hier / in den Heimatländern im Büro tragen.

Übung 5	kursorisches Hören	Einzelarbeit, Kurs	Kontrolle der Lösungen im Kurs.

Bei Interesse der TN können Sie hier auch auf die unterschiedlichen Kleidergrößen eingehen (Vergleich mit den Heimatländern). Betrachten Sie gemeinsam die Zeichnungen zu den Dialogen: Was machen die Personen? Was sagen sie? Vor der Bearbeitung der Grammatik können Sie auf einige sprachliche Besonderheiten der Dialoge eingehen:
Dialog 4: *Ohne Arm.* Das sagt man so, eigentlich ohne Ärmel.
Gesprächseinleitungen: *Ich möchte gerne … / Guten Morgen, kann ich Ihnen helfen? / Können Sie mir helfen?* (Vergleich Gesprächseinleitung in der Arztpraxis, Lektion 4, Situation 2)
Strategien: Mal seh'n (Dialog 3): drückt Unentschlossenheit aus
Augenblick … (Dialog 5): Zeit gewinnen
Floskeln: *So'n Quatsch!* (Dialog 7)
Phh, Mensch, Karin … (Dialog 7): Entsetzen, Erstaunen
Mein Gott, bin ich fertig! (Dialog 8): Ich bin total erschöpft / müde.

Abenteuer Grammatik 1–> Einzelarbeit –> Adjektivdeklination Nom. + Akk., Sg. + Pl

Ihre Grammatikerklärungen 1 –> Adjektive. Sie können auch einmal „den Spieß umdrehen": Nicht Sie geben den TN Erklärungen, sondern die TN Ihnen. Das sollte nach Bearbeitung von **Abenteuer Grammatik** funktionieren und Sie können erkennen, ob und was unverstanden blieb. Da die Adjektivdeklination ein umfangreiches Kapitel ist, müssen die Endungen immer wieder geübt und notfalls korrigiert werden, damit sich die Formen im Laufe der Zeit einprägen.

Für Sie zu Hause Übung 1–3: Im Unterricht oder als schriftliche Nachbereitung zu Hause.

Übung 6	interkulturelles Lernen, gelenktes Sprechen	Kurs, Partnerarbeit	Dialoge spielen. Sich auf etwas einigen.

Bevor Ihre TN sich auf die Suche nach einem Lernpartner begeben, können Sie gemeinsam Fragemöglichkeiten sammeln: *Was hast du / haben Sie geschrieben / angekreuzt? Welchen Dialog möchtest du / möchten Sie spielen?* Wenn Ihre TN möchten, können einzelne Paare vor dem Kurs ihre Dialoge vorspielen.

Übung 7	Lernstrategie	Partnerarbeit	
Übung 8	Wortschatz und Strukturen	Einzel-, Partnerarbeit	Übung der Strategie *Mal seh'n.*

Machen Sie Ihre TN darauf aufmerksam, dass sie Adjektive immer in Verbindung mit Beispielen (z. B. die schmale Straße) notieren und lernen sollten. Die Beispieldialoge sind auf Kassette / CD.

Ihre Grammatikerklärungen 2 –> Der Demonstrativartikel *der, die* und *das*. Vergleichen Sie mit dem Dialog in Übung 8.

Übung 9	Wortschatz und Strukturen	Einzel- oder Partnerarbeit	Kontrolle im Kurs.

Ihre Grammatikerklärungen 3 –> Der Indefinitartikel *(k)ein-*. Entscheiden Sie je nach der Kompetenz Ihrer TN, ob Sie die Systematisierung des Indefinitartikels vor oder nach Übung 9 vornehmen.

Übung 10	gelenktes bis freies Sprechen	Gruppenarbeit	Wenn Sie den Eindruck haben, dass Ihre TN erst einmal genug Dialoge gemacht haben, dann verschieben Sie diese Übung auf den Beginn der nächsten Unterrichtseinheit.

Interviews im Kurs. Kaufen Sie gern ein? (Auf Kassette / CD)

Situation 2: **Niedersachsen**

Übung 1	kursorisches Lesen	Einzelarbeit	Wenn Sie sich gemeinsam für eine Zeit entschieden haben, dann halten Sie diese auch ein.

Die TN sollen bei der Zuordnung Bilder – Texte ihre Entscheidungen begründen; sie können dabei aus dem Text zitieren. F: Der Harz liegt in Niedersachsen, nicht aber sein höchster Berg, der Brocken. H: Niedersachsen hatte eine lange Demarkationslinie. Ob diese Aufnahme jedoch aus Niedersachsen stammt, ist nicht bekannt. Dieser Lesetext ist sehr kompakt, er enthält viele landeskundliche Informationen, die die TN in der festgesetzten Zeit verarbeiten müssen. Führen Sie deshalb nach der Bearbeitung von b. eine Manöverkritik durch: Wie fühlen sich die TN? Sind sie frustriert / unzufrieden? War die Lesezeit ausreichend? Ist der Text schwer / leicht? Und vor allem: Beruhigen Sie Ihre TN! Es ist dies der erste kompaktere Lesetext. Es ist auch für einen Muttersprachler schwer, alle Informationen aufzunehmen. Dieser Text ist auch nur kursorisch zu lesen: d. h. dass die TN die Hauptinformationen herausfinden sollen, alle anderen Informationen sind irrelevant und können vernachlässigt werden (siehe Exkurs Leseverstehen). Harzer Käse: Wenn Sie ihn noch nicht in Lektion 2 zum Frühstück mitgebracht haben: Wollen Sie nicht einen (reifen) Harzer mitbringen und die TN daran „schnuppern" lassen?

Für Sie zu Hause Übung 4 (Adjektivdeklination): Machen Sie Kopien und lassen Sie die Übung im Unterricht schriftlich bearbeiten. Sie trägt auch zum besseren Textverständnis bei.

Übung 2 a.	Wortschatz und Strukturen	Gruppenarbeit, Kurs	Diese Übung zuerst in Gruppen bearbeiten lassen, dann gemeinsam im Kurs die Wörter (auf Folie / an der Tafel) sammeln (Artikel und Pluralformen nicht vergessen).

Übung 2 b.	Wortschatz und Strukturen	Kurs	Gemeinsam Verstehensstrategien erarbeiten.

Ziehen Sie Teil b auf Folie und zeigen Sie die Teile, aus denen die Wörter zusammengesetzt sind. Erklären Sie, dass man die Bedeutung zusammengesetzter Wörter meist erschließen kann, wenn man die Bedeutung der Einzelteile kennt. Die TN sollen nur „zerlegen", nicht selbst Zusammensetzungen bilden.

Phonetik, siehe S. 169 / 170

Übung 3	freies Schreiben	Einzelarbeit, Partnerarbeit	Halten Sie sich genau an die Anweisungen.

Die TN sollen lernen eigene Texte systematisch Schritt für Schritt vorzubereiten und zu verfassen (siehe Exkurs Schreiben). Zu 4: Wenn der Lernpartner etwas nicht versteht, soll der Verfasser des Textes versuchen es ihm zu erklären. Nach 5. könnten Sie die Texte abschließend korrigieren. Interessante Texte könnten vervielfältigt werden.

Situation 3: Anruf aus Genf

Übung 1	selektives Hören	Einzelarbeit, Kurs	Texte A und C passen.

Über Text B müssten Sie eventuell diskutieren: Pierre Duval hat 5 Tage Urlaub beantragt. Da er dienstlich nach Hannover fährt, muss er dafür natürlich keinen Urlaub nehmen, und in Göttingen möchte er nur 1–2 Tage bleiben. Daher passt Text B nicht zu dem Dialog. Gehen Sie dann auf die unterschiedlichen Textsorten mit ihren spezifischen Stilmerkmalen ein: Text A: Aktennotiz = innerbetriebliche, auf das Wesentliche reduzierte Mitteilung mit den typischen Namenskürzeln und Abkürzungen (i. A. = im Auftrag). Text B: Urlaubsmeldung, Formular. Text C: eventuell aus einer Informationsbroschüre, viele Informationen. Klären Sie den geschichtlichen / landeskundlichen Hintergrund (Grenzöffnung: Oktober 1989).

Übung 2 a.	Wortschatz und Strukturen, gelenktes Sprechen	Partnerarbeit	Die TN sollen Aufgaben und Tätigkeiten sammeln.

Wenn ihnen dazu nichts einfällt, können sie die Arbeitsanweisungen im Buch durchsehen. Machen Sie sie auf die Redemittel aufmerksam. Erklären Sie die Bedeutung von „Wer A sagt, muss auch B sagen". Beispiele sind auf Kassette / CD.

Übung 2 b.	gelenktes Schreiben	Einzelarbeit	

Ihre Grammatikerklärungen 4.2 –> *müssen:* Bedeutung und Stellung im Satz

Übung 3	gelenktes bis freies Sprechen	Partnerarbeit	Telefonieren

Besprechen Sie einige Besonderheiten der Textsorte Telefongespräch: Einleitung: Beide Telefonpartner nennen sich mit Namen (Vergleich mit dem Heimatland der TN), verbunden mit der Frage nach dem Befinden. *Strategien: Pass auf! Warum ich anrufe.* Begründung für den Anruf, Hinführung zum eigentlichen Thema des Dialogs.
Es tut mir Leid, ich kann jetzt nicht mehr, …: höflicher Abbruch
Adieu, Tschüß, bis heute Abend: Schlussformeln

Wenn die TN den Dialog spielen, kommt es eher auf passende und angemessene Formulierungen als auf den Inhalt, das Thema des Gesprächs an. Sie können auch über etwas anderes sprechen, was sie mehr betrifft.

Abenteuer Grammatik 2.1 –> Einzelarbeit –> Konjugation von *können* und *müssen*. Entscheiden Sie selbst je nach Kompetenz Ihrer TN, ob Sie die Konjugation bereits in Verbindung mit Übung 2 oder erst nach Übung 3 erarbeiten lassen.

Übung 4	selektives Hören	Einzelarbeit	Kontrolle im Kurs.

Ihre Grammatikerklärungen 4.1–> *können:* Bedeutung und Stellung im Satz

Übung 5	Wortschatz und Strukturen	Partner- Gruppenarbeit, Kurs	Mit dieser Übung wird sowohl das Modalverb *müssen* geübt als auch Wortschatz erarbeitet oder wiederholt.

„Morgen, morgen, nur nicht heute, sagen alle faulen Leute“: Gibt es eine solche Redensart auch in anderen Sprachen? Welche Haltung wird damit angesprochen?

Übung 6	freies Sprechen	Partnerarbeit	Besprechen Sie die Redemittel (sie sind auch auf Kassette / CD).

Die TN sollen möglichst viele Varianten ausprobieren. Achten Sie auf die richtigen Formen bei Datum und Uhrzeit. Herrn Klages Terminkalender bietet neben der Frage „Wer ist Sonja“ noch mehr Anlass zu Spekulationen.

Übung 7	freies Sprechen	Kurs	Wenn die TN diese Fragen nicht beantworten können, sollen sie das versprachlichen. Auch das ist eine angemessene Lösung der Übung. Wie ist das mit Ausländern hier in Deutschland? Können die TN dazu aus ihrer eigenen Erfahrung etwas sagen?
Übung 8	selektives Hören	Einzelarbeit	

Abenteuer Grammatik 2.2 –> Einzelarbeit, Kurs –> Konjugation von *wollen* und *dürfen*

Ihre Grammatikerklärungen 4.3; 4.4 –> *wollen, dürfen:* Bedeutung und Stellung im Satz

Übung 9	interkulturelles Lernen	Kurs	Erinnern Sie noch einmal an den Termin beim Arzt. Haben die TN schon eigene Erfahrungen mit Terminen im deutschsprachigen Raum gemacht?

Interviews im Kurs: Was halten Sie von Pünktlichkeit? (Auf Kassette / CD)

Übung 10	Wortschatz und Strukturen, Lernstrategie	Einzel-, Partnerarbeit	Auch die Redemittel können in die Wörterkiste aufgenommen werden. Sie sind auch auf Kassette / CD.
Übung 11	Wortschatz und Strukturen	Kurs, Einzelarbeit	Spekulieren Sie gemeinsam, was Dimitros schreiben könnte. Sammeln Sie die Ideen an der Tafel / auf Folie. Überprüfen Sie am Ende der Übung, was sich bewahrheitet hat. Vor der Korrektur anhand der Kassette können sich die TN auch in Partnerarbeit gegenseitig korrigieren.
Übung 12	Wortschatz und Strukturen	Kurs	
Übung 13	totales Lesen, selektives Hören	Einzelarbeit	Kontrolle im Kurs.

Lassen Sie im Anschluss an die Übung die TN typische Formulierungen einer Einladung im Text suchen: *machen eine Party / laden herzlich ein / Wir bitten um Antwort und freuen uns auf euch.*

Für Sie zu Hause Übung 5–6

Situation 4: **Wer mag was? Wer mag wen?**

Text 1	totales Lesen, interkulturelles Lernen	Einzelarbeit, Kurs	Die TN sollen *geringschätzig* und *liebevoll* im Wörterbuch nachschlagen. Klären Sie, was *Ossis* und *Wessis* sind. Haben die TN diese Bezeichnungen schon einmal gehört?
Text 2	totales Lesen, interkulturelles Lernen	Einzelarbeit, Kurs	Betrachten Sie die Zeichnungen von Vater und Sohn und Max und Moritz.

Kennen die TN diese Figuren? Sind sie auch in ihren Heimatländern bekannt? Wenn Sie und Ihre TN Zeit und Lust haben, können Sie eine Bildergeschichte von Vater und Sohn vorstellen (Literatur: E. O. Plauen: Vater und Sohn. Bildgeschichten für den Konversations- und Aufsatzunterricht von Franz Eppert, Hueber, Ismaning 1971). Und natürlich können Sie sie mit Versen von Wilhelm Busch bekannt machen.
Brandt-Zitat: Das Zusammenwachsen von West- und Ostdeutschland, nicht nur geografisch, sondern auch „in den Köpfen" der Bevölkerung.

Abenteuer Grammatik 2.3 –> Einzelarbeit, Kurs –> Konjugation von *mögen*

Ihre Grammatikerklärungen 4.5; 4.6 –> *mögen* und *möchten:* Bedeutung und Stellung im Satz

Text 3	totales Lesen	Einzelarbeit	Beispiele für die Verwendung von *mögen* und *möchten.*
Übung	Wortschatz und Strukturen	Einzelarbeit, Kurs	Die TN sollen sich erst Notizen machen und dann im Kurs sagen, was sie mögen – nicht so gerne mögen – überhaupt nicht mögen. Was mögen alle (nicht)?

Situation 5: Die Farben

Wortschatz 1	Wortschatz und Strukturen	Kurs	Sprechen Sie die Verse gemeinsam. Sie eignen sich auch zum Auswendiglernen.
Übung 1	Wortschatz und Strukturen, Lernstrategie	Einzelarbeit, Kurs	Sammeln Sie die Ergebnisse der Einzelarbeit gemeinsam an der Tafel / auf der Folie, dann ist die Rechtschreibung garantiert. Sind sich die TN einig bei den Farbzuordnungen? Diskutieren Sie! Diese „Farbigel" eignen sich gut zum Lernen, also ab in die Wörterkiste damit.
Übung 2	interkulturelles Lernen	Kurs	Diese Redewendungen finden Sie auf Kassette / CD. Können die TN sie erklären? Wenn nicht, dann tun Sie es. *Für sich grün und blau ärgern* kann man auch sagen *sich schwarz ärgern.* Gibt es in den Muttersprachen der TN auch Redewendungen mit Farben?
Übung 3	interkulturelles Lernen	Kurs	

Interviews im Kurs: Welche Bedeutung haben für Sie Farben? (Auf Kassette / CD)

Wortschatz 2	Wortschatz und Strukturen	Kurs	Erklären Sie, dass man mit *hell-* und *dunkel-* jede Farbe nuancieren kann. Wie ist das mit der Babywäsche hier / in den Heimatländern der TN?
Übung 4	freies Sprechen / Schreiben	Kurs, Einzelarbeit	Sie können auch selbst Bilder mitbringen und zur Auswahl stellen. Quiz: Ein TN beschreibt einen bestimmten Gegenstand (Farbe, Form, Funktion, …), die anderen müssen ihn erraten. Dieses Quiz ist immer wieder einsetzbar.
Übung 5	totales Hören	Einzelarbeit	Bitte bearbeiten Sie den Dialog erst in Verbindung mit Übung 5.

Auch hier können Sie im Anschluss an die Hörübung den Dialog mit den TN lesen und auf einige dialogspezifische Besonderheiten hinweisen: Machen Sie auf die Grußformeln aufmerksam; auf die Einleitung des Themas: *Ich habe eine Bitte.* Deshalb rufe ich an. Vergleichen Sie diese Merkmale mit dem Dialog auf Seite 120. Interaktive Strategie: Nachfrage durch Wiederholung von Teilen der Äußerungen des Sprechers, wenn der Hörer sein Erstaunen / Nichtverstehen ausdrücken will: Gudrun: *Die machen nur blaue und grüne Flaschen.* Andrea: *… die machen nur blaue und grüne Flaschen?*

Übung 6	kursorisches Lesen	Einzelarbeit	Wenn Sie in Hannover oder der Umgebung unterrichten: Gehen Sie doch mal auf den *Roten Faden!*
Übung 7	Wortschatz und Strukturen	Partnerarbeit, Kurs	Haben Redewendungen mit blau in den Muttersprachen der TN auch etwas mit dem Alkohol zu tun? Weitere deutschsprachige Beispiele: *blau sein, blau wie eine Strandhaubitze.*
Übung 8	interkulturelles Lernen, freies Schreiben / Sprechen	Kurs, Einzelarbeit	Sprechen Sie über Uniformen, Trachten etc. Bringen Sie möglichst Fotos in den Unterricht mit. Denken Sie bei der Schreibaufgabe an das systematische Vorgehen (siehe Exkurs Schreiben). Korrektur des Textes durch den Lernpartner, gemeinsam im Kurs oder durch Sie.
Text	totales Lesen und / oder Hören	Einzelarbeit, Kurs	Entscheiden Sie, wie intensiv die TN diesen Text bearbeiten sollen. Ein Vorschlag: Lassen Sie die TN im Wörterbuch die Bedeutung von *farbig* nachschlagen. Haben Sie Farbige im Kurs? (Er ist auch als Hörtext auf Kassette / CD.)

Übung 9	totales Hören, gelenktes Sprechen	Partnerarbeit	Die TN sollen sich beim Hören Notizen machen, dann ist das Beschreiben einfacher. Sie könnten z. B. einen der Lernpartner während des Hörtextes aus dem Kursraum schicken, um die Situation möglichst authentisch darzustellen. Anschließend zur Überprüfung noch einmal den Text vorspielen.
Übung 10	Wortschatz und Strukturen	Einzelarbeit	Eine Übung nicht nur für Hannoveraner! Kennen die TN Nicki de St. Phalle? Ihre Skulpturen stehen u. a. in Paris (Brunnen beim Centre Pompidou) und in Italien. Wenn Sie ein Foto von ihren Skulpturen haben, bringen Sie es in den Unterricht mit.
Übung 11	interkulturelles Lernen	Kurs	Wenn Sie Lust haben, können Sie noch ergänzen: *sich nicht grün sein; etwas durch eine rosarote Brille sehen; rot sehen; schwarz sehen; etwas schwarz-weiß sehen.* Können die TN „Weiße Marken" und die „Grünen" erklären? Gibt es so etwas auch in ihren Heimatländern?

Für Sie zu Hause Übung 10

Situation 6: Bei Timmans / Messe in Hannover

Übung 1	kursorisches Hören	Einzel-, Partnerarbeit, Kurs

Wenn Ihre TN möchten und darauf zu sprechen kommen, können Sie die Behinderung Janas thematisieren: Wie wird mit Behinderung in den deutschsprachigen Ländern / in den Heimatländern umgegangen? Ist es ein tabuisiertes Thema oder wird offen darüber gesprochen? Die TN können den Dialog dann lesen, um die spezifischen Merkmale eines Telefondialogs zu besprechen: Grußformeln (der österreichischen Gruß *Servus*), Frage nach dem Befinden; österreichische Floskeln: *Bitt'schön; na, dann schau'n wir mal; …*: mal seh'n
Wo machen'S Urlaub?: Wo machen Sie …?

Phonetik, siehe S. 170

Übung 2	Wortschatz und Strukturen	Einzelarbeit

Ihre Grammatikerklärungen 5; 6 –> Demonstrativartikel *diese/r/s,* Fragewort *welch-*. Entscheiden Sie je nach Kompetenz Ihres Kurses, ob Sie die Systematisierung der Grammatik vor oder nach Übung 2 vornehmen.

Übung 3 a.	Wortschatz und Strukturen	Einzelarbeit	Die Antworten finden die TN in den bereits bearbeiteten Lektionen des Buchs.
Übung 3 b.	gelenktes Sprechen	Partnerarbeit	Die Beispieldialoge finden Sie auf Kassette / CD.
Übung 4	Wortschatz und Strukturen	Einzelarbeit	Erinnern sich die TN noch an Dimitros (siehe Seite 123)? Erklären Sie Ihren TN die Institution Goethe-Institut, falls nicht bekannt. Sie können die TN auch noch einmal auf die Merkmale eines privaten Briefes (Anschrift, Anrede, Schlussformel) aufmerksam machen.

Lektion 6: Bremen

Ein Aupair-Junge aus Ecuador wird von „seiner" Familie – einem allein erziehenden Vater und seinen drei Kindern – in Situation 1 vom Flughafen abgeholt. Gewohnheiten und Erfahrungen im Umgang mit duzen und siezen werden besprochen und die TN werden aufgefordert, selbst Dialoge zu unterschiedlichen Begrüßungssituationen zu verfassen. In Situation 2 werden die Dativformen (bestimmer, unbestimmter, Possessivartikel) eingeführt und in verschiedenen Strukturübungen angewendet. Situation 3 bietet eine Reihe von Texten über Menschen in Bremen, zeigt und übt den Umgang mit Präpositionen mit dem Dativ und dem Akkusativ. Die Wechselpräpositionen werden in Situation 4 – ausgehend von der Aufstellung der Bremer Stadtmusikanten – erarbeitet und in unterschiedlichen Zusammenhängen angewendet. Wegbeschreibungen, Karten, Redensarten mit Präpositionen und weitere Übungen sind Thema der 5. Situation. Situation 6 stellt in einem Lesetext die Märchenstraße vor, die in Bremen endet. In Situation 7 dreht sich alles um Haus und Wohnen: Wortschatz wird erarbeitet und in Hör- und Lesetexten wird ein Wohnungstausch, das Suchen und Mieten einer Wohnung thematisiert.

Themenwortschatz:
Haus und Wohnen

Sprechabsichten:
jmdn. ansprechen und darauf reagieren
sich bedanken und darauf reagieren
jmdn. verabschieden
Freude, Zufriedenheit ausdrücken
Gefallen, Missfallen, Unzufriedenheit ausdrücken
Wunschvorstellungen, Bitte ausdrücken
Bedauern ausdrücken, Gewissheit ausdrücken
etwas bestätigen
etwas benennen, definieren, identifizieren
Bitte, Aufforderung
etwas beschreiben

Pläne schmieden
Aufmerksamkeit erwecken – abblocken

Grammatik:
Dativ: Adjektivdeklination, best. + unbest. Artikel, Negationsartikel *kein*, Possessivartikel, Demonstrativartikel, Fragewort: *welch-?*
Verben mit Dativ
Verben mit Dativ und Akkusativ
Präpositionen mit Dativ
Präpositionen mit Akkusativ
Wechselpräpositionen

Wortbildung:
Verb + Nomen

Floskeln:
Schieß' los!
Hab ich gehört.
Was das für 'ne Gegend ist … und so …

Redewendungen mit Präpositionen

Strategien:
… darf ich Sie mal was fragen?
Sie haben doch gerade etwas gesagt.
Sie haben schon Recht, nur. ….
… in Bremen, mein ich.
Sag mal, Papa …
Wissen Sie was, …

Lösungen und Transkriptionen finden Sie im Anhang

Die Situationen im einzelnen:
dialektales Sprachbeispiel im Kurs

Situation 1: Aus Ecuador

Dialog	Kursorisches Hören / Lesen	Einzelarbeit, Kurs	Jamos ist ein Aupair-Junge.

Haben Sie in Ihrem Kurs nur Aupair-Mädchen? Thematisieren Sie, wenn Sie möchten, „allein erziehend" (insbesondere: allein erziehender Vater); vergleichen Sie mit den Heimatländern der TN.

Folgende diskurstypische Elemente des Dialogs können Sie besprechen:

Strategien: Ich darf doch Jamos sagen?: Zwar eine Frage, es wird aber, vor allem durch den Gebrauch der Modalpartikel doch signalisiert, dass eine positive Antwort erwartet wird (siehe auch Lektion 4, Situation 2, Dialog 2: Im Wartezimmer).

Herr Reichel nimmt nach der Unterbrechung durch Julia den „Faden" wieder auf: *Aber Sie haben gerade etwas gesagt?* und zeigt so seinem Gesprächspartner, dass er sich nun wieder auf ihn konzentriert.

Mensch, Julchen, was ist denn?: Verärgerung

Floskeln: *So, äh, ja, dann …:* Verlegenheit

Übung 1 a.	interkulturelles Lernen	Einzelarbeit, Kurs	Sprachsensibilisierung du – Sie.

Erklären Sie das vertrauliche *du* und das formelle *Sie*. Das Duzen ist inzwischen in bestimmten Bevölkerungskreisen, in einigen Betrieben etc. gang und gäbe, aber auch in bestimmten Gegenden hat es sich eingebürgert: So redet z. B. in Franken jede Bedienung auch mehrere fremde Personen mit *ihr* an. (Eine Person allein würde sie jedoch siezen.) Wie handhaben Sie das im Kurs / die TN untereinander? Wie ist das in den Muttersprachen der TN?

Interviews im Kurs: Sollten Kinder Erwachsene duzen oder siezen? (Auf Kassette / CD)

Übung 2	interkulturelles Lernen	Kurs	Die Beispielsätze finden Sie auf Kassette / CD. Wie geht man mit dem Bedürfnis in den Heimatländern / Muttersprachen der TN um?
Übung 3	Totales Lesen	Einzel-, Partnerarbeit	Verständniskontrolle des Dialogs
Übung 4 a.	Wortschatz und Strukturen	Einzelarbeit, Kurs	Die Ergebnisse könnten auf Folie / an der Tafel gesammelt werden (garantiert grammatische / orthographische Richtigkeit).
Übung 4 b.	freies Schreiben	Partnerarbeit, Kurs	Achten Sie hier darauf, dass zu jeder Zeichnung etwas geschrieben wird. Kontrolle der Dialoge durch andere TN oder den KL.
Übung 4 c.	freies Sprechen	Partnerarbeit, Kurs	Lassen Sie die TN in Partnerarbeit ihre Dialoge üben. Wer möchte, kann dann im Kurs seinen Dialog vorstellen.
Übung 5	Wortschatz und Strukturen	Einzel- oder Parnterarbeit	Kontrolle im Kurs.

Situation 2: Wem? Dem Meerschweinchen.

Dialog	Kursorisches Hören	Einzelarbeit / Kurs	Verweisen Sie auf die Strukturierungselemente: *zuerst – dann – mittags – dann.*

In diesem Zusammenhang können Sie auch darauf eingehen, dass in Deutschland viele Kinder Haustiere haben: Meerschweinchen, Hamster, Mäuse, Kaninchen, Katzen etc. Haben die TN das schon bemerkt? Was halten sie davon? Vergleich mit den Heimatländern. Gehen Sie an dieser Stelle noch nicht weiter auf die Grammatik (den Dativ) des Dialogs ein. Sie wird ab Übung 2 bearbeitet.

Übung 1	Wortschatz und Strukturen	Einzelarbeit	Das Verb *bekommen*, das den Akkusativ regiert, wird wiederholt.
Übung 2 a.	Wortschatz und Strukturen	Einzel, Partnerarbeit	Wenn die TN Schwierigkeiten mit den Sätzen haben, kann der Dialog als Hilfe noch einmal gelesen werden.

Abenteuer Grammatik 1 –> Einzelarbeit –> Dativ: best. + unbest. Artikel, Possessivartikel

Übung 2 b.	Wortschatz und Strukturen	Gruppenarbeit	Diese Übung ist nicht einfach, weil die Sätze sehr lang werden. Sie sollte aber nur mündlich gemacht werden und die TN dürfen keine Notizen machen. Als abschließende Schreib-/Hausaufgabe – oder zu einem späteren Zeitpunkt als Wiederholung – könnten die TN solche Kettensätze schriftlich verfassen.
Übung 2 c.	Wortschatz und Strukturen	Einzelarbeit	Finden die TN viele Dativformen? Eine Erkenntnis könnte sein: Verben regieren öfter den Akkusativ als den Dativ. Dative stehen jedoch oft mit bestimmten Präpositionen (siehe Situation 4).
Übung 3	interkulturelles Lernen	Kurs	
Übung 4 a.	Wortschatz und Strukturen	Einzel-, Partnerarbeit	

Übung 4 b.	interkulturelles Lernen	Einzelarbeit, Kurs	Erarbeiten Sie nach dem Markieren gemeinsam die Funktion von Akkusativ und Dativ. Ziehen Sie auch den Vergleich mit den Muttersprachen der TN als Mittel zum Reflektieren über Sprache und ihre Strukturen heran, um ein besseres Verständnis zu erreichen.

Ihre Grammatikerklärungen 1 –> Dativ: best. + unbest. Artikel, Negationsartikel *kein*, Adjektivdeklination, Possessivartikel

Für Sie zu Hause Übung 1

Phonetik, siehe S. 171

Situation 3: Menschen in Bremen früher – heute – morgen

Übung 1	kursorisches Lesen	Einzelarbeit	Kontrolle im Kurs.

Diese acht Texte enthalten viele landeskundliche Informationen über Bremen. Lassen Sie die TN in Ruhe die Bilder betrachten und die Texte lesen.

Phonetik, siehe S. 172

Übung 2	Wortschatz und Strukturen	Einzelarbeit, Kurs	Präspositionen erarbeiten.

Lesen Sie die Definition der Präpositionen. Die TN werden sicher nicht alles verstehen. Das macht aber auch nichts, denn in den folgenden Übungen erarbeiten sie (im Sinne von **Abenteuer Grammatik**, dem SOS-Prinzip) selbst, was Präpositionen sind und was sie ausdrücken. Danach können Sie noch einmal auf diesen einleitenden Text zurückkommen. Dann ist bestimmt klar, was damit gemeint ist.

1. Schritt: alle Präpositionen markieren.
2. Schritt: die dazugehörigen Wörter unterstreichen.

Welche Fälle stehen mit den Präpositionen?

Die Karteikarten mit den Präpositionsigeln könnten Sie auch an der Tafel / auf Folie erarbeiten, ausgehend von den Wortigeln, die die TN schon kennen. Es wäre schön, wenn Sie die TN für diese Idee begeistern könnten. Die TN sollen dann selbst ihre Igel erstellen, auch wenn es viel Unterrichtszeit kostet. Ermutigen Sie die TN auch, farblich abgesetzt Übersetzungen in der Muttersprache dazuzuschreiben. Mit den Präpositionsigeln wird die Vielzahl an Bedeutungen deutlich, die eine Präposition haben kann.

Und noch ein Vorschlag: Schreiben Sie Präpositionsigel auf Plakate und hängen Sie sie im Kursraum auf (und vielleicht haben Sie ja künstlerisch begabte TN, die sie mit Zeichnungen verdeutlichen können).

Ihre Grammatikerklärungen 2; 2.1; 2.2 –> Präpositionen mit dem Akkusativ und dem Dativ. Entscheiden Sie selbst, ob Sie die Systematisierung der Präpositionen bereits an dieser Stelle oder erst nach Übung 12 vornehmen.

In den folgenden Übungen werden Präpositionen in verschiedenen Situationen geübt. Sie müssen die Übungen nicht alle hintereinander abarbeiten. Geben Sie die eine oder andere als Hausaufgabe oder heben Sie sie für den nächsten Unterrichtstag als Einstieg auf.

Übung 3	Wortschatz und Strukturen	Einzelarbeit	
Übung 4	totales Hören, Wortschatz und Strukturen	Einzelarbeit	Vergessen Sie im Anschluss der Übung nicht, dass die TN ihre Präpositionsigel ergänzen.
Übung 5	Wortschatz und Strukturen	Einzelarbeit	Werbeanzeigen sind auch eine Textsorte. Reden Sie darüber: Werbung in Fernsehen / Radio / Zeitung / auf der Straße; Werbung in den Heimatländern. Wie gehen die TN mit Werbung um? Vielleicht ist das eine willkommene Unterbrechung der Grammatiküberei.
Übung 6	Wortschatz und Strukturen	Einzelarbeit	
Übung 7	Wortschatz und Strukturen, interkulturelles Lernen	Einzel- oder Gruppenarbeit	

Variante 1: Hausaufgabe und Kontrolle am nächsten Unterrichtstag;
Variante 2: Sie bringen Zeitschriften mit und arbeiten in Gruppen im Unterricht. Man könnte dann auch noch einmal auf Werbung zurückkommen: Welche Anzeigen sprechen die TN an, welche nicht?

Übung 8	Wortschatz und Strukturen, gelenktes Schreiben	Einzelarbeit	Nr. 5: Silberhochzeit. Vergleich mit den Heimatländern der TN.
Übung 9	interkulturelles Lernen	Kurs	
Übung 10 + 11	Wortschatz und Strukturen, totales Lesen und Hören	Einzelarbeit	Beide Texte sind auf Kassette / CD.
Übung 12	Wortschatz und Strukturen	Einzelarbeit	Lassen Sie die TN selbst erarbeiten, welche Präpositionen als Anwort auf die Fragen *wann, bis wann* und *wie lange* passen.

Jetzt haben Sie alles erarbeitet, was in **Ihre Grammatikerklärungen** 2, 2.1, 2.2 zusammengefasst ist.

Übung 13	freies Schreiben	Einzelarbeit	Diese Texte müssen unbedingt korrigiert werden (durch den Lernpartner / den KL)

Situation 4: Bremer Stadtmusikanten

Übung 1	Wortschatz und Strukturen	Einzelarbeit, Kurs	Lassen Sie die TN wieder selbst erarbeiten, dass die Präpositionen auf die Frage *wo?* mit dem Dativ stehen (Artikel!).

Ihre Grammatikerklärungen 2.3 –> Wechselpräpositionen. Entscheiden Sie, ob Sie die Wechselpräpositionen bereits jetzt oder erst nach Übung 11 bearbeiten. Eine spätere Systematisierung hätte den Vorteil, dass die TN in den folgenden Übungen und Texten selbst die Regeln entdecken könnten.

Übung 2	Wortschatz und Strukturen	Partnerarbeit	
Übung 3	interkulturelles Lernen	Kurs	Die TN können das Wörterbuch benutzen und selbst Umschreibungen finden.
Übung 4	totales Lesen, freies Sprechen	Gruppenarbeit	B-Mannschaft: Im Sport (Fussball) ist dies die schlechtere Mannschaft. Die echten Bremer Stadtmusikanten wären dann die A-Mannschaft, d. h. die bessere Mannschaft. Sehen die TN das auch so?
Übung 5 (2 Varianten).	Totales Hören	Einzelarbeit	Das Thema Wegbeschreibungen wird ausführlich in Situation 5 behandelt.

Text 2: *Was haben Sie heute vor?* – Sollten die TN über *vor* stolpern, weisen Sie darauf hin, dass *vor* hier nicht die Funktion einer Präposition hat. Die TN könnten eigentlich selbst das zweiteilige Verb herausfinden.

Phonetik, siehe S. 172

Übung 6	totales Lesen, Wortschatz und Strukturen, gelenktes Schreiben	Einzel-, Partnerarbeit	Bearbeiten Sie auch die Frage in der Marginalspalte: Wo kaufen Sie dort, wo Sie wohnen, Briefmarken? Was sagen Sie? (Vergleich mit den Heimatländern)
Übung 7	interkulturelles Lernen	Diesen Dialog finden Sie auf Kassette / CD.	

Darf ich Sie was fragen?: Höflichkeitsstrategie zur Gesprächseinleitung
Sie haben schon Recht. Nur ...: Einschränkung

Ihre Grammatikerklärungen 4 – Verschmelzung bestimmter Artikel und Präposition. Lesen Sie die Erklärungen im Unterricht und lassen Sie dann Beispiele in Übung 7 markieren. Haben die TN schon *auf'm* gehört?

Übung 8	Wortschatz und Strukturen	Einzelarbeit	

Interviews im Kurs: Kaufen Sie Ihr Gemüse beim Gemüsehändler oder im Supermarkt? (Auf Kassette / CD)

Übung 9	totales Lesen und / oder Hören, gelenktes Sprechen, Wortschatz und Strukturen	Partnerarbeit	Text 4 ist auf Kassette / CD. 1–2 Dialoge könnten auch als Schreibaufgabe gegeben werden.

Text 4:
Entschuldigen Sie ...: Höflichkeitsstrategie zur Einleitung eines Gesprächs
Ja, sag ich doch ...: ungeduldige, ausdrückliche Bestätigung

Übung 10 a.	Wortschatz und Strukturen, totales Lesen / Hören	Einzelarbeit, Kurs	Text 5 ist auf Kassette / CD. Erarbeiten Sie hier: *über* + Akk: wohin? / *über* + Dativ: wo?

Text 5: *Warum fragst du?:* Vermeidungsstrategie: eine Antwort vermeiden, sich nicht festlegen wollen
Sag mal, ...: Gesprächseinleitung

Übung 10 b.	Wortschatz und Strukturen	Partnerarbeit	Erarbeiten Sie: wohin? = Bewegung (grafisch: mit Pfeil); wo? = statisch
Übung 11	Wortschatz und Strukturen, gelenktes Sprechen	Partnerarbeit	Hören und / oder lesen Sie zunächst Text 6. Erarbeiten Sie zwischen + Akk. / Dat. Weitere Beispieldialoge finden Sie auf Kassette / CD. 1–2 Dialoge könnten auch als Schreibaufgabe / Hausaufgabe gegeben werden.

Wenn Sie **Ihre Grammatikerklärungen** 2.3 hier bearbeiten, könnten Sie danach die Texte 2, 3, 4 noch einmal lesen und die Präpositionen mit Akkusativ blau und die Präpositionen mit Dativ rot markieren lassen.

Übung 12	totales Hören, gelenktes Schreiben	Einzel-, Partnerarbeit	

Text 7: enthält landeskundliche Informationen. Mehr über die Märchenstraße in Situation 6.
Floskel: ... *mein' ich:* Präzisierung bzw. Korrektur einer Äußerung

Für Sie zu Hause Übung 2 – 4

Situation 5: Karten und Wegbeschreibungen

Übung 1	Wortschatz und Strukturen, totales Lesen	Einzelarbeit	Kontrolle mit dem Lernpartner / im Kurs
Übung 2 a.	totales Hören	Einzelarbeit	Strategie: *Wissen Sie was, Herr Meier,...:* ein freundliches Angebot; das ist alles ganz einfach, wir machen das so!
Übung 2 b.	gelenktes Sprechen, Wortschatz und Strukturen	Partnerarbeit	Bringen Sie Straßenkarten für diese Übung mit. Ab in die Wörterkiste mit den Redemitteln!
Übung 3	gelenktes Sprechen, Wortschatz und Strukturen	Partnerarbeit	Wegbeschreibungen dieser Art kann man immer wieder üben. Ab in die Wörterkiste mit den Redemitteln.
Übung 4	Wortschatz und Strukturen, totales Hören	Kurs, Einzelarbeit	Hier ist einmal eine (sinnvolle) Bewegungsübung direkt im Lehrbuch (siehe Exkurs Bewegung).
Übung 5	interkulturelles Lernen	Gruppenarbeit	Die besten Übungsideen können Sie gemeinsam ausprobieren. Analysieren Sie (für sich als KL) die Übungen, die die TN entworfen haben: welche Übungsart bevorzugen sie, möchten sie lieber schriftlich oder mündlich üben? Was für Lernertypen sind Ihre TN (siehe Exkurse Hausaufgaben und Lerntechniken und -strategien)? Das erleichtert Ihnen die Auswahl und Erstellung von zusätzlichem Übungsmaterial.
Übung 6	Wortschatz und Strukturen, interkulturelles Lernen	Einzelarbeit, Kurs	Bei der Kurskontrolle müssen wahrscheinlich einige Redensarten erläutert werden.

Situation 6: Mal reisen mit dem Märchenbuch

Übung 1	kursorisches Lesen	Einzelarbeit, Kurs	Der Text enthält sehr viele Informationen. Beruhigen Sie die TN: Es geht nicht darum, jedes Wort zu verstehen. Deshalb der Rat: den Text einmal zügig durchlesen, ohne Hilfsmittel. Sie können auch eine Lesezeit festlegen. Die TN können ihre Zuordnungen mit Zitaten aus dem Text belegen.

Textabschnitt 4: Die im letzten Satz genannten Geschichten sind keine Märchen im eigentlichen Sinne, sondern Sagen, Dichtung, Überlieferungen. Bitte entscheiden Sie selbst, ob Sie das den TN so differenziert vermitteln wollen. An der Märchenstraße sind neben den Märchenfiguren auch solche anderen lokalen Sagen- und literarische Gestalten angesiedelt.

Wenn Interesse besteht, können Sie das Thema Märchen natürlich weiter bearbeiten: Kennen die TN die erwähnten Märchen (aus ihrer Muttersprache)? Können sie eins erzählen? Oder bringen Sie Märchenbücher oder Märchenkassetten für Kinder in den Unterricht mit.

Übung 2	sprachliches Handeln, freies Schreiben	Kurs	Erarbeiten eines Anschreibens.

Das Anschreiben an die „Arbeitsgemeinschaft Deutsche Märchenstraße" können Sie folgendermaßen erarbeiten: Sammeln Sie zuerst auf Folie / an der Tafel, was Sie schreiben wollen und die entsprechenden Redemittel, die Sie dazu benötigen. Verfassen Sie dann gemeinsam den Brief. Sie können hier auch noch einmal die äußere Form, Gruß- und Schlussformeln von offiziellen Briefen besprechen.

Interviews im Kurs: Was fällt Ihnen zum Thema Märchen ein? (Auf Kassette / CD)

Situation 7: Hauptsache ein Dach über dem Kopf

Verstehen die TN die Bedeutung von „ein Dach über dem Kopf haben"?

Übung 1	Wortschatz und Strukturen	Einzelarbeit	Die Wortigel können einzeln bearbeitet werden, am besten gleich auf Karteikarten für die Wörterkiste. Artikel und Pluralformen nicht vergessen!
Übung 2	Wortschatz und Strukturen	Kurs	Es ist hier wichtig, dass im Kurs gemeinsam gearbeitet wird. In Einzelarbeit dürften die TN vielleicht zu wenig passende Begriffe finden (und das ist frustrierend).
Übung 3	sprachliches Handeln, Wortschatz und Strukturen	Gruppenarbeit	

Text 1	totales Lesen	Einzelarbeit, Kurs	Der Brief steht in Zusammenhang mit Situation 2, Dialog 1: Herr Reichel schreibt dort einen Brief an Familie Simbacher in Klagenfurt (Österreich) wegen eines geplanten Wohnungstausches. Hier ist nun die Antwort. Nach dem Lesen klären Sie gemeinsam, wie so ein Wohnungstausch funktioniert.

Floskel: *Es ist halt doch schön …:* (= eben doch) betont, was beide Seiten (Gesprächspartner / …) empfinden, kein Widerspruch.

Phonetik, siehe S. 172

Typisch deutsch	interkulturelles Lernen	Kurs	Sprechen Sie über Vereine. Vergleich mit den Heimatländern der TN.
Übung 4	Wortschatz und Strukturen	Einzelarbeit, Kurs	Die Wörter sollen nur in ihre Einzelteile zerlegt werden. Aus den Bedeutungen der Einzelteile kann man auf die Bedeutung des zusammengesetzten Wortes schließen.

Phonetik, siehe S. 172

Übung 5	totales Hören	Einzelarbeit	
Übung 6	freies Schreiben, totales Hören	Einzel-, Partnerarbeit	Der Brief sollte eine angemessene Anrede und Schlussformel haben.
Übung 7	interkulturelles Lernen	Einzel-, Partnerarbeit	Ab in die Wörterkiste mit wichtigen Wörtern.
Übung 8	totales Hören	Einzelarbeit, Kurs	
Übung 9	totales Lesen	Einzelarbeit, Kurs	Bearbeiten Sie erst Übung 9, bevor der Dialog gelesen wird. Nach der Diskussion, welche Wohnung/en passt / passen, können Sie noch etwas Textarbeit anschließen. Dazu können die TN das Gespräch jetzt lesen.

Strategien:
Darf ich dich mal (= einmal) was fragen: höfliche Gesprächseinleitung
Schieß' los: umgangssprachliche Aufforderung zum Sprechen
Du weißt ja, …: gemeinsames Wissen andeuten
Ja, hab' ich gehört.: Bestätigung
Floskeln: *… was das für 'ne Gegend ist … und so …?* Bitte um weitere Erläuterungen
… so aus der Zeit …: ungefähr

Übung 10	freies Schreiben	Einzelarbeit, Kurs, Gruppenarbeit	

Variante A: Sammeln Sie gemeinsam an der Tafel / auf Folie Stichpunkte und Redemittel. Dann können die TN selbst eine Anzeige formulieren.
Variante B: Die TN sammeln in Gruppenarbeit Stichpunkte und Redemittel und Sie erarbeiten dann gemeinsam an der Tafel / auf Folie eine Anzeige.

Übung 11	totales Hören	Einzelarbeit	Machen Sie auf den Briefkopf aufmerksam: Adresse des Absenders und des Adressaten, Chiffre, offizielle Anrede, Schlussformel.

Ihre Grammatikerklärungen 3 -> Sortieren von Präpositionen nach Intentionen: Sprechen Sie gemeinsam im Kurs darüber. Zur Verdeutlichung können die TN noch weitere Beispiele in Texten und Übungen suchen.

Übung 12	sprachliches Handeln	Gruppen-, Einzelarbeit, Kurs	
Übung 13	interkulturelles Lernen	Kurs	Gehen Sie auf die Beratungsstellen ein. Was ist ihre Funktion? Vielleicht können Sie eine Verbraucherzentrale o. Ä. besuchen (Adressen im Telefonbuch).

Für Sie zu Hause Übung 4, 5

Übung 14	totales Lesen, Wortschatz und Strukturen	Einzelarbeit	Diese Aufgabe ist ein Angebot. Der Text ist schwer und vielleicht uninteressant für die TN. Einigen mag der Name Elvis Presley nichts mehr sagen. Aber unter dem Aspekt „man muss nicht alles verstehen" könnte man ihn gut behandeln.

Lektion 7: Nordrhein-Westfalen

In Situation 1 wird zu einer typisch deutschen (?) Einrichtung – einem Klassentreffen – geladen. Die gemeinsame Fahrt zu dem Treffen wird in Situation 2 geplant und damit das Personalpronomen im Akkusativ eingeführt und geübt. In Situation 3, auf dem Klassentreffen, erzählen die ehemaligen Klassenkameraden über ihre Ausbildung und ihren Beruf. In diesem Zusammenhang wird der entsprechende Wortschatz erarbeitet. Situation 4 befasst sich mit dem Thema „Frauen und Beruf". Situation 5 bietet eine Reihe von Übungsformen zum Personalpronomen im Dativ. Leserbriefe aus Frauenzeitschriften greifen die Welt der Arbeit wieder auf. Auch Situation 6 führt das Thema Arbeit weiter: Ein neuer Kollege ist nach Wuppertal gezogen und vergleicht nun seinen neuen Wohnort mit seinem alten. So werden die TN mit der Steigerung der Adjektive bekannt gemacht. Situation 7 bietet Ihnen eine Fülle an landeskundlichem Material über Nordrhein-Westfalen: Lesetexte über die wichtigsten Städte, Hörtexte, in denen die dialektalen Ausprägungen Nordrhein-Westfalens vorgestellt werden, Informationen über die „Institution" Kiosk bzw. Trinkhalle und ein Problem mit einem „halven Hahn".

Themenwortschatz:
Ausbildung, Beruf, Arbeit(swelt)

Sprechabsichten:
jmdn. ansprechen und darauf reagieren
Personen miteinander bekannt machen
jemanden / sich verabschieden
Freude, Zufriedenheit, Gefallen ausdrücken
Bedauern, Unzufriedenheit, Missfallen ausdrücken
eine Person beschreiben
etwas berichten, beschreiben
etwas begründen
auf Angebote reagieren
Vorschläge machen
Hilfsangebote machen
vergleichen

Grammatik:
Deklination Personalpronomen: Akkusativ und Dativ
Adjektiv: Steigerung

Wortbildung:
un- + Adjektive
Nomen + *-chen*

„echt" deutsch: Lass ihr mal!

Floskeln:
ein Viertelstündchen
Es ist höchste Eisenbahn.

interaktive Strategien (Telefonat)
Unterbrechung eines Gesprächs durch Dritte und Wiederaufnahme

Typisch deutsch:
Klassentreffen
Gesprächsunterbrechung
Verein(smeierei)
Kiosk / Trinkhalle / Büdchen

Lösungen und Transkriptionen finden Sie im Anhang

Die Situationen im einzelnen:
dialektales Sprachbeispiel im Kurs

Situation 1: **Einladung zum Klassentreffen**

Übung 1	totales Lesen	Kurs, Einzelarbeit	Betrachten Sie das Foto. Reden Sie darüber im Kurs. Haben die TN auch so ein Foto? Lesen Sie dann die Einladung. Was hat die Einladung mit dem Foto zu tun? Suchen Sie die entsprechende/n Formulierung/en in der Einladung: „Wisst ihr noch? – Das war vor 20 Jahren“.
Übung 2	interkulturelles Lernen	Kurs	Sind Klassentreffen wirklich etwas typisch Deutsches? Vergleichen Sie mit dem Heimatland der TN. Hatten die TN schon einmal ein Klassentreffen?

Phonetik, siehe S. 172

Situation 2: **Soll ich euch abholen?**

Übung 1	kursorisches Hören	Einzelarbeit	

Dialog (Textsorte: Telefonat):
interaktive Strategie: Ich möchte dich unheimlich gern wiedersehen. – Ich möchte dich auch wiedersehen; Holst du uns …ab? – Ich hole euch ab.: Eine Äußerung des Gesprächspartners aufgreifen, um zu zeigen, dass man sie für wichtig hält.

Abenteuer Grammatik 1 –> Einzelarbeit –> Personalpronomen im Akkusativ

Ihre Grammatikerklärungen 1 –> Personalpronomen im Akkusativ

Übung 2 a.	Wortschatz und Strukturen, totales Lesen	Einzelarbeit	
Übung 2 b.	totales Hören	Einzelarbeit	Vor der Kontrolle durch die Kassette / CD könnte der Lernpartner die Lösungen korrigieren.

Vielleicht können Sie den Unterschied zwischen *jmdn. wieder sehen* und *wiedersehen* deutlich machen.

Übung 3	Wortschatz und Strukturen, gelenktes Sprechen	Partnerarbeit	

Mündlich sollten die TN alle Verben üben. Zur Festigung des grammatischen Stoffes könnte sich eine Schreibphase anschließen. Wenn Sie im Unterricht Zeit sparen wollen, brauchen nicht alle TN zu allen Verben Dialoge zu schreiben. Nach der Korrektur könnten Sie die Dialoge kopieren, so dass jeder TN Beispiele zu allen Dialogen hat.

Für Sie zu Hause Übung 1

Situation 3: Auf dem Klassentreffen

Übung 1 a.	Wortschatz und Strukturen	Kurs	Beschreiben Sie gemeinsam die Berufe: Was tun die Leute? Wo arbeiten sie?

Möglicherweise können die TN hier noch nicht viel auf Deutsch zu den Berufen sagen, weil ihnen der entsprechende Wortschatz fehlt. Wenn der Wortschatz später eingeführt ist, könnten Sie auf diese Übung zurückkommen.

Übung 1 b.	Wortschatz und Strukturen	Partnerarbeit	Sammeln Sie anschließend auf Folie / an der Tafel. Ab in die Wörterkiste mit den Berufsbezeichnungen. Gibt es in den Heimatländern typische Berufe? Diese Diskussion können Sie auch am Ende von Situation 3 anregen, wenn zum Thema Arbeit ein größerer Wortschatz vorhanden ist.
Übung 2	selektives Lesen	Einzelarbeit	Die Zettel können im Kurs laut vorgelesen werden. Vergleichen Sie die Ergebnisse im Kurs (? = ist nicht im Text). Bei einer anschließenden Schreibaufgabe könnte jeder TN anhand der Informationen in der Tabelle einen kurzen Text über eine Person schreiben (eventuell als Hausaufgabe). Korrektur durch den Lernpartner / den KL.
Übung 3	interkulturelles Lernen	Einzelarbeit, Kurs	Die TN sollen ihre Entscheidungen begründen.
Übung 4	Wortschatz und Strukturen, freies Sprechen	Einzel-, Partnerarbeit	Auch diese mündliche Beschreibung muss Schritt für Schritt geplant werden: erst Stichworte zum Inhalt, dann Redemittel zum Formulieren sammeln. Mögliche Hausaufgabe: einen Text über diese Person schreiben.

Interviews im Kurs: Haben Sie einen Traumberuf? (Auf Kassette / CD)

Situation 4: **Frauen und Beruf**

Übung 1	interkulturelles Lernen, freies Sprechen, Wortschatz und Strukturen	Kurs	Erklären Sie *Mutterschutz, Erziehungsurlaub, Teilzeitarbeit.* Was bedeutet „Frauen arbeiten auch" in diesem Zusammenhang?
Übung 2 a. und b.	kursorisches Hören	Einzelarbeit	

Dialog: Floskel: *ein Viertelstündchen* = ganz kurz

Übung 2 c.	interkulturelles Lernen	Kurs	Typisch deutsch?: Zeigen Sie, mit welchen sprachlichen Mitteln die Wiederaufnahme des Gesprächs abläuft: *Wo waren wir gleich?* Ist so ein Dialogverlauf wirklich typisch deutsch? Wie ist das in den Muttersprachen der TN?
Übung 3	Wortschatz und Strukturen	Einzelarbeit, Kurs	Dieses Beispiel soll zeigen, wie viele Informationen man einem Wörterbuch entnehmen kann, wenn es richtig benutzt wird. Machen Sie den TN die Wörterbucharbeit „schmackhaft“. Bei c. ist wichtig, dass die TN ganze Sätze (und nicht nur einzelne Ausdrücke) notieren und lernen, weil sonst die Bedeutungen nicht klar werden.
Übung 4	Wortschatz und Strukturen	Einzelarbeit	Im Kurs kann man vielleicht über die ein oder andere Zuordnung diskutieren.
Übung 5	freies Sprechen, Handlungskette	Einzel-, Partnerarbeit, Kurs	Gehen Sie schrittweise nach den Anweisungen vor.

Übung: Die TN können einen kurzen Text über den Beruf des Lernpartners oder über den eigenen Beruf schreiben.

Variante: Gelenktes Sprechen zum Üben von „Berufs-“Wortschatz: Heiteres Beruferaten: Eine Gruppe von 2–3 TN denkt sich einen Beruf aus und die anderen TN müssen ihn erfragen. Es darf nur mit *ja* oder *nein* geantwortet werden.

Für Sie zu Hause Übung 2, 3, 4

Situation 5: **4 Bilder – 4 Gespräche**

Übung 1	kursorisches Hören	Einzelarbeit, Kurs	Die TN sollen ihre Wahl begründen.
Übung 2	totales Hören, gelenktes Schreiben	Einzel-, Partnerarbeit	Versuchen Sie diese Übung über das Hörverstehen zu lösen: Spielen Sie die Dialoge aus Übung 1 erneut ab, stoppen Sie nach jedem Gespräch die Kassette / CD und lassen Sie die Lücken ergänzen.
Übung 3	totales Hören, Wortschatz	und Strukturen Einzelarbeit	

Abenteuer Grammatik 2 –> Einzelarbeit –> Personalpronomen im Dativ. Entscheiden Sie – je nach der Kompetenz Ihres Kurses – ob Sie **Abenteuer Grammatik** vor oder nach Übung 4 bearbeiten lassen.

Ihre Grammatikerklärungen 2; 3 –> Personalpronomen im Dativ. Personalpronomen im Akkusativ und Dativ – im Satz.
Korrektur: 2.1 – Akkusativ satt Dativ.

Übung 4 a.	selektives Lesen	Einzelarbeit	
Übung 4 b.	gelenktes Sprechen, Wortschatz und Strukturen	Partnerarbeit	

Für Sie zu Hause Übung 5

Übung 5	totales Lesen	Einzelarbeit	
	gelenktes bis freies Sprechen, Wortschatz und Strukturen	Partnerarbeit	Achten Sie darauf, dass die TN die vorgegebenen Redemittel anwenden.
	gelenktes bis freies Schreiben	Partnerarbeit	Die TN können an den Satzanfängen „entlang-schreiben".
Übung 6 a.	kursorisches Lesen	Einzelarbeit	
Übung 6 b.	freies Sprechen	Kurs	Wie ist das in den Heimatländern der TN? Hat dort auch jede Frauenzeitschrift ihren „Kummerkasten"?
Übung 6 c./d.	freies Schreiben, Handlungskette	Gruppenarbeit, Kurs	Achten Sie auf ein systematisches Vorgehen.
Übung 7	Wortschatz und Strukturen	Einzelarbeit	Kennen die TN noch weitere *un*-Wörter?
Übung 8	interkulturelles Lernen	Kurs	Vielleicht können Sie noch mehr zu Klein-Erna sagen. Für Hamburger: Kennen die TN Klein-Erna? Gibt es solche Figuren auch in den Heimat-ländern der TN?

Situation 6: **Der neue Kollege**

Übung 1	totales Hören	Einzelarbeit	Smalltalk: Amerikanismus.

Steht die Bedeutung im Deutsch-Wörterbuch? Kennen die TN andere Amerikanismen im Deutschen? Erinnern sie sich an das *Outfit* (aus Lektion 5, Situation 1)? Gibt es in den Muttersprachen auch Amerikanismen? Vielleicht ergibt sich daraus eine allgemeine Diskussion über Fremdwörter im Deutschen / in den Muttersprachen. In welchen Bereichen gibt es besonders viele Fremdwörter?

Ihre Grammatikerklärungen 4 –> Steigerung der Adjektive. Vor oder nach Übung 2

Übung 2	Wortschatz und Strukturen, interkulturelles Lernen	Partnerarbeit	Sie müssen eventuell vorab weitere Adjektive sammeln. Die TN sollen die angegebenen Redemittel verwenden.

Weitere Vorschläge zum Üben der gesteigerten Adjektivformen:
Bringen Sie Prospektmaterial mit und vergleichen Sie z. B. Preise von Lebensmitteln / Möbeln …
Wo ist es am billigsten / teuersten …?
Wo kaufen Sie am liebsten, am meisten …?
Wo ist das Angebot besser / schlechter / am größten …?

Eventuell Vergleiche zum Heimatland der TN. Daraus können sich auch Diskussionen über Werbung, Kaufgewohnheiten … hier / im Heimatland ergeben.

Übung 3	Wortschatz und Strukturen, interkulturelles Lernen	Einzelarbeit, Kurs	

Für Sie zu Hause Übung 6

Übung 4	Wortschatz und Strukturen, freies Sprechen	Partnerarbeit	Jeder TN kann sich zu den einzelnen Fragen zuerst Notizen machen. Dann können die Lernpartner gemeinsam darüber sprechen. Daran kann sich ein Vergleich mit den Heimatländern der TN anschließen.

Für Sie zu Hause Übung 7

Übung 5	Wortschatz und Strukturen, totales Lesen	Einzel- oder Partnerarbeit.	Diese Übung ist ein Angebot. Aber vielleicht interessieren sich Ihre TN für dieses Thema. Sprechen Sie dann zuerst im Kurs darüber und lassen Sie anschließend den Text bearbeiten. Gibt es Jobsharing auch in den Heimatländern der TN? Kennen es einige vielleicht sogar aus eigener Erfahrung?

Übung 6	interkulturelles Lernen	Kurs	Erklären Sie gemeinsam die Inhalte der Redensarten unter Zuhilfenahme von Mimik, Gestik, dem Wörterbuch, vielleicht von Zeichnungen. Kennen Sie noch andere Weisheiten (mit gesteigerten Adjektiven)? Gibt es vergleichbare Redensarten in den Muttersprachen der TN?

Situation 7: Nordrhein-Westfalen

Phonetik, siehe S. 173

Übung 1 a.–g.	Lesestrategien und Lernstrategien	Einzelarbeit	Keine Angst vor der Vielzahl der nicht ganz leichten Texte.

Mit Hilfe der Strategien a–e können sich die TN die Texte selbst erschließen. Machen Sie ihnen diese Hilfsmittel bewusst, die sie beim Umgang mit fremden Texten immer wieder anwenden können (siehe Exkurs Lesen).

Gehen Sie gemeinsam Schritt für Schritt vor.

Machen Sie nach g Manöverkritik: Haben die TN jetzt das Gefühl, dass sie die Texte verstanden haben? Können sie sich vorstellen, diese Strategien selbst anzuwenden, um einen fremden Text selbstständig zu erschließen ?

Übung 1 h.	freies Sprechen, Schreiben	Kurs, Einzelarbeit	
Übung 2	interkulturelles Lernen, kursorisches Hören	Einzelarbeit	Sprachvariäteten

Hier wird gezeigt, wie vielfältig die „Dialekte“ in NRW sind. Helfen Sie Ihren TN beim Verstehen. Aber erklären Sie nicht jedes unbekannte Wort. Es geht hier nur darum, dass im Hinblick auf die Aufgabenstellung gezielt und nicht jedes Detail gehört wird. Die TN sollen ihre Entscheidungen begründen.

Übung 3	gelenktes Schreiben	Einzelarbeit	

Phonetik, siehe S. 173

Für Sie zu Hause Übung 8 (die Antwort auf die Einladung)

Übung 4	Wortschatz und Strukturen, gelenktes bis freies Sprechen	Partnerarbeit	

„Arbeit ist das halbe Leben“: Können die TN das mit anderen Worten erklären? Sagt / Denkt man so auch in den Muttersprachen der TN? Vielleicht können Sie mit Ihrem Kurs ein Berufsinformationszentrum in Ihrer Stadt besuchen.

Für Sie zu Hause Übung 9

Übung 5	interkulturelles Lernen	Kurs	
Übung 6	Wortschatz und Strukturen	Kurs	Kennen die TN noch andere Wörter auf *-chen?*
Übung 7 a.	totales Lesen, interkulturelles Lernen	Einzelarbeit	
Übung 7 b.	Wortschatz und Strukturen	Kurs	
Übung 7 c.	freies Sprechen	Kurs	

Lektion 8: Sachsen-Anhalt

Den Rahmen dieser Lektion bildet eine Gruppenreise mit dem Bus durch Sachsen-Anhalt zu den wichtigsten Stationen im Leben Martin Luthers. Die Reiseleiterin kommentiert dabei die einzelnen Etappen der Fahrt. Die Lektion beginnt mit der Erarbeitung von Wortschatz zum Thema Religion. In Situation 1 und 2 erhält man von der Reiseleiterin erste Informationen über Luther. In diesem Zusammenhang werden Nebensätze mit *dass* eingeführt. Situation 3 – auf der Wartburg – dient neben weiteren Informationen über Luther der Behandlung des Genitivs. Eine zumindest thematische Unterbrechung der Reise ist Situation 4: Zwei Teilnehmer der Reisegesellschaft unterhalten sich über den Fahrrad-Club ADFC. Das Personalpronomen *man* wird in Verbindung mit unterschiedlichen Texten rund ums Rad thematisiert. Situation 5 gibt einen kurzen Eindruck von den wirtschaftlichen und ökologischen Problemen des Landes Sachsen-Anhalt. In Situation 6 wird die Reiseleiterin – ein Aussiedlerin – vorgestellt und es werden *weil*-Sätze behandelt. Situation 7 bietet weitere Informationen zu Luther in Wittenberg. Das Thema Sport unter dem besonderen Aspekt Fitness und Schönheit – mit der Erarbeitung des entsprechenden Wortschatzes – wird in Situation 8 in verschiedenen Hör- und Lesetexten wieder aufgegriffen.

Themenwortschatz:
Sport, Fahrrad(fahren), Fitness, Schönheit

Sprechabsichten:
jmdn. ansprechen und darauf reagieren
jmdn. nach dem Befinden fragen und darauf reagieren
gute Wünsche aussprechen, gratulieren und darauf reagieren
eine Anerkennung aussprechen, ein Kompliment machen und darauf reagieren
sich bedanken, danken und darauf reagieren
sich verabreden

jmdn. / sich verabschieden
Gefallen ausdrücken
Missfallen ausdrücken
Erstaunen ausdrücken
nachfragen
Meinung äußern
Gewissheit ausdrücken
Bestätigung
verneinen / widersprechen
etw. benennen, definieren, identifizieren
über etwas berichten, beschreiben
etwas begründen

Grammatik:
Genitiv
Nebensätze mit *dass, weil*
Konjunktionen: *und, oder, als – wie, denn; weil , dass*
Personalpronomen *man*

Floskeln :
Mein Gott u. Ä.
Was soll's?
Das kann doch nicht wahr sein!
die jungen Dinger
Wie sieht's denn aus?
Sag mal ehrlich?

Strategien:
Wie hieß der noch, … oder so?
Können Sie etwas lauter sprechen? – Hier hinten kann man Sie ganz schlecht verstehen
Mensch, Ruhe dahinten
Aber ich habe dich unterbrochen, Entschuldigung
… was ich übrigens noch sagen möchte, …

Lösungen finden Sie im Anhang.

Die Situationen im einzelnen:
dialektales Sprachbeispiel im Kurs

Phonetik, siehe S. 173

Vorschaltseite:

Übung a.	Wortschatz und Strukturen,	Einzelarbeit, Kurs	
Übung b.	Wortschatz und Strukturen	Kurs	Erarbeiten Sie unter Zuhilfenahme der Notizen aus Übung a Wortschatz zum Thema „Religion" und ergänzen Sie dann im Kurs den Wortigel. Folgende Wörter sollten u. a. als Vorentlastung für die folgenden Texte erarbeitet werden: *beten, Kloster, Gottesdienst (besuchen).*
Übung c.	freies Sprechen	Kurs	Ermutigen Sie die TN über ihre eigene Religion / die Religionen im Heimatland zu sprechen.

Situation 1: Im Bus

Übung 1	kursorisches Hören	Einzelarbeit, Kurs	Haben die TN schon einmal etwas von Martin Luther gehört? Kennen sie andere Religionsgründer? Gespräch kurz halten.
Übung 2	totales Hören	Gruppenarbeit, Kurs	

Phonetik, siehe S. 174

Übung 3	interkulturelles Lernen	Kursarbeit	In Lektion 6 und 7 gab es schon Beipiele für Gesprächsunterbrechungen. Wie empfindet man diese Art der Unterbrechung in den Heimatländern der TN?
Übung 4	Wortschatz und Strukturen	Einzelarbeit, Kurs	Lesen Sie gemeinsam im Kurs das Beispiel. Besprechen Sie dann **Ihre Grammatikerklärungen** 1–1.1.1, bevor Sie mit der Übung 4 fortfahren.

Ihre Grammatikerklärungen 1; 1.1; 1.1.1 –> Genitiv bei Namen, Bedeutung

Übung 5	interkulturelles Lernen	Kurs	

Ihre Grammatikerklärungen 1.1.2, 1.1.3, 1.2 –> Genitiv

Dialog 1	kursorisches Hören	Einzelarbeit	Zitat von Luther: Sprechen Sie darüber. Vielleicht wollen / können Sie / die TN noch mehr über Luther erzählen.
Übung 6 a.	totales Hören und / oder Lesen	Einzelarbeit	

Abenteuer Grammatik 1 –> Einzelarbeit, Nebensätze mit *dass*

Übung 6 b.	Wortschatz und Strukturen	Partnerarbeit	Die TN können die Tabelle in Übung 2 auf die gleiche Weise versprachlichen.

Ihre Grammatikerklärungen 2; 2.1.1–2.1.4.; 2.2.2. –> *und, oder, als und wie, denn, dass*

Situation 2: **Eisleben**

Übung 1	kursorisches Hören	Einzelarbeit	
Übung 2	Wortschatz und Strukturen	Partnerarbeit	Machen Sie diese Übung mündlich (ohne schriftliche Vorbereitung). Die Nachbereitung könnte dann eine Schreibaufgabe sein.

Dialog: Weitere Verwendungsmöglichkeit: Wiederholung der Präsens- und Perfektformen: Kopieren Sie den Dialog, schneiden Sie die Verbformen heraus. Zwei Änderungen müssen Sie vornehmen: *machte –> hat gemacht; ging –> ist gegangen.* Schreiben Sie die Verben im Infinitiv unter den Text und kopieren Sie dieses Blatt. Die TN müssen dann die Lücken mit den passenden Verben in der richtigen Zeitform ergänzen.

Situation 3: **Auf der Wartburg**

Übung 1	Totales Hören, Wortschatz und Strukturen	Einzelarbeit	Betrachten Sie auch die Bilder!
Übung 2	Wortschatz und Strukturen	Einzelarbeit	Die TN sollen sensibilisiert werden, zwischen schriftlichen und mündlichen Formulierungen zu unterscheiden: Mündlich wird eher die von-Variante, schriftlich eher der Genitiv verwendet. Bei Teil b der Übung können die TN selbst formulieren oder in Texten des Lehrbuchs Beispiele suchen.
Übung 3 a.	kursorisches Lesen	Einzelarbeit	

Übung 3 b.	freies Schreiben	Einzelarbeit	Vergessen Sie nicht Datum, Anrede und Schluss. Ein Musterbrief kann gemeinsam an der Tafel / auf Folie erarbeitet werden.
Übung 3 c.	totales Lesen	Kurs	Lösung: Diese Reise führt nicht durch Thüringen, sondern durch Sachsen-Anhalt.

Phonetik, siehe S. 174

Situation 4: Fahrrad-Club

Übung 1 a.	kursorisches Hören	Einzelarbeit	
Übung 1 b.	gelenktes Sprechen, Wortschatz und Strukturen	Partnerarbeit	Hier sollen noch einmal *dass*-Sätze (mit den Stichwörtern aus a) geübt werden.

Dialog: *Strategien: … wie hieß der noch, … oder so?:* hier wird gemeinsames Vorwissen vage angedeutet, der andere weiß vermutlich Bescheid.
Du weißt ja, …: gemeinsames Wissen
… sag mal ehrlich, …?: starkes Interesse.
Gesprächsunterbrechung und Entschuldigung dafür: *Aber ich habe dich unterbrochen, entschuldige* und dann Aufforderung zum Weitersprechen: *Und was ist der Grund, …?*
Du, wart mal, …: Unterbrechung
Bzw. mehr Leute mit dem Rad fahren.: Bernd setzt den Gedanken von Werner fort
Was ich übrigens noch sagen möchte: ergänzende Bemerkung, Einleitung eines neuen Gedankens
Ellipse: *Meine Arbeit?* = Was ist meine Arbeit?
Floskel: *Das darf doch wohl nicht wahr sein?:* Erstaunen

Übung 2 a.	interkulturelles Lernen, Handlungskette	Kurs, Einzel-, Partnerarbeit	Die Redemittel für das Telefonat könnten zuerst gemeinsam oder in Partnerarbeit gesammelt werden. Die Redemittel der Übung 2 c finden Sie auf Kassette / CD. Die Ergebnisse der Beobachtungsaufgabe sollten Sie als Vorbereitung auf Übung 3 auf jeden Fall im Kurs zusammentragen. Vielleicht bieten sich Diskussionsanlässe – auch im Vergleich zum Heimatland.
Übung 3	freies Schreiben	Einzelarbeit	Die Redemittel sind auf Kassette / CD.

Übung 4	selektives Lesen	Einzelarbeit	Lesen Sie zunächst nur den Beispielsatz und den Text des ADFC. Bearbeiten Sie dann **Abenteuer Grammatik** 3 und **Ihre Grammatikerklärungen** 3. Danach erst sollen die TN die restlichen Texte lesen. Sie könnten die Texte verteilen, damit nicht jeder alle Texte bearbeiten muss. Die Ergebnisse aber, d. h. alle *man*-Sätze, sollten am Ende allen TN auf Folie, als Kopie … zur Verfügung stehen. Kennen die TN solche Angebote? Haben sie vielleicht schon eines wahrgenommen?

Abenteuer Grammatik 3 –> Einzelarbeit, Kurs –> Personalpronomen *man*. Sprechen Sie im Kurs darüber. Vergleich mit der Muttersprache.

Ihre Grammatikerklärungen 3 –> Personalpronomen *man*

Spielvorschlag zum Üben von *man:* Eine Gruppe denkt sich einen Begriff aus, der von den anderen TN durch Fragen wie *Kann man damit ..?* erraten werden muss. Nur ja / nein-Antworten sind zugelassen.

Phonetik, siehe S. 174

Übung 5	Wortschatz und Strukturen	Einzel-, Partnerarbeit

Für Sie zu Hause Übung 1

Situation 5: So schön wie der Bodensee

Übung a.	kursorisches Hören	Einzelarbeit	Klären Sie vor dem Hören, wo und was der Bodensee ist. Wenn die TN den Text nach dem ersten Hören als zu schwer empfinden, können sie ihn auch lesen. Das Thema „Umweltschutz" wird hier nur kurz thematisiert. Wissen die TN etwas über die ehemalige DDR?

Übung b.	totales Lesen	Einzelarbeit

Dialog: Zwischenruf: *Mensch, Ruhe dahinten!:* Sehr unhöflich, unfreundlich

Situation 6: Warum sprechen Sie so gut Deutsch?

Übung 1	totales Hören	Einzelarbeit	Was sind Aussiedler?

In den 80-er, 90-er Jahren kamen sie aus dem Osten – Russland, Kasachstan etc. – nach Deutschland. Ihre Vorfahren gingen zur Zeit Katharinas der Großen dorthin, weil man sie beim Aufbau des Landes brauchte und ihnen gute Verdienstmöglichkeiten versprach. Viele Aussiedler sprechen heute – wenn überhaupt noch – ein antiquiertes Deutsch. Vielleicht ist ja ein/e Aussiedler/in im Kurs? Da unsere Sprecherin keinen auffallenden Akzent hatte, nur hier und da, wurde der Dialog in „nette Art" geändert.

Abenteuer Grammatik 2 –> Einzelarbeit –> Konjunktion *weil*

Übung 2	Wortschatz und Strukturen	Einzelarbeit

Ihre Grammatikerklärungen 2.2.1, 2.3, 2.4 –> Konjunktion *weil*, Funktion von Konjunktionen, Nebensätze

Übung 3	interkulturelles Lernen	Kurs

Ihre Grammatikerklärungen 2.5 –> *weil* in der gesprochenen Sprache

Vorschläge zum Üben von *weil* und *dass:*

- Sammeln Sie von jedem TN einen oder zwei Gegenstände ein. Legen Sie sie in einen großen Korb, den Sie mit einem Tuch abdecken. Jeder TN zieht nun einen Gegenstand und äußert seine Vermutungen: „Ich denke, dass diese/r/s … TN X gehört, weil …"
- Spiel (aus: P. Ur und A. Wright (Hsg.): 111 Kurzrezepte für den Deutsch-Unterricht (DaF), Stuttgart 1995, S. 11)
  „Warum haben Sie einen Affen in der Tasche?"
  Geben Sie einem TN eine leere Tasche und fragen Sie ihn: „Warum haben Sie einen Affen in der Tasche?" Der angesprochene TN muss eine vernünftige Begründung geben und eventuelle Nachfragen aus der Gruppe beantworten. Der TN gibt die Tasche mit einer weiteren Frage an einen anderen Lerner weiter.
- Die TN sollen 3 Dinge auf einen Zettel schreiben, die sie mögen / gerne machen, und 3 Dinge, die sie nicht mögen / nicht gerne machen. Dann tauschen sie die Zettel mit ihrem Lernpartner und fragen sich gegenseitig, warum der andere etwas mag oder nicht.
- Schreiben Sie 5–6 Begriffe aus einem Bereich an die Tafel.
  Jeder TN soll die Begriffe nach seinen Vorlieben von 1–5 / 6 ordnen und seine Reihenfolge begründen. Diese Übung können Sie auch ab Situation 8 mit den Themen Sport, Freizeit, Hobby etc. machen.
  (aus: a. a. O., S. 100)
- „Wer will, wer will, wer hat noch nicht?"
  (nach: a. a. O., S. 109)
  KL: „Ich habe eine Reise gewonnen. Ich kann aber nicht wegfahren, weil ich keine Zeit habe.
  Deshalb möchte ich diese Reise verschenken. Wer möchte sie haben?"
  Die TN müssen Begründungen liefern, warum gerade sie die Reise bekommen sollten. Der TN mit der besten / originellsten Begründung bekommt die Reise und hat dann selbst auch etwas zu verschenken.

Für Sie zu Hause Übung 2

Situation 7: Wittenberg

Übung 1	totales Lesen und / oder Hören	Einzelarbeit	Beim Hören müssen die TN Notizen machen. Nach dem Hören werden dann die Sätze formuliert.
Übung 2	interkulturelles Lernen	Kurs	Diese Ausrufe können Sie auch von Kassette / CD vorspielen. Vielleicht fallen Ihnen noch andere religiöse Redewendungen, Flüche etc. ein, wie *Hier ist ja der Teufel los! / Das war die Hölle!*
Übung 3	interkulturelles Lernen	Einzelarbeit	Hier könnte auf die Vorschaltseite zurückgegriffen werden. Als Vorarbeit zur Schreibaufgabe können Sie weiteren Wortschatz und Redemittel ergänzen (aus den bearbeiteten Texten).

Für Sie zu Hause Übung 3, 4, 5

Situation 8: Fitness

Übung 1 a.	Wortschatz und Strukturen	Einzel- / Partnerarbeit	Sport-Wortschatz soll erarbeitet werden, zuerst mündlich, dann schriftlich. Verweisen Sie die TN auch auf Situation 4, besonders Dialog 1.
Übung 1 b. + c.	Handlungskette	Partner-, Gruppenarbeit, Kurs	Die TN können sich im Anschluss an c gegenseitig vorstellen: … treibt keinen Sport, weil … / … spielt Fußball, weil …
Übung 2	totales Hören	Einzelarbeit	

Dialog: Floskeln:
die jungen Dinger: umgangssprachlich (vielleicht auch etwas abfällig / neidisch) für: junge Mädchen.
Wie sieht's (= sieht es) denn aus?: Was denkst / meinst du?
So'n (= so ein) Unsinn: das ist ganz falsch.
Was soll's (= soll es): das ist egal.
du, wart mal eben, …: Gesprächsunterbrechung
Redeeinleitendes *Du* als Ausdruck der besonderen Hinwendung zum Gesprächspartner.

Ihre Grammatikerklärungen 2.6 –> Über Konjunktionen und Nebensätze; wirklich nur für Grammatikfreaks

Übung 3	interkulturelles Lernen	Einzelarbeit, Kurs	(Diese Übung ist vielleicht etwas schwierig, weil manche TN je nach Herkunftsland dazu wenig oder gar nichts sagen können.) Es ist aber wichtig, dass sich die TN vor der Diskussionsrunde Notizen machen, damit diese nicht planlos verläuft.

Übung 4	Lernstrategie, totales Lesen	Einzel-, Partnerarbeit, Kurs	Hilfe zur Selbsthilfe

Ziel ist es, zunächst die Idee des Textes zu verstehen und nicht jedes Detail. Gehen Sie genau nach den Anweisungen vor. Es werden Strategien vorgestellt, wie sich die TN unbekannte Texte erschließen können. Diskutieren Sie im Kurs, ob die TN mit diesen Strategien Erfolg hatten (siehe Exkurs Lesen). Sie können abschließend noch einmal auf den Wortschatz eingehen (wenn die TN noch nicht genug von dem Text haben!). Listen Sie die Internationalismen auf, die Wörter, die besonders schwer waren, und klären Sie die Bedeutungen. Folgende Wörter sollten dann klar sein: Umsatz, Einrichtung, Branche, sich erhöhen, durchschnittlich, anbieten, -anlage, Bedeutung, an Bedeutung gewinnen, damit rechnen, erwarten, anbieten.

Übung 5	Wortschatz und Strukturen, freies Sprechen	Kurs	Das Verstehen von und Reden über Statistiken wird geübt.
Übung 6	freies Sprechen	Kurs	Sprechen Sie über Schönheitsideale in Deutschland / A / CH und vergleichen Sie mit den Heimatländern.

Interviews im Kurs: Treiben Sie Sport? (Auf Kassette / CD)

Übung 7	freies Sprechen, Handlungskette	Gruppenarbeit, Kurs	Dieses Quiz ist ein Angebot. Ähnliche Ratespiele können Sie in abgewandelter Form immer wieder machen – z. B. nur über eine Lektion mit einer Gruppe pro Situation.

Lektion 9: Brandenburg

Situation 1 beschäftigt sich mit dem Thema Politik, verbunden mit der Erarbeitung von Wortschatz zu Wahl und Abstimmung. Situation 2 bietet einen Hör- und einen Lesetext über einen geplanten Ausflug nach Brandenburg mit einer Reihe von landeskundlichen Informationen. Arbeitslosigkeit und Lebenssinn ist das Thema der 3. Situation: in verschiedenen Textsorten wird das Thema aus unterschiedlichen Blickwinkeln betrachtet. Situation 4 thematisiert Tod und Trauer und den Umgang damit in Deutschland. Grammatische Probleme in dieser Lektion sind der Konjunktiv II, der Konjunktiv II der Vergangenheit, Nebensätze mit *wenn* und der Infinitiv mit *zu.* Die Thematik hängt auch hier grundsätzlich mit den Sprechabsichten zusammen, die ganz bestimmte grammatische Strukturen bedingen. Grundsätzlich geht es um die Redemittel Beileid äußern, Mut zusprechen, Vorschläge machen.

Themenwortschatz:
Politik, Arbeitslosigkeit, Tod und Trauer

Sprechabsichten:
gemeinsame Unternehmungen planen
Freude, Zufriedenheit, Gefallen ausdrücken
Bedauern, Unzufriedenheit, Missfallen ausdrücken
Hoffnung ausdrücken
Enttäuschung ausdrücken
Interesse ausdrücken
Wunschvorstellungen ausdrücken
Gelassenheit ausdrücken
Gewissheit ausdrücken
Mut machen
Wichtigkeit ausdrücken
Meinung äußern
Mitleid / Beileid ausdrücken

Grammatik:
Konjunktiv II: *haben* und *sein, werden*
Modalverben
würde-Konjunktiv
Konjunktiv II der Vergangenheit
Nebensätze mit *wenn* (reale und irreale Bedingungen)
Infinitiv mit *zu*

Wortbildung:
Nomen und *-los*

Floskeln:
Das haben die nicht genehmigt.
du statt *man*
eine brotlose Kunst

Strategien:
Eins muss ich gleich dazu sagen.
… so in ein paar Tagen.
Aber erst einmal was anderes …
in Ordnung / alles klar

Typisch deutsch:
Tod und Trauer

Die Lösungen finden Sie im Anhang.

Die Situationen im einzelnen:
dialektales Sprachbeispiel im Kurs

Situation 1: **Politik**

Übung 1	kursorisches Lesen	Kurs, Einzelarbeit	Textsorte: Zeitungsartikel (Leitartikel mit Schlagzeile und zusammenfassendem Vorspann)
Übung 2	Wortschatz und Strukturen	Einzel-, Partnerarbeit	Hausaufgabe: Die TN sollen in Schlagzeilen und Überschriften aktueller deutscher Tageszeitungen zusammengesetzte Nomen suchen. Wer findet ähnlich bildhafte Wörter wie *Länderehe* oder *Bürgermeister?*
Übung 3	Wortschatz und Strukturen	Einzel-, Gruppenarbeit	
Übung 4	Handlungskette	Einzel-, Gruppenarbeit, Kurs	

Situation 2: **Wir planen eine Tour**

Übung 1	kursorisches Hören	Einzel-, Partnerarbeit	Wie reagieren die TN auf die Heiratsabsichten Homosexueller?

Es empfiehlt sich, die Tatsache, dass das Paar homosexuell ist, im Raum stehen zu lassen. Gesprochen wird darüber nur, wenn die TN darauf bestehen, gehört es doch in Deutschland langsam zur Normalität: In Hamburg ist kurz nach Druck des Buches die gleichgeschlechtliche Eheschließung genehmigt worden.

Dialog –> Floskeln und *Strategien:*
Das haben die nicht genehmigt: Wer ist **die**? (Eine Autoritätsstelle wie Polizei, Behörde, Regierung) Vielleicht finden die TN selbstständig diese Bedeutung. Was hören sie in ihrem Umfeld? Kennen sie noch weitere Beispiele?
Aber erst mal was anderes.: das Thema wechseln
Eins kann ich dir gleich sagen.: etwas besonders hervorheben
… so in ein paar Tagen: Details vermeiden
In Ordnung. / Alles klar. / O. K.: eine Äußerung / ein Telefonat bestätigend abschließen

Wie kann man sich in diesen Fällen auch noch ausdrücken?

Übung 2	freies Sprechen, Schreiben	Partner-, Einzelarbeit	

Abenteuer Grammatik 1 –> Einzelarbeit –> *würde*-Konjunktiv

Ihre Grammatikerklärungen 1–1.1.2; 1.4 –> *würde*-Konjunktiv

Übung 3	kursorisches Lesen	Einzelarbeit	Textsorten: Kurzmitteilung, Beschreibung von Sehenswürdigkeiten / schriftliche persönliche Anmerkungen

In einer Kurzmitteilung wie der von Christian können die begrüßenden und abschließenden Grußformeln so knapp sein.

Welches Bild passt zu welchem Text?

Übung 4 a.	selektives Lesen	Einzelarbeit	
Übung 4 b.	freies Sprechen	Gruppenarbeit	
Übung 4 c.	totales Lesen	Einzelarbeit, Kurs	
Übung 5	Handlungskette	je nach Wunsch der TN	Bei a sollten Sie im Kurs das Schreiben des Werbeblatts vorstrukturieren: Was? Wo? Warum?
Übung 6	Wortschatz und Strukturen, freies Sprechen	Einzelarbeit, Kurs	Kann auch als schriftliche Hausaufgabe bearbeitet werden.
Übung 7	freies Schreiben, Wortschatz und Strukturen	Einzelarbeit	

Phonetik, siehe S. 175

Situation 3: **Arbeitslosigkeit und Lebenssinn**

Übung 1	kursorisches Hören	Einzelarbeit	Machen Sie auf *Du zählst doch nur, wenn du Arbeit hast …* aufmerksam. Es wird sehr oft *du* statt *man* benutzt.

Abenteuer Grammatik 2.1, 2.2 –> Einzelarbeit –> *wenn*

Übung 2	Wortschatz und Strukturen, freies Sprechen	Partnerarbeit	Die Redemittel finden Sie auf Kassette / CD.
Übung 3	Wortschatz und Strukturen	Kurs	

Phonetik, siehe S. 175

Übung 4	orientierendes Lesen	Einzelarbeit	

Die TN sind durch die vorangehenden Übungen bereits eingestimmt auf das Thema Arbeitslosigkeit. In den Text wird ohne jede weitere Vorbereitung eingestiegen. Wichtig ist, dass die Texte zügig gelesen werden und nur die eine Aufgabenstellung zählt: Welcher Text gefällt mir besser, mit welchem möchte ich arbeiten? Text 1 dürfte aufgrund seiner Redundanz leichter zu bearbeiten sein.

Übung 4	orientierendes Lesen	Einzelarbeit, Kurs	
Übung 4 a.	kursorisches Lesen	Einzelarbeit	
Übung 4 b.	totales Lesen	Einzelarbeit	
Übung 5	kursorisches Lesen und / oder Hören, Wortschatz und Strukturen	Einzel-, Gruppenarbeit	Diese Übung ist eine andere Form sich dem Thema Arbeit zu nähern.
Übung 6	freies Sprechen	Einzelarbeit, Kurs oder Gruppenarbeit	
Übung 7 a.	orientierendes Lesen	Einzelarbeit	
Übung 7 b.	totales Lesen	Einzelarbeit / Kurs	Lassen Sie die TN als Hausaufgabe entsprechende Artikel mitbringen oder bringen Sie einige Zeitungen in den Kurs mit. Üben Sie im Kurs mit Hilfe von Überschriften auf den Textinhalt zu schließen. Werden die Vermutungen durch den

			ersten Abschnitt bestätigt? Was muss man von einem Artikel lesen, um das Wesentliche zu wissen? Wann bricht man das Lesen eines Artikels ab bzw. wann kann man es abbrechen?
Übung 8	Wortschatz und Strukturen	Partnerarbeit, Kurs	

Abenteuer Grammatik 2.3 –> Einzelarbeit– > *wenn – dann*

Übung 9	Wortschatz und Strukturen	Einzel-, Partnerarbeit	

Ihre Grammatikerklärungen 2–2.2.1 –> Verbindungen, Nebensätze mit *wenn*

Übung 10	selektives Lesen	Einzelarbeit	
Übung 11	totales Lesen	Einzelarbeit	Textsorte: Persönlicher Brief: Begrüßungs- und Schlussformel im Brief beachten

Ihre Grammatikerklärungen 2.2.2 –> Nebensätze mit *dass*

Übung 12 a. + b.	Wortschatz und Strukturen	Kurs	Besprechen und systematisieren Sie vor 12 c die nötigen Grammatikerklärungen.

Ihre Grammatikerklärungen 1.3; 3–3.2.2 –> Konjunktiv II der Modalverben; Infinitivkonstruktionen

Übung 12 c.	Wortschatz und Strukturen, freies Schreiben	Einzel-, Partnerarbeit	
Übung 13	interkulturelles Lernen	Einzelarbeit, Kurs, Gruppenarbeit	Ist es typisch deutsch, sich in anderer Leute Angelegenheiten einzumischen oder darüber zu wachen, dass die „Regeln" eingehalten werden? Beschreiben Sie die Situation, dass jemand, der für einen Besuch einen Blumenstrauß / eine Blume braucht, diese(n) in einer öffentlichen Anlage pflückt. Reaktion der TN? Was passiert in Deutschland, was im Heimatland?
Übung 14	Wortschatz und Strukturen	Einzelarbeit	

Ihre Grammatikerklärungen 3.2.3 –> Infinitivkonstruktionen, *dass*-Sätze

Übung 15	Wortschatz und Strukturen	Einzelarbeit	

Für Sie zu Hause Übungen 1–4

Situation 4: Leben und Tod

Übung 1	kursorisches Lesen	Einzelarbeit	

Phonetik, siehe S. 176

Übung 2	totales Lesen	Einzelarbeit, Kurs oder Gruppenarbeit	Über das einfache Verstehen des Signals, hier geht es um eine Todesanzeige, hinausgehend nur dann behandeln, wenn die TN offen dafür sind.

Das besprechen in kleinen Gruppen nimmt dem Thema die Emotionen, andererseits, das Thema gehört zum Leben, wird zunehmend in Kindergärten und Grundschulen thematisiert, ein erfolgreiches Thema im Kinder- und Jugendbuchbereich. Es gehört zum Leben. Warum das aus dem Kurs mit aller Gewalt ausklammern wollen. Weglassen kann man das Thema genauso gut, wie andere auch. Machen Sie dann analoge Übungen. Und steigen Sie im Buch bei Übung 6 wieder ein. – Übung 9 übt dann noch einmal die Grammatik.

Bringen Sie Todesanzeigen aus aktuellen Tageszeitungen mit in den Unterricht. Was man (teilweise) aus einer Todesanzeige (neben den Daten in der Anzeige im Buch) alles erfahren kann: Familienstand, Todesursache, Beruf und Arbeitsstätte (auch Arbeitgeber veröffentlichen zum Teil solche Anzeigen), manchmal findet man zusätzlich zur Anzeige der Familie eine des/der Lebensgefährten/in. –> Heiratsanzeigen, Geburtsanzeigen, Verlobung.

Übung 3	interkulturelles Lernen	Kurs	
Übung 4	Wortschatz und Strukturen	Kurs	

Ihre Grammatikerklärungen 1.5 –> Konjunktiv II der Vergangenheit

Übung 5	interkulturelles Lernen	Einzelarbeit, Kurs	
Übung 6	Wortschatz und Strukturen	Einzelarbeit, Kurs	
Übung 7	Wortschatz und Strukturen,	Einzelarbeit, Kurs	Textsorte: Zeitschriftenartikel

(Glosse – Textsortenmerkmale können auf diesem Sprachniveau nicht herausgearbeitet werden). Der Text ist ein überarbeiteter Auszug aus einer Glosse von Elke Heidenreich, die diese regelmäßig für die Frauenzeitschrift „Brigitte" schreibt. Beachten Sie diese Glossen! Sie sind häufig für „Typisch deutsch?" einsetzbar.

Übung 8	Wortschatz und Strukturen	Kurs	
Übung 9	Wortschatz und Strukturen	Einzelarbeit oder Kurs	

Lektion 10: Österreich

In dieser Lektion wird versucht, Österreich aus deutscher Sicht unter verschiedenen Aspekten darzustellen. Dazu dienen die Verbindungen, die Österreich und Deutschland haben: Die Verbindungen nach Österreich (Situation 2) zeigen Österreich als beliebtes Ferienland der Deutschen und die daraus resultierenden Probleme. Reflexive Verben bilden den grammatischen Mittelpunkt dieser Situation. Verbindungen mit Österreich (Situation 3): Österreich war 1995 Schwerpunktthema auf der Frankfurter Buchmesse. Christine Nöstlinger als eine der bekanntesten deutschsprachigen Kinder- und Jugendbuchautorinnen wird vorgestellt. Ein anderer bekannter Österreicher – Friedensreich Hundertwasser – ist beteiligt an einem Projekt einer Schule in Sachsen-Anhalt für die Weltausstellung „Expo 2000". Ergänzend wird das Präteritum eingeführt. Verbindungen zu Österreich (Situation 4) beschäftigen sich mit der gemeinsamen deutschen Sprache und damit, wie Deutsche und Österreicher einander sehen. Die Verbindungen durch Österreich beleuchten Österreich als Durchfahrtsland in den Süden und die Probleme, die dem Land daraus entstanden sind. Und in Situation 6 finden Sie als Abschluss noch eine Reihe anderer Verbindungen.

Themenwortschatz:
Lesen

Sprechabsichten:
jmdn. ansprechen und darauf reagieren
jmdn. grüßen und darauf reagieren
nach dem Befinden fragen und darauf reagieren
Befindlichkeiten äußern
Freude, Zufriedenheit, Gefallen ausdrücken
Bedauern, Unzufriedenheit, Missfallen ausdrücken
Sorge / Angst ausdrücken
Wunschvorstellungen ausdrücken
Vorlieben ausdrücken
Meinungen äußern
verneinen, widersprechen
etwas benennen, definieren, identifizieren
etwas berichten / beschreiben
Zweck und Bestimmung angeben
Bitte und Aufforderung
Empfehlung, Warnung
Versprechungen machen

Grammatik:
reflexive Verben
Relativsätze
Präteritum
Fragewörter: *wo* + Präposition

Wortbildung:
Nomen aus Verbstamm und *-ung*

Floskel:
Frohes Schaffen

Strategien:
Und, hatte er?
Warum das?
Er hatte.
Ich muss gleich dazu sagen, ...
... das mit dem Feuer ...

Typisch deutsch:
Ansichtskarten

Die Lösungen und Transkriptionen finden Sie im Anhang.

Die Situationen im einzelnen:
dialektales Sprachbeispiel im Kurs

Situation 1: Österreich

Phonetik, siehe S. 176

Es wäre schön, wenn Sie, egal wo Sie unterrichten, eine Landkarte von Österreich im Klassenzimmer aufhängen könnten. Wenn das nicht geht, halten Sie doch einen Atlas bereit, den alle einsehen können. Sie brauchen auf jeden Fall eine Karte von Österreich in Situation 2, Übung 3 b und in Situation 5, Übung 1.

Übung 1	Interkulturelles Lernen	Einzel-, Gruppenarbeit, Kurs	Gehen Sie genau nach der Vorgabe vor. Also, erst notiert jeder Einzelne seine drei Österreichvorstellungen. Dann wird in Gruppen diskutiert, in den Gruppen legt man sich auf die drei am häufigsten genannten fest, anschließend wird im Kurs diskutiert. Heben Sie das Ergebnis (sichtbar) auf und verändern Sie Eintragungen, wenn Bedarf besteht. Am Ende der Lektion kommen Sie noch einmal auf die Ergebnisse zurück. Hat sich etwas in der Einschätzung verändert?

Übung 2	totales Lesen, interkulturelles Lernen	Einzel-, Partnerarbeit, Kurs	Für Übung d kommen folgende Situationen in Frage: Lektion 1: Situation 1, Dialog 2 (S. 13); Situation 2, Dialog 1 (S. 15); Situation 3, Dialog 1 und 2 (S. 20); Lektion 3: Situation 1, Dialog (S. 76); Lektion 4: Situation 4, Anfang des Dialogs (S. 102).
Übung 3 a.	orientierendes Lesen	Einzelarbeit oder Kurs	Wenn Ihnen ein OHP zur Verfügung steht und Sie die Möglichkeit haben, die Werbung vergrößert auf Folie zu ziehen, dann sollte diese Übung gemeinsam im Kurs gemacht werden. Sammeln Sie auch die Ideen und Vorschläge der TN.
Übung 3 b.	totales Lesen	Einzelarbeit	Auch dieser Text könnte gemeinsam über Folie gelesen werden. Die idiomatische Wendung von *Bach* hören ist für die TN schwer verständlich. Vielleicht kennen sie aber vergleichbare Wendungen in der Muttersprache. Machen Sie die TN auf die Erklärung von *sich etwas gönnen* in der Marginalspalte aufmerksam.
Übung 3 c.	interkulturelles Lernen	Kurs	Kommen Sie zu den in Übung 1 b festgehaltenen Vorurteilen zurück.

Situation 2: **Verbindungen nach Österreich**

Wortschatz	Wortschatz und Strukturen	Kurs	

Phonetik, siehe S. 176

Übung 1	Wortschatz und Strukturen	Einzelarbeit	
Übung 2	Wortschatz und Strukturen	Einzel- oder Partnerarbeit	
Übung 3	Wortschatz und Strukturen	Kurs	Die TN könnten herausfinden, dass die Grafik der Verbindungen in etwa den Umriss Österreichs widerspiegelt.
Übung 4	freies Sprechen	Einzelarbeit, Kurs	Die Redemittel finden Sie auf Kassette / CD.

Übung 5	freies Sprechen	Kurs, Gruppenarbeit	Die Redemittel sind auf Seite 266. Bei Übung b könnten Sie gemeinsam eine „Statistik“ in Form einer Tabelle auf einer Wandzeitung erarbeiten: In die linke Spalte schreiben Sie die Urlaubs-, also die Herkunftsländer der TN, in die rechte Spalte die Länder, aus denen die Gäste kommen. Gibt es Nationen, die besonders reisefreudig sind?
Übung 6	selektives Hören	Einzel-, Partnerarbeit	
Übung 7	Wortschatz und Strukturen	Partnerarbeit	

Ihre Grammatikerklärungen 1 –> Reflexive Verben

Übung 8	Handlungskette	Kurs, Einzelarbeit	Bearbeiten Sie hier Text 2. Ist das Servus auf der Postkarte von Wolfgang Sommer korrekt? Was meinen die TN? Floskel „Frohes Schaffen“ = in Deutschland üblich gewordener flapsiger Gruß unter Kollegen. Eigentlich schreibt man auf Ansichtskarten immer etwas Positives, selten etwas Negatives. Warum ist das wohl so?
Übung 9	Wortschatz und Strukturen	Einzelarbeit	
Übung 10	totales Lesen, selektives Hören	Einzelarbeit, Kurs	**Der Text ist auch aufgemommen worden (Kass. / CD). Zuerst totales Lesen, klären des Verständnisses, Übung b und c, dann hören des Textes – markieren, was anders ist.** Textsorte: Offener Brief (z. B. in der Zeitung). Was ist ein „offener Brief“? Meistens eine Anklage? Warum ist der Brief geschrieben worden, welches Ziel wird verfolgt?
Übung 11	totales Lesen, interkulturelles Lernen	Gruppenarbeit, Kurs	Nach unseren Erfahrungen ist der Begriff „sanfter Tourismus“ prüfungsrelevant: Er taucht bei Prüfungen unterschiedlicher Niveaustufen immer wieder auf. Gehen Sie daher näher auf diesen Begriff ein.

Übung 12	Wortschatz und Strukturen	Einzelarbeit	

Situation 3: Verbindungen mit Österreich

Übung 1 a.	orientierendes Lesen	Kurs	
Übung 1 b., c., d.	kursorisches Lesen		

Ihre Grammatikerklärungen 2.1; 2.2 –> Relativpronomen *der, die, das.* „Neutrale" Relativpronomen *was* und *wo*

Übung 2	Wortschatz und Strukturen	Einzelarbeit	
Übung 3	Wortschatz und Strukturen	Einzelarbeit, Kurs	
Übung 4	Wortschatz und Strukturen, totales Lesen	Einzelarbeit	
Übung 5 a.	kursorisches Lesen	Einzelarbeit	Diesen Text finden Sie auch auf Kassette / CD.
Übung 5 b.	selektives Lesen	Einzelarbeit	
Übung 5 c.	interkulturelles Lernen, Wortschatz und Strukturen	Parnterarbeit	

Abenteuer Grammatik 1 –> Das Präteritum

Ihre Grammatikerklärungen 3 –> Das Präteritum

Übung 6	interkulturelles Lernen, freies Sprechen	Kurs	
Übung 7	freies Sprechen, Wortschatz und Strukturen	Gruppenarbeit	
Übung 8	freies Sprechen, Schreiben	Einzel-, Gruppenarbeit	Nehmen Sie die Fragen zur Vorstrukturierung der Diskussion.
Übung 9 a.	Wortschatz und Strukturen	Einzelarbeit	Klären Sie *auf jmdn. abfahren*. Erinnern sich die TN noch an *auf jmdn. stehen* (Lektion 6)?

Übung 9 b.	kursorisches Hören	Einzelarbeit	Sie können die Texte später auch lesen lassen. Mit welchem Aussage können sich die TN am ehesten identifizieren?
Übung 9 c.	Wortschatz und Strukturen	Einzelarbeit	
Übung 9 d.	Wortschatz und Strukturen	Einzelarbeit	
Übung 9 e.	freies Sprechen	Kurs	
Übung 10	kursorisches Hören	Einzel-, Partnerarbeit	Strategien

Und, hatte er? – Gesprächspartner auffordern, weiter zu reden
Er hatte. – Formulierung des Gesprächspartners aufgreifen

Führen Sie den TN diese Gesprächsstrategien anhand des Interviews vor Augen. Wie kann man die entsprechenden Strategien auch noch formulieren?

Übung 11	freies Schreiben	Einzel, Partner- oder Gruppenarbeit	Vielleicht haben Sie ein Faxformular, wie es Firmen und auch Privatleute benutzen. Zeigen Sie es und erklären Sie vor dem Verfassen des Textes, welche Formalien enthalten sein sollten. – Erarbeiten Sie ein Faxformular für *Ihre Lernergruppe*.

Situation 4: Verbindungen zu Österreich

Übung 1	kursorisches Lesen	Einzelarbeit	
Übung 2	interkulturelles Lernen	Hier hören Sie eine Österreicherin, die ein bisschen von sich erzählt.	
Übung 3 a.	kursorisches Lesen	Einzelarbeit	Über „Vorurteile" reden

Wenn Sie diese Übung mit Ihrem Kurs machen wollen, sammeln Sie am besten vorher die Meinungen der TN (differenziert je nachdem wo Sie unterrichten: D, A, CH): Können die TN sagen, wie sich die Deutschen / Österreicher selbst sehen; wie sie die Deutschen / Österreicher sehen und wie die Deutschen / Österreicher vom Ausland gesehen werden? Sammeln Sie die Ergebnisse an der Tafel / auf dem OHP. Vergleichen Sie bei der folgenden Arbeit Ihre Ergebnisse immer wieder damit, wie nach den Texten Deutsche und Österreicher sich sehen.
Finden sich Anknüpfungspunkte zu den Vorurteilen zu Beginn der Lektion.

Übung 3 b.	totales Lesen	Gruppenarbeit, Kurs	
Übung 4	interkulturelles Lernen	Kurs	Gibt es in den Heimatländern auch spezielle Bezeichnungen für die anderen? Was sagen sie aus?

Situation 5: Verbindungen durch Österreich

Übung 1	interkulturelles Lernen	Kurs	
Übung 2	kursorisches Lesen	Einzelarbeit	Nach welcher Textstelle können die TN die Frage beantworten? – Die Antwort hängt davon ab, was die Lerner als Startpunkt voraussetzen. Ev. Diskussion – sich einigen. Wer hätte auf jeden Fall Probleme gehabt?
Übung 3	kursorisches Hören	Einzelarbeit	
Übung 4	Wortschatz und Strukturen	Einzelarbeit, Kurs	Diese Wortschatzarbeit ist eine Vorentlastung für das folgende Interview (Text 6). Dokumentieren Sie die Ergebnisse aus b, um sie nach Übung 5 überprüfen zu können.
Übung 5	kursorisches Hören	Einzelarbeit, Kurs	Vergleichen Sie mit den Ergebnissen aus Übung 4.

Thematisieren Sie die *Strategien:*
– *Ich muss gleich dazu sagen, …* = Vorabinformationen geben, Neben- / Randbemerkungen machen
– *das mit dem Feuer …* = die Aussage eines Gesprächspartners vervollständigen
Wie könnte man diese Strategien auch anders formulieren?

Übung 6	totales Lesen	Einzelarbeit	
Übung 7	Einzelarbeit, Kurs	Hier wird noch einmal zusammenfassend wiederholt.	
Übung 8	Handlungskette	Einzel-, Gruppenarbeit, Kurs	

Situation 6: Noch mehr Verbindungen?!

Übung 1	selektives Lesen	Einzelarbeit, Kurs	
Übung 2	Wortschatz und Strukturen	Einzelarbeit	
Übung 3	Lösen die TN diese Aufgabe? (siehe Anhang)		
Übung 4	Wortschatz und Strukturen	Kurs, Einzelarbeit	Klären der Begriffe, Wiederholung und Ergänzung der Wortbildung mit -ung. Kennen die TN noch andere Verbindungen?
Übung 5	totales Lesen	Einzelarbeit	

Phonetikkurs – hören und sprechen

Die folgende Übersicht zeigt Ihnen, welche phonetischen Bereiche wir in den einzelnen Lektionen bearbeiten.

Band 1

1. Unterscheidung der Vokale:
   lang / geschlossen und kurz / offen: Lektion 1, Lektion 3
   Vokal a: Lektion 2
   Vokal e: Lektion 2, Lektion 3, Lektion 6
   Vokal i: Lektion 5
   Vokal o: Lektion 5
2. Unterscheidung der Explosive und Auslautverhärtung:
   g + k: Lektion 2, Lektion 9
   d + t: Lektion 6, Lektion 7, Lektion 8
   f + v + w + pf: Lektion 7
   b + p: Lektion 8
3. Aussprache /h/: Lektion 2
4. ä-Laute (im Unterschied zu /e/): Lektion 6
5. ö-Laute: Lektion 10
6. ü-Laute und Unterscheidung zu /i/ und /y/: Lektion 4
7. r-Laute: Lektion 9
8. Diphtonge:
   eu/oi: Lektion 1
   ei/ai: Lektion 2, Lektion 7
9. Lautkombinationen:
   -chs: Lektion 8
   -ch: Lektion 8
   -ng: Lektion 10
10. Auslautverhärtung /s/: Lektion 9
11. Silben: Lektion 1
12. Wortakzent: Lektion 1, Lektion 2, Lektion 4, Lektion 5, Lektion 6
13. Satzakzent: Lektion 1 (ansatzweise), Lektion 4, Lektion 5
14. Assimilation (Angleichung benachbarter Laute): Lektion 1, Lektion 3
15. Reduktion (Abschwächung und Verkürzung von Lauten) und Elision (Ausfall von Lauten, Schwa-Laute): Lektion 1, Lektion 2, Lektion 3, Lektion 4

Band 2

Vorausschau:
Intonation (Satzakzent, Melodie, Rhythmus, Prosodie)
Vertiefung der Lautdiskriminierung
Vokalneueinsatz

Lektion 1
Hallo

Situation 1

Dialog 1 und 2

Assimilation
(Auch) Im Deutschen beeinflussen Laute, Wörter, Sätze einander, sie stehen nicht isoliert. Die Aussprache einzelner Laute bzw. Wörter wird durch das Umfeld, d. h. die sie umgebenden Laute bzw. anderen Wörter, beeinflusst. Wörter und Satzteile werden miteinander verbunden gesprochen, dabei werden Buchstaben „verschluckt" und/oder Laute verändert.

Wie heißt du? gesprochen: Wie heißt du?

(dabei fällt das /t/ weg bzw. /t/ und /d/ werden zu einem Laut assimiliert)

Woher kommst du? gesprochen: Woher kommst du?

Ich komme aus Schweden, aus Uppsala.

auch: Ich komme aus Schweden, aus Uppsala.

nicht: Ich / komme / aus / Schweden, aus / Uppsala.

Du kommst aus Polen?

Machen Sie Ihre TN von Anfang an auf entsprechende Assimilationen (die Angleichung benachbarter Laute) aufmerksam, geben Sie bei allen gelenkten Sprechübungen die in der Umgangssprache übliche Aussprache als Muster vor (ggfs. indem Sie oder eine Kollegin / ein Kollege die entsprechenden Sätze / Formulierungen vorher auf Band sprechen).

Hier ist neben der Ausspracheschulung insbesondere auch das Ziel, dass die TN die gesprochene Sprache (um sie herum) verstehen.

Übung 5 **Assimilation**
ebenso:

Er kommt aus Palanga.

Sie ist aus Kairo.

Das ist in Litauen.

Situation 2

Dialog 2

Satzakzent
Hier könnten Sie zum ersten Mal und ansatzweise den Satzakzent zeigen.

Woher kommen Sie, Frau Taheri? ↗

Ich komme aus dem Iran. ↘

Und wie ist dein Name? ↗

Ich heiße Martin. ↘

In Übung 2 könnten dann die TN bei den gespielten Dialogen bewusst auf den Satzakzent achten und ihn üben.

Übung 3 b **Elision**

Gut'n Morgen.
Gut'n Abend / N'Abend!

Vielleicht haben die TN selbst schon entsprechend differenziert gehört. (Regionale Formen wie „Gut's Nächtle" gehören auch dazu. Die können spielerisch geübt werden, es darf gelacht werden, wie bei Zungenbrechern.)

Dialog 3

Diphtong -eu
Sprechen Sie Deutsch?
Üben Sie die Aussprache des Diphtongs (untrennbare Verbindung von zwei Vokalen in einer Silbe) eu (= identisch mit oi, das später beim Gruß „Moin Moin" auftaucht.)

Übung 6 **Assimilation**
Hier ist wieder eine gute Möglichkeit authentische (Aus)Sprache zu üben:

Ich spreche Französisch.

Ich spreche Englisch.

Er spricht Englisch.

Er spricht Französisch.

Die TN werden leicht herausfinden, wo und wo nicht (und warum) gebunden wird.

Situation 4

nach Übung 1 **Silben, Wortakzent, Unterscheidung der Vokale:**
lang / geschlossen und kurz / offen

Nehmen Sie die bisher bekannten Wörter aus der Lektion, z. B.
Name – Vorname – Deutschland – Abend – Morgen – Leiterin – heißen – sprechen – kommen – Nachbar – Nachbarin – Frauentreff – Freundschafts-verein ...
und sprechen Sie sie laut gemeinsam mit den TN, begleiten Sie dabei jede Silbe mit einem Klatschen. Damit bekommen die TN ein Gefühl für die Silbenzahl im Deutschen. Es gibt TN, die von ihrer Muttersprache her gern noch Vokale zwischen die einzelnen Silben setzen (er-e / sie-e spricht-e). Beim Silbenklatschen wird in diesen Fällen deutlich, dass zu viele Silben gesprochen / geklatscht werden. Silben sind die einzelnen Lauteinheiten, aus denen ein Wort besteht. (Der Begriff wird linguistisch unterschiedlich definiert. Dies kann den TN auf diesem Niveau jedoch nur schwer erklärt werden.)

In einem zweiten Durchgang klatschen Sie bei den gleichen Wörtern nur noch die betonte Silbe (die Akzentsilbe). Die oben aufgelisteten Wörter werden alle auf der ersten Silbe betont.

Nehmen Sie jetzt die Auflistung der Bundesländer und deren Hauptstädte (in der Schweiz die der Kantone und in Österreich die des jeweiligen Landes) und lesen Sie die Städtenamen vor. Die TN markieren jeweils die Akzentsilbe.

Lassen Sie die TN die Städtenamen nachsprechen und anschließend anhand der Landkarte weitere Städtenamen suchen und den Akzent bestimmen (am besten Städtenamen aus der Region, in der Sie unterrichten, mit denen die TN eher in Berührung kommen).

Machen Sie dann dasselbe mit den Bundesländern:
- zuerst Sprechen und Klatschen der Silben
- dann Herausfinden der Akzentsilbe
- dann Sprechen und Klatschen der Akzentsilbe

Es wird in beiden Fällen klar, dass im Deutschen unterschiedlich betont wird: die erste, die zweite, die dritte ... Silbe kann Akzentsilbe sein, der deutsche Wortakzent ist beweglich. Übungen zum Wortakzent sind insbesondere für TN wichtig, deren Muttersprache einen festen Wortakzent haben (z. B. Ungarisch, Französisch).

Sie können nach der Behandlung des phonetischen Alphabets (Situation 5) noch einmal zu dieser Auflistung zurückkommen, denn es kommen hier fast alle deutschen Vokallaute wenigstens einmal in langer / geschlossener und kurzer / offener Form vor und lassen sich sehr gut deutlich machen.

|a:|	|a|	/a/	lang / geschlossen:	kurz / offen:
			Saarland	Sachsen-Anhalt
			Baden-Württemberg	Rheinland-Pfalz
|e:|	|ɛ|	/e/	lang / geschlossen:	kurz / offen:
			Bremen	Bremen
			Dresden	Dresden
			Schwerin	Schleswig-Holstein

|i:|	|i|		/i/	lang / geschlossen: Niedersachsen Wiesbaden Berlin	kurz / offen: Thüringen Schleswig-H.
|o:|	|ɔ|		/o/	lang / geschlossen: Vorpommern Hannover	kurz / offen: Vorpommern Potsdam
|u:|	|ʊ|		/u/	lang / geschlossen: Chur	kurz / offen: Hamburg
|ɛ:|	|e:|	|ɛ|	/ä/	lang / geschlossen: Dänischhagen Mädelegabel (Berg in A)	kurz / offen: Kärnten Appenzell Genf
|ø:|	|œ|		/ö/	lang / geschlossen: Österreich	kurz / offen: Sankt Pölten
|y:|	|y|		/ü/	lang / geschlossen: Südtirol	kurz / offen: Saarbrücken Düsseldorf Baden-Württemberg

Vokal + h, Verdoppelung des Vokals und Einzelstellung als Anfangssilbe hat eigentlich immer die lang / geschlossene Lautung zur Folge.

Lassen Sie anhand einiger ausgewählter Länder- und Städtenamen die unterschiedliche Aussprache der Vokale üben.

Jeder Vokal wird im weiteren Verlauf des Lehrwerks (1. Band) noch einmal gesondert behandelt.

Situation 5

Führen Sie hier, wenn nicht bekannt, das phonetische Alphabet ein. Sie finden es in jedem Wörterbuch. Die Beherrschung dieser Lautschrift erleichtert den TN die selbstständige Arbeit mit einem Wörterbuch.

Bei den Zahlen lassen Sie die TN, ohne weiter darauf *einzugehen, zwanzich, dreißich* usw. üben, also gemäß der Hochsprache. Sie können diese Aussprache in der Lektion 2, in der *Hamburg – Hamburch* gezeigt wird, thematisieren.

Lektion 2
Hamburg

Situation 1

nach Dialog 1+2

Aussprache /a/
Das Wort „Stadtrundfahrt" ist jetzt bekannt. Machen Sie daran das kurze /a/ und das lange /a/ deutlich.

|a:| |a|

Weitere Beispiele:

/a/	lang / geschlossen:	kurz / offen:
	Lisa	Hamburg
	haben	machen
	aber	Papa
		Carsten
		alt

|h|

Aussprache /h/
Insbesondere wenn Sie TN im Kurs haben, die aufgrund ihrer Muttersprache Schwierigkeiten mit der Aussprache des Buchstaben h haben, könnten Sie hier die Aussprache üben.
Bekannt sind die Wörter
hallo – Hamburg – Hannover – Hessen – heißen

Hier kann man auch die Kerzenübung machen:
Nehmen Sie eine brennende Kerze, halten Sie sie etwa 15 cm vor sich und sprechen Sie den TN vor:

Eis	heiß
alt	halt
aus	Haus
…	

Beim Sprechen des h muss die Flamme sich bewegen bzw. ausgehen.
Wenn Sie diese Übung nicht mit allen TN im Kurs machen wollen, können die TN so zu Hause üben.

Diese Kerzenübung können Sie auch bei späteren Übungen einsetzen. Wir verweisen jeweils darauf.

|g| |k|

Aussprache /g/ + /k/
Lassen Sie /g/ und /k/ sprechen:
Göttingen – groß – Graubünden – gut
Köln – klein – Kärnten – Kurs

Die beiden genannten Konsonanten gehören zu den sogenannten Explosiven (stimmhaft: b, d, g; stimmlos: p, t, k). Wenn Sie sich selbst beobachten, stellen Sie fest, dass Sie diese Konsonanten produzieren, indem Sie den Mundraum schließen und dann bei der Bildung des Lautes die Atemluft herausstoßen. Folgt einem solchen Konsonanten ein betonter Vokal oder steht er am Ende des Wortes (Wortauslaut), kann man nach seiner Bildung noch ein h hören, d. h. er wird behaucht (Aspiration).

Diese Laute korrekt auszusprechen kann auch mit der Kerzenübung geübt werden: Beim stimmhaften (weichen) /g/ muss sie weiterbrennen, beim stimmlosen (harten) /k/ muss sie ausgehen oder die Flamme sich zumindest stark bewegen.

Aber: Guten (bzw. Gut'n) Tag = gesprochen: Gut'n Tak
/g/ am Schluss wird gesprochen /k/ (Auslautverhärtung): Hamburg = Hamburk

|g| |k| |ʒ| Wie hören die TN z. B. in den Medien oder in ihrer Umgebung „Hamburg" oder auch „Guten Tag, Mecklenburg, Brandenburg, Salzburg, Freiburg ..."?
Hören Sie „Hamburk" oder „Hamburch"?

Zeigen Sie an diesen Beispielen, dass /g/ am Ende nicht nur wie /k/ gesprochen wird, sondern oft – regional unterschiedlich – wie /ch/ = also: Hamburch. Die TN dürfen also Salzburk oder Salzburch, Wittenberk oder Wittenberch, Nürnberk oder Nürnberch, und Gut'n Tach sagen, wenn Sie es in der Unmgebung so hören.

In anderen Gegenden wird im Auslaut g gesprochen. Die Grundsprache im Unterricht ist aber die Hochlautung.

Teilnehmer ziehen gern Vergleiche mit der Muttersprache oder finden Analogien.

Situation 3

Übung 1 b **Wortakzent, Satzakzent, Diphtong ai**

Sprechen Sie den TN die Monatsnamen vor (besser von Band). Vielleicht begegnet ihnen hier zum ersten Mal der Diphtong ai (= identisch mit ei).
Die TN sollen die betonte Silbe der Monatsnamen kennzeichnen. Lassen Sie Aussprache und Betonung üben.

Lesen Sie mit den TN das kleine Gedicht:
Es war eine Mutter ...
und erarbeiten Sie dabei gemeinsam die Betonung. Die TN sollten als Hausaufgabe das Gedicht auswendig lernen und später immer wieder einmal für sich allein geflüstert aufsagen. Beim Flüstern muss man langsam sprechen, dadurch wird die Aussprache deutlicher. Diese Übung könnten sie immer wieder einmal mit bekannten kurzen Texten machen.

Zur Aussprache des -er in Mutter – Sommer – Winter siehe Lektion 6, Situation 3 und Lektion 9, Situation 2.

Übung 2 **Aussprache /e/, kurz / offen**

|ɛ| erste – zweite – dritte ...
Der Laut ist identisch mit dem /e/ in Bremen, Thüringen, ...
Lassen Sie andere Beispiele suchen.

Situation 6

Übung 7 **Aussprache /g/**

|g| |k| |ç| Was haben Sie gehört?
Montag – Montak – Montach
Nachmittag – Nachmittak – Nachmittach
nachmittags – nachmittaks – nachmittachs
Die Hochlautung hat den Ausklang, der in Richtung k geht.

Situation 7

Wortschatz 1, Wortakzent
Wenn Sie die Lautschrift erklärt haben, kann man folgende Übung machen: Jeder sucht sich ein Wort im Wörterbuch und versucht es entsprechend der Lautschrift zu sprechen.

Käse: das /ä/ werden die TN in einigen Gegenden Deutschlands (nur noch) als /ee/ hören.
Weitere Beispiele: Bär, Mädchen, Träne, fähig ...

Dialog 2 + Übungen

Elision
Man hört (und sagt):
'nen Kaffee / 'ne Tasse / 'n Kännchen / 'nen Kakao usw.

Lektion 3 Schleswig-Holstein

Schleswig-Holstein
gesprochen: Schleeswig/ch (langes e), aber auch: Schläswig/ch (kurzes ä)

Wortschatz 1, nach Übung 4

Unterscheidung der Vokale lang / geschlossen und kurz / offen
Bilden Sie Gruppen. Bereiten Sie für jede Gruppe ein größeres Blatt vor, auf dem wahllos verteilt folgende Laute stehen:

a ai o oi u e i au

oder etwas differenzierter: (: steht für **lang**):

e: i: o ai u o: u:
e a: a oi a i au

Die TN arbeiten in Gruppenarbeit. In jeder Gruppe liest einer Text G aus Übung 2, die anderen zeigen jeweils auf die gesprochenen Laute, korrigieren gegebenenfalls. Lassen Sie dann die Bücher schließen und diktieren Sie einige Wörter / Sätze des Textes / den Text. Die TN schreiben nur die Vokale des Textes. Korrektur in Partner- oder Einzelarbeit.

Wortschatz 2, nach Übung 9

Assimilation

Da ist ein Schiff. – Da ist ein Schiff.

Da sind viele Schiffe. – Da sind viele Schiffe.

Versuchen Sie im Anschluss an Übung 9 gemeinsam im Kurs die erarbeiteten Sätze so sprechen zu lassen.

Situation 1

nach Übung 4 **Elision, Assimilation**
Nehmen Sie noch einmal die Fragen und erarbeiten Sie, wie man sie hört bzw. spricht:

Wart ihr gestern am Strand?

War(e)n / Wa'n Sie schon einmal hier?
War(e)n / Wa'n die Kinder krank?
Hatt'n Sie Heuschnupfen?

Wo warst du gestern?

Sie könnten anschließend variierte Sätze „diktieren": Sie sprechen die Sätze in der gesprochenen Sprache, die TN schreiben schriftsprachlich / grammatisch korrekt: z. B. Warst du gestern zu Hause? / Waren Sie krank? / Hatten Sie Husten? / ...

Situation 2

vor Übung 6 **Assimilation**
Hier könnten Sie das Zusammenziehen mit Wortschatzkarten (s. Exkurs Spiele) üben: Kleben Sie Bilder aus Zeitschriften (z. B. Wortschatz aus Lektionen 2 und 3: Stadtrundfahrt, Frühstück ...) auf Karten und lassen Sie die TN mündlich Sätze formulieren:

Das ist ein(e) ... Das sind ...

Lektion 4 Mecklenburg-Vorpommern

Situation 1

Wortakzent
Im Zusammenhang mit Situation 1 und der Behandlung des Perfekts sollte der Wortakzent beim Partizip Perfekt klargemacht und bei den entsprechenden Perfektübungen oder isoliert geübt werden:
- Betonung in der Regel auf der 2. Silbe bei Partizipien, die mit *be-, ge-* beginnen (später kommen noch *ver-, zer-* hinzu):
- gezogen – geboren – gegangen – bekommen – gefunden – gekauft
- Andere Betonung bei:
  fotografiert (Ü 3) – angemeldet – trainiert – gratuliert (Ü 5)

vor Übung 9 **Aussprache /ü/**
|y:| |y|
Nehmen Sie die Sätze
- Die Insel Rügen hat eine herrliche Küste.
- In Lübtheen wohnen wir.

Darin kommt der Vokal /ü/ sowohl lang / geschlossen als auch kurz / offen vor. Lassen Sie die TN die Sätze hören. (Sie sprechen sie oder haben sie vorher auf Kassette aufgenommen.)

Hier soll die Aussprache von /ü/ und anschließend die Unterscheidung zu /i/ behandelt werden. Auf die Aussprache nur des i-Vokals wird in der nächsten Lektion eingegangen.

|y:| |y|

/ü/	lang / geschlossen	kurz / offen
	Rügen	Küste
		Lübtheen

Lassen Sie die TN diese Zuordnung finden.

Üben Sie die Aussprache von /ü/:
vom /u/ = Lippen gespitzt (Kussstellung) – zum kurzen /ü/ (Lippen noch stärker gespitzt) – zum langen /ü/.

Nehmen Sie schon bekannte Wörter: z. B. Frühstück, üben, Tür, Rücken, Müsli ... und Städtenamen wie Lüneburg, München, Nürnberg, Zürich, Tübingen, Mühlheim ... und machen Sie daraus eine Liste wie folgt:

	lang	kurz
Frühstück		
üben		
Lüneburg		
...		

Lassen Sie die TN die Wörter hören (durch Sie oder Kassette) und ankreuzen, wie das /ü/ gesprochen wird.

Die TN können die Liste (im Kurs oder zu Hause) ergänzen, indem sie in den bisher behandelten Lektionen nach entsprechenden Wörtern suchen.

Aussprache /y/
/y/ wird ebenfalls wie /ü/ gesprochen, manchmal wird /y/ aber auch wie /i/ gesprochen: (Syke = Stadt in Niedersachsen, System = /i/ und /ü/ möglich)

/y/	lang / geschlossen	kurz / offen
	typisch	ypsilon
	Lydia	Myrrhe
	Psyche	System
		Sylt

– Die TN können sich vielleicht merken:
  ü + h = immer langes / geschlossenes /ü/: Frühstück, Mühe
  ü + Konsonant + Konsonant = immer kurzes / offenes /ü/: Küste, Lübtheen, Nürnberg
  y + Konsonant + Konsonant = immer kurzes / offenes /ü/: Ypsilon, Myrrhe

|y:| |y|
|i:| |i|

Unterscheidung /ü/ zu /i/
Im Zusammenhang mit der Aussprache des Vokals /ü/ sollten Sie auch die Unterscheidung von /ü/ und /i/ üben und das besonders, wenn Sie TN in der Gruppe haben, die aufgrund ihrer Muttersprache (große) Schwierigkeiten mit

der Unterscheidung haben (Polen / Osteuropa) bzw. dazu neigen, /ü/ wie /i/ auszusprechen. Geben Sie dieser Gruppe immer wieder Hilfestellung und üben Sie mit ihnen hören und sprechen.

Machen Sie eine Liste aus Wörtern wie

Tür	Tier
(so'n) Mist ⇄	(er) müsste
Bühne	Biene
spülen	spielen
Mütter	Mitte
düsen	diesen
Rügen	Riegen
lügen	liegen
...	

Lassen Sie die TN jeweils eines der Wortpaare hören und ankreuzen, welches sie glauben, gehört zu haben.

Spielen Sie Ihren TN – wenn möglich – „Es grünt so grün ..." aus dem Musical „My fair Lady" vor. Da singt Eliza zu Beginn „Es grint so grin, wenn Spaniens Bliten blihen ..." und dann „Es grünt so grün, wenn Spaniens Blüten blühen ... Mein Gott, jetzt hat sie's ... Was macht das blöde Grün? ... Es grünt so grün ...". Das macht Spaß, verdeutlicht die Problematik und hilft beim Behalten.

Natürlich sollten nicht alle der aufgeführten Übungen an der genannten Stelle durchgeführt werden. Wir haben sie hier nur im Zusammenhang dargestellt. Greifen Sie an passenden Stellen im Unterrichtsablauf darauf zurück, machen Sie ähnliche Übungen oder wiederholen Sie sie – je nach den Bedürfnissen Ihrer TN.

Situation 2

Übung 4 **Wortakzent, Satzakzent**

Mit der Einführung der zweiteiligen Verben kann wiederum Wortakzent gezeigt und geübt werden:

- Betonung auf der 1. Silbe: únglücklich sein – zúmachen – wégfahren – wéggehen – aúfstehen – aúfmachen – aúfhören – wíederkommen
- Die Betonung auf eben dieser Silbe bleibt erhalten bei den Formulierungen: ich bin únglücklich – ich mache die Tür zú – ich fahre wég – ich stehe aúf usw.
- Die Betonung ändert sich auch nicht, wenn die Sätze ergänzt werden: ich kaufe Gemüse éin – ich komme morgen wíeder – ich mache die Tür zú ...

Dass es natürlich auch heißen kann: **ich** kaufe Gemüse ein – **ich** komme morgen wieder – **ich** mache das Fenster zu ..., sich dann aber die Bedeutung verschiebt (ich kaufe **Gemüse** ein, nicht Brot; ich komme **morgen** wieder, nicht übermorgen; ich mache **das Fenster** zu, nicht die Tür), wird mit der Behandlung vom Satzakzent erarbeitet (2. Band). Entscheiden Sie, ob Sie dies den TN schon jetzt andeuten; es hängt von deren Verständnis und Interesse ab.

Situation 4

Dialog

Wortakzent
Die TN könnten den Dialog (im Kurs oder zu Hause) noch einmal lesen und den Wortakzent der Partizipien kennzeichnen.

Übung 4 **Reduktion**
Die Sätze, die die TN lernen sollen, werden meistens so gesprochen:

Ich bin erkältet. Ich hab' Fieber. Ich hab' Grippe. Mir is' schlecht.

Lektion 5 Niedersachsen

Situation 1

Dialog 1

Satzakzent
Wir haben im Folgenden versucht zu kennzeichnen, wie man den Dialog in der Regel umgangssprachlich hören würde.

■ Du, Helga, sollen wir morgen nach Hannover fahren?

Einkaufen … Ich brauch unbedingt noch ein paar Sommersachen.

Und Hannover ist ja nicht so weit.

◆ Wieso, morgen ist doch Fronleichnam?

■ Ja, hier. Aber nicht in Niedersachsen. Da sind doch mehr Leute evangelisch.

Da ist morgen kein Feiertag.

◆ Ach ja, Fronleichnam ist ja ein katholischer Feiertag.

Das bring ich immer durcheinander.

Klar komme ich mit.

Vergleichen Sie mit der Version auf der Kassette / CD zum Lehrbuch.
Lassen Sie die TN den Dialog mit dieser Aussprache einüben (wenn es ihnen Spaß macht).

Situation 2

|iː| |i|

Aussprache /i/
Behandeln Sie hier mit „Niedersachsen" an einer Ihnen geeignet erscheinenden Stelle die Aussprache von /i/:
- lang / geschlossen: Lippen breit / gespannt; kurz / offen: Lippen weniger gespannt

Folgende Wörter sind den TN schon bekannt:

|iː| |i|

/i/ lang / geschlossen:	kurz / offen:
Niedersachsen	Schleswig-Holstein
Berlin	Milch
Ihnen	Mist
Müsli	schwimmen
Wiedersehen	(du) bist
Apfelsine	Kind
Brief	
wir	
…	

- Die TN könnten sich merken:
  /i/ wird (in der Regel) lang / geschlossen gesprochen bei:
  i am Wortende: Müsli
  i als Anfangssilbe: Igel, Italien
  i + e: Niedersachsen
  i + h: Ihnen, ihm
- i + Konsonant + Konsonant wird kurz / offen gesprochen: (er) ist, immer, Milch, Kind
- aber nicht: (er) gibt (wobei kurz / offen dabei regional sicher vorkommt).
- i + Konsonant gibt es bei beiden Aussprachevarianten.

Lassen Sie die TN aus dem Niedersachsen-Text (1. Absatz) alle i-Laute heraussuchen und die Aussprache anhand der o. a. Regeln festmachen. Den Text laut lesen und dabei die i-Laute bewusst sprechen lassen.

Übung 2 **Wortakzent**
Bei Wortbildung aus Adjektiv und Nomen ist die Akzentsilbe immer das vorgesetzte Adjektiv. Lassen Sie die TN die Silben der Wörter klatschen, im 2. Durchgang nur bei der Akzentsilbe klatschen.

Situation 6

Aussprache /o/
Üben Sie hier den Vokal /o/ wie bisher bei den anderen Vokalen schon beschrieben:
Lassen Sie zuerst schon bekannte Wörter mit /o/ suchen und nach langem / geschlossenem /o/ und kurzem / offenem sortieren:

|oː| |ɔ|

/o/ lang / geschlossen:	kurz / offen:
Hannover	Mecklenburg-Vorpommern
schon	Wort
hallo	Schleswig-Holstein
so	kommen
Brot	Post
rot	Schloss
…	

- /o/ wird ähnlich gesprochen wie /u/: Lippen gespitzt / Kussstellung, aber Kiefer etwas öffnen.
- lang / geschlossen wird /o/ immer gesprochen bei:
  o allein / als Anfangssilbe: Ofen, oder, Oma
  o am Ende: hallo, so
  o + h: Sohn, wohnen
  o + o + Konsonant: Moor, Boot
- kurz / offen wird /o/ immer gesprochen bei:
- o + Konsonant + Konsonant: voll, Sonne, kommen, Post, Mecklenburg-Vorpommern
- o + Konsonant kommt sowohl lang / geschlossenund als auch kurz / offen vor: Brot, von

Lassen Sie aus dem Dialog (Messe-Mutti Timman) die Wörter mit /o/ heraussuchen und entsprechend der Regeln den beiden Ausspracheformen zuordnen. Anschließend die Aussprache anhand der beiden Auflistungen üben.

Der Dialog könnte dann in Gruppen zu viert (mit verteilten Rollen) laut gelesen werden: zwei TN lesen, zwei TN kontrollieren / korrigieren.

Das Gleiche könnte mit Ü 4 nach ihrer Bearbeitung gemacht werden: zuerst die o-Laute analysieren, evtl. entsprechend kennzeichnen, anschließend in Partnerarbeit lesen und kontrollieren.

Lektion 6 Bremen

|eː| |ɛ| |ə|

|ɛː|

Vor Situation 3

Aussprache /e/
Bei Br<u>e</u>m<u>e</u>n bieten sich die e-Laute zur Behandlung an. Diese Lautreihe ist schwierig zu diskriminieren und zeigt einmal mehr, wie stark Schriftsprache und gesprochene Sprache auseinander klaffen.

Es gibt:
- /e/ lang / geschlossen: Br<u>e</u>men, M<u>e</u>hl, T<u>ee</u>, W<u>e</u>g, g<u>e</u>hen, gerade (geschrieben: e / e + h / e + e / e + Konsonant)
- /e/ kurz / offen: W<u>e</u>lt, spr<u>e</u>chen, d<u>e</u>nn
- das unbetonte /e/ = ein sogenannten Schwa-Laut: das Endungs-e in: bitt<u>e</u>, dank<u>e</u>, Brem<u>e</u>n; das -e- in Infinitiven (geh<u>e</u>n, komm<u>e</u>n, sprech<u>e</u>n) und bei Partizipien (g<u>e</u>sagt)
- das /e/ in -er (= das tiefe Schwa); dieser Laut ist etwas tiefer, aber offener als das unbetonte /e/, geht in Richtung /a/: Mutt<u>e</u>r, Vat<u>e</u>r, Bremerhav<u>e</u>n, verkauf<u>e</u>n, dies<u>e</u>r, od<u>e</u>r
- /ä/ lang / geschlossen: K<u>ä</u>se, M<u>ä</u>dchen, n<u>ä</u>hen, M<u>ä</u>rchen (wird oft wie /e/ lang / geschlossen gesprochen)
- /ä/ kurz / offen: <u>Ä</u>rger, <u>Ä</u>pfel, S<u>ä</u>fte, k<u>ä</u>mpfen, f<u>ä</u>llt

Lassen Sie die TN die einzelnen e-Laute sprechen und üben. Sie sollten auch weitere Beispiele aus den bisherigen Lektionen heraussuchen.

Nehmen Sie dann (noch einmal) den Dialog aus Situation 1: Die TN kennzeichnen die unterschiedlichen e-Laute und vergleichen ihr Ergebnis mit der Tonaufnahme.

Situation 3

Text 3 **Aussprache /e/**
Hier noch einmal die e-Laute entsprechend kennzeichnen, anschließend den Text sprechen. Die Aussage von Jamos könnte auch auswendig gelernt werden, um Laute einzuschleifen und zu verinnerlichen.

Situation 4

Text 2 **Aussprache /d/ und /t/**
Lassen Sie die Explosive /d/ und /t/ sprechen und üben, indem Sie für beide schon bekannte Wörter mit diesen Anfangsbuchstaben suchen lassen.
Evtl. Kerzenübung machen zur Unterscheidung.

Lassen Sie die TN den Dialog (noch einmal) hören und kennzeichnen, wo sie am Ende eines Wortes /t/ hören. Sie sollten herausfinden, dass *-dt* (Stadt) und *-d* (Fahrrad) am Ende *-t* gesprochen werden (Auslautverhärtung).
Finden die TN andere Beispiele?

Situation 7

Text 1 **Aussprache /d/ und /t/**
Sie können auf die in Situation 4 besprochene Auslautverhärtung von /d/ zurückkommen.

Lassen Sie die TN Wörter mit /d/ als Endkonsonanten finden:
Bad (t) – aber Badezimmer, Badewanne
Fahrrad (t) – aber Fahrräder
Lied (t) – aber Lieder
Finden die TN weitere Beispiele?

Übung 4 **Wortakzent**
Anhand der Beispiele zur Wortbildung aus Verbstamm und Nomen sollte die Betonung dieser Komposita auf der ersten Silbe herausgefunden werden.

Lektion 7 Nordrhein-Westfalen

|f| |v| |pf|

Vor oder in Situation 1

Aussprache /f/, /w/, /pf/, /v/
Üben Sie hier die Unterscheidung von /f/, /w/, /pf/ und /v/.

Das /f/ wird ohne Stimmeinsatz produziert, dabei liegt die obere Zahnreihe leicht auf der Unterlippe.

Die schriftliche Verdoppelung wie bei Klassentre<u>ff</u>en hat keine Wirkung auf die Lautung des Konsonanten (es zeigt nur die Kurzlautung des Vokals, hier /e/, an).

/v/ wird genauso gesprochen. Nur bei Wörtern, die nicht aus dem Germanischen kommen, wird /v/ wie /w/ gesprochen (Vase, Visum).

Besondere Aufmerksamkeit müsste TN aus dem spanischen Sprachraum geschenkt werden, wenn sie Schwierigkeiten mit der Unterscheidung von /w/ und /b/ haben:

das /w/ wird genauso produziert wie das /f/, nur stimmhaft. Die Lippen dürfen nicht aufeinander liegen, der Mund darf nicht verschlossen werden. Sonst entsteht /b/.

/pf/

Produktion wie /f/, nur vorher die Lippen schließen, ein /p/ formen (stimmloses Explosiv + Aspiration; Unterscheidung von /p/ und /b/ in Lektion 8) und die Lippen zur f-Formung gleich wieder öffnen.

Lassen Sie die TN die Aussprache von: Pfund – Strumpf – Strümpfe – Rheinland-Pfalz – pflegen üben. Sammeln Sie gemeinsam bereits bekannte Wörter und üben Sie sie.

Man hört /pf/ auch nur als /f/ gesprochen. Die TN könnten so sprechen, es ist aber nicht ganz korrekt.

Vor Situation 7

|d| |t|

Aussprache /d/ und Diphtong /ei/

Nordrhein-Westfalen:

- N<u>ord</u>: hier ebenfalls Auslautverhärtung von /d/
- Nord<u>rhein</u>: Diphtong /ei/ wird nicht e + i gesprochen, sondern es wird beim /a/ angefangen + i

Dieser Laut kann geschrieben werden: ei, ey, ai, ay. Suchen Sie gemeinsam Kurs weitere Beispiele dafür.

Situation 7

nach Übung 3 **Aussprache /f/**

|f|

Nehmen Sie sich mit den TN noch einmal den Köln-Text vor und lassen Sie die TN alle Wörter mit f-Lauten kennzeichnen oder heraussuchen und sprechen.

Lektion 8 Sachsen-Anhalt

Vor Situation 1

Aussprache /chs/

|ks|

Sa<u>ch</u>sen-Anhalt: Die TN kennen die Lautkombination -chs eigentlich schon aus Lektion 5 (Niedersachsen).

-chs wird gesprochen wie k + s, zumindest dann, wenn es am Ende eines Wortes steht oder ein /e/ folgt (nämlich nicht bei z. B. wa<u>ch</u>sam). Beispiele: wa<u>ch</u>sen, se<u>ch</u>s, Fu<u>ch</u>s.

Kennen die TN noch andere Beispiele?

Anmerkung:

Der Buchstabe /x/ ist kein eigener Laut, sondern wird wie -chs = k + s gesprochen.

Situation 1

nach Übung 2 **Aussprache /ch/**

Können Sie bitte etwas lauter sprechen?

|ç| Hier hinten kann man Sie so schlecht verstehen?

Sprechen Sie den Laut vor und lassen Sie die TN nachsprechen (-ch wird weit

|x| vorn gesprochen):

ich, sprechen, schlecht

Ich kann Sie nicht verstehen.

Ich kann Sie schlecht verstehen.

Können Sie etwas lauter sprechen?

und: Mädchen, Kindchen, Männchen.

-ch wird etwas anders gesprochen, wenn davor einer der hinteren Vokallaute (a, o, u, au) steht: Sprache, Nacht, acht, machen, Bach, Buch, Fach, rauchen, Loch.

Es ist dann mehr ein Rachenlaut und „kratzt".

Ob die TN das hören (können)?

Die TN könnten den Lutherspruch bei Dialog 1 auswendig lernen (zur Festigung von -ch):

„Und wenn ich wüsste, dass morgen die Welt untergeht, so würde ich heute noch mein Apfelbäumchen pflanzen."

Vor Situation 4

|b| |p| **Aussprache /b/ und /p/**

Lassen Sie /b/ und /p/ sprechen (Explosive, stimmhaft und stimmlos):

- Buch, Bach, Bus, bauen, Baden-Württemberg, Brandenburg, Berlin, backen
- M.-Vorpommern, Pause, Papier, Party, Potsdam, packen

Eventuell. Kerzenübung (bei /p/ muss die Kerze ausgehen oder sich stark bewegen)! Suchen Sie gemeinsam im Kurs weitere Beispiele.

Und jetzt:

Fahrrad-Club – Fahrrat-Clup

Die Auslautverhärtung von /t/ ist schon bekannt, /b/ wird zu /p/.

Beispiel: gelb (gelp) – lieb (liep) – Verb (Verp)

aber: das gelbe Haus – liebe Grüße – zweiteilige Verben

Finden die TN noch andere Beispiele?

Situation 4

Text 2 nach Übung 4 **Aussprache /d/, /t/ und /g/**

Wiederholung:

|d| |t| Wie werden die dort genannten Veranstaltungen ausgesprochen?

|g| |k| Rund ums Rad – Runt ums Rat

Radtour – Rattour

Diavortrag – Diavortrak (ch)

Abendradtour – Abentrattour

Lektion 9
Brandenburg

Situation 2

|r| |ʀ| |ɐ|

Aussprache /r/

Das /r/ wird im Deutschen unterschiedlich gesprochen, gerollt wird es nur im Süden des Landes (Zungenspitzen-R). Es ist egal, wie man das /r/ spricht, aber es gibt darüber hinaus unterschiedliche, meistens reduzierte r-Laute, die man natürlich auch sprechen können muss, aber noch wichtiger, hören können muss.

/r/ wird konsonantisch und vokalisch gesprochen. Wenn es vokalisch gesprochen wird, ist kein /r/ zu hören. Dann schwingt im Ansatz ein /a/ mit, praktisch entstehen neue Diphtonge.

Konsonantisch wird es gesprochen:
1. am Wortanfang: Rheinland-Pfalz, Regensburg
2. am Silbenanfang: Thüringen, Österreich
3. nach Konsonanten: Brandenburg, Bremen

Vokalisch wird es gesprochen:
4. nach kurzen Vokalen: Württemberg, Stuttgart
5. nach langen Vokalen: Brandenburg, Vorpommern
6. bei unbetontem -er: Niedersachsen, Hannover (das ist wieder der Schwa-Laut wie bei Sommer, Winter)

Machen Sie mit den TN eine Tabelle für die 6 r-Laute und tragen Sie bekannte Wörter / Beispiele ein. Ergänzen Sie die Tabelle über die gesamte Lektion hinweg.

Beginnen Sie mit den Sätzen:

⑤ ① ⑤ ④ ③
- Wir planen eine Radtour durch Brandenburg.
- Wir würden auch gern heiraten.

⑤ ④ ⑤ ②

Bei 6 darf man wie gesagt kein /r/ hören.

Aber: In Situation 1, Übung 3, Text 5 kommt das Wort „Chor" vor, in dieser Situation außerdem „Tour".

Lassen Sie die Pluralformen bilden: Chöre, Touren

Beim Plural wird das vokalische /r/ zum konsonantischen, weil es dann am Anfang einer Silbe steht.

Finden Sie mit den TN hierfür noch bessere Beispiele: z. B. Tier, Tür, Tor, Haar …

Situation 3

Übung 3 **Aussprache /s/**

|s| |z|

Wortbildung mit -los:

Das ist ein Beispiel für die Auslautverhärtung beim /s/.

Das /s/ wird wieder stimmhaft bei Arbeitslo<u>s</u>e, beim kinderlo<u>s</u>en Ehepaar, bei der lieblo<u>s</u>en Behandlung und bei der brotlo<u>s</u>en Kunst.

Situation 4

Text 2 **Aussprache /g/**

|g| |k| |ç|

traurig – traurich (traurik)
Entsprechend andere Adjektive mit der Endung -ig.
Aber /ch/ oder in einigen Gegenden /k/ wird wieder zum /g/ bei der traurigen Geschichte.
Im süddeutschen Raum wird aber /g/ auch im Ausland gesprochen.

Lektion 10 Österreich

Vor Situation 1

|ø:| |œ|

Aussprache /ö/
Behandeln Sie mit den TN die ö-Laute.
- /ö/ wird ähnlich wie /e/ gesprochen, aber die Lippen sind rund wie bei /o/, in Kussstellung. Setzen Sie bitte /ö/ deutlich gegen /e/ ab.
- Es gibt /ö/ lang / geschlossen wie bei Österreich und kurz/offen wie bei Göttingen.

Suchen Sie gemeinsam andere Beispiele, auch unter Zuhilfenahme der Landkarte.

- /ö/ wird lang / geschlossen gesprochen bei:
  ö allein als Anfangssilbe: Österreich
  ö + h (+ Konsonant): Höhe, Höhle
  oe + Konsonant: Goethe
- ö + Konsonant + Konsonant (möchte, öffnen ...) wird kurz / offen gesprochen
- Sowohl bei der langen / geschlossenen als auch bei der kurzen / offenen Aussprache gibt es die Schreibweise ö + Konsonant.
- Auf die Diskriminierung von /e/ und /ö/ werden wir in Band 2 verstärkt eingehen.

Situation 2

|ŋ|

Wortschatz: Aussprache /ng/
Wortbildung mit -ung: -ng ist ein eigener Laut, ein leichter Nasallaut, der ausdrücklich geübt werden muss.

Beispiele: Anmeldung, Erzählung, Verbindung (man hört aber auch Anmeldunk, Verbindunk)
Bei der Pluralform darf aber kein /g/ oder /k/ zu hören sein, sondern nur der Nasallaut:
Anmeldung-en, Verbindung-en
Das /e/ ist hier wieder ein leichter Schwa-Laut.

Anhang
Lösungen

Lektion 1
Hallo

Situation 1
Aupair-Club, Hamburg

Übung 2 1. Severin kommt aus Polen. ◆ 2. Xenia ist aus Bordeaux. ◆ 3. Das Aupair-Mädchen aus Frankreich heißt Xenia.

Übung 3 Anna und Elena kommen aus Spanien. Robert kommt aus Frankreich.

Übung 4 4 Personen sprechen. ◆ Reihenfolge: 2 – 6 – 4 – 7 – 1 – 5 – 3

Übung 6 A: Ich heiße Birgit. Ich komme aus Köln. – Und wer bist du? ◆ B: Wie heißt du? – Ich heiße Karl. – Woher kommst du? – Ich komme aus Dresden. Das ist in Deutschland. ◆ C. Das ist Roberto. Er kommt aus Spanien. – Und das ist Nicole. Sie kommt aus Liège. Das liegt in Belgien.

Situation 2
Internationaler Frauentreff

Übung 2 Mehrere Lösungen sind möglich.

Situation 3
Freundschaftsverein

Übung 1 A2 ◆ B1 ◆ C3

Situation 5
Im Aupair-Club

Übung 1 a. Frau Hildegard Meier, Bleckmannsbusch 11, 46535 Dinslaken ◆
b. Herr Rudolf Petzenburger, Schachstraße 42, 38368 Mariental

Übung 2 a. 041 01 / 59 49 70 ◆ b. 89 83 45 ◆ c. 051 01 / 4 95 66 38

Übung 4 b Beratungsstelle für spanische Arbeitnehmer/innen, Straße: Am Sölenborn, PLZ: 37073, Ort: Göttingen ◆ Deutsch-Französische Gesellschaft, Straße: Immengarten 5; PLZ: 30177, Ort: Hannover

Übung 6 Mustermann, geb. Gabler; Erika; Deutsch; Nußhäherstraße 10, München ◆ Kissinger; Henry A.; Deutsch-Amerikanisch; USA ◆ Toczynska; Olga; Polnisch; Alte Waage 15, 38100 Braunschweig; 05 31 / 24 12 18 ◆ Lundquist; Kristin;

Schwedisch; Buchenstraße 18, 80798 München ◆ Horn; Achim, Elisabeth und Sebastian und Hirschmann; Anja; Deutsch; Weserstraße 19, München

Abenteuer Grammatik:

1 ich heiße, du heißt, er / sie heißt ◆ ich komme, du kommst, er / sie kommt

2 ich bin, du bist, er ist, sie ist

3 Sie heißen ◆ Sie kommen

4 ich spreche, du sprichst, Sie sprechen, er / sie spricht

5.1 ich ...-e, du ...-st, sie ...-t, er ...-t, Sie ...-en

5.2 ich wohne, du wohnst, Sie wohnen, er / sie wohnt ◆ ich buchstabiere, du buchstabierst, Sie buchstabieren, er / sie buchstabiert

Lektion 2
Hamburg

Situation 1
Gespräch in der Familie

Übung 1 Stadtrundfahrt

Übung 2 Dialog 1: Frau Fedders, Kristin ◆ Dialog 2: Herr Winter, Herr und Frau Schuster, 1 Kind

Übung 3 nein ◆ nein ◆ nein

Übung 4 bist ◆ machen ◆ kommen ◆ kommt ◆ habe ◆ bleibt ◆ bleiben ◆ nehmen

Übung 5 machen ◆ nehmen ◆ sind ◆ ist ◆ kommt ◆ lernt

Situation 2
Stadtrundfahrt in Hamburg

Übung 4 der Hamburger Hafen ◆ ... eine Straße ◆ ... das Hamburger Rathaus

Übung 5 2. eine Post – die Hauptpost ◆ 3. eine Krankenkasse ◆ 6. eine Sparkasse ◆ 7. eine Bank – eine; die Deutsche Bank – die Dresdner Bank ◆ 8. Die

Situation 3
Der Michel

Übung 4 2. 20.03. ◆ 3. 31.12. ◆ 4. 25.08. ◆ 5. 03.02. ◆ 6. 01.10. ◆ 7. 28.07. ◆ 8. 15.05. ◆ 9. 02.11. ◆ 10. 08.04. ◆ 11. 17.06. ◆ 12. 29.09.

Übung 8 3. Stock, Zimmer 305, 5. Tür rechts

Situation 4
Einwohnermeldeamt

Übung 1 21. März 1979

Übung 2 Frau Meier: 24.12 ◆ Lucia Meier: 16.03.1964 ◆ Kinga Nagy: 26.10 ◆ Franáois: 03.09. ◆ Pat Miller: 17.08.

Situation 5
Grüße aus Hamburg

Übung 3 Sag ◆ sag ◆ Komm / fragen / Sagen ◆ Wiederholen ◆ Buchstabieren ◆ Schreiben

Situation 6
Anruf aus Pinneberg

Übung 3 a. Schwerin 11°, Rostock 12°, Flensburg 10°, Lübeck 11°, Hamburg 13°, Hannover 14°, Lüneburg 12°, Göttingen 11°, Lingen 9°, Oldenburg 10°, Braunlage 6°, Auf dem Brocken –1°

Übung 4 Folgende Uhrzeiten werden genannt: Es ist halb zwölf. ◆ Es ist acht vor vier. ◆ Es ist vier Uhr. ◆ Es ist acht nach vier. ◆ Es ist eins nach drei. ◆ Es ist viertel nach zwölf. ◆ Es ist viertel vor eins. ◆ Es ist viertel nach eins. ◆ Es ist dreizehn nach elf. ◆ Es ist sieben vor halb neun. ◆ Es ist dreizehn nach zwölf.

Übung 8 Mo.–Do. bis 9.00 und ab 17.00; Fr. bis 10.00 und ab 18.00 ist die Tourismuszentrale zu.

Übung 9 Jeden Tag

Situation 7
Traumfrühstück

Übung 3 Uwe: Kuchen ◆ Kristin: Ei

Abenteuer Grammatik:

1.1 a. wir machen, wir nehmen, wir fahren, ihr kommt, sie (die Kinder) kommen
b. wir machen / kommen / nehmen ◆ ihr macht / kommt / nehmt ◆ sie machen / kommen / nehmen
c. wir …-en ◆ ihr … -t ◆ sie …-en

1.2 a. ich komme; du kommst / Sie kommen ◆ er / sie / es kommt ◆ wir kommen ◆ ihr kommt / Sie kommen ◆ sie kommen

2.1 ich habe Hunger ◆ du hast Hunger ◆ Sie haben Hunger ◆ er / sie / es hat Hunger ◆ wir haben Hunger ◆ ihr habt Hunger ◆ Sie haben Hunger ◆ sie haben Hunger

2.2 ich bin ◆ du bist ◆ Sie sind ◆ er/sie/ es ist ◆ wir sind ◆ ihr seid ◆ Sie sind ◆ sie sind

3.1 b. Das ist der Hafen. Wir sehen den Hafen. / … das Rathaus. / … die Kirche.
d. Akkusativ: den Hafen / das Rathaus / die Kirche

3.2 a. Ich möchte einen Becher Milch. / … ein Croissant. / … eine Tasse Tee.
b. Akkusativ: einen Becher / ein Croissant / eine Tasse

3.3 b. Nominativ: kein Kuchen / kein Ei / keine Marmelade

4 b. W-Fragen: Wie heißt du? / Woher kommen Sie? / Wie ist die Adresse?
Ja / Nein-Fragen: Sprechen Sie Deutsch? / Kommt Kristin aus England? / Kommen die Kinder mit?

Lektion 3 Schleswig-Holstein

Wortschatz 1:

Übung 4 1. Urlaub ◆ 2. Inseln ◆ 3. Stadttor ◆ 4. ist sehr berühmt ◆ 5. Schiffe ◆ 6. verbindet ◆ 7. Touristen

Wortschatz 2:

Übung 7 die Woche – die Wochen ◆ das Jahr – die Jahre ◆ die Tasse – die Tassen ◆ das Glas – die Gläser ◆ der Tag – die Tage ◆ der Bus – die Buse ◆ das Auto – die Autos ◆ der Mann – die Männer ◆ das Mädchen – die Mädchen ◆ der Junge – die Jungen ◆ die Frau – die Frauen ◆ die Apfelsine – fir Apfelsinen ◆ die Banane – die Bananen ◆ das Brot – die Brote ◆ das Buch – die Bücher ◆ die Adresse – die Adressen ◆ der Name – die Namen ◆ die Zahl – die Zahlen ◆ der Brief – die Briefe ◆ die Karte – die Karten ◆ der Zug – die Züge

Übung 8 (das) ein Schiff – (die) Schiffe ◆ (die) eine Stadt – (die) Städte ◆ (der) ein Segelwettbewerb – (die) Segelwettbewerbe ◆ (das) ein Programm – (die) Programme ◆ (der) ein Tourist – (die) Touristen ◆ (das) ein Meer – (die) Meere ◆ (die) eine Insel – (die) Inseln

Übung 9 ein Mann – Männer ◆ ein Mädchen – Mädchen ◆ ein Junge – Jungen ◆ ein Ei – Eier ◆ eine Banane – Bananen

Übung 10 das Buch – die Bücher ◆ das Wort – die Wörter ◆ eine Adresse – Adressen ◆ die Zahl – die Zahlen ◆ der Buchstabe – die Buchstaben ◆ der Brief – die Briefe ◆ ein Brief – Briefe ◆ eine Karte – Karten ◆ ein Name – Namen ◆ ein Zug – Züge ◆ eine Banane – Bananen ◆ das Fahrrad – die Fahrräder

Übung 12 Ferienadresse: die Ferien + die Adresse ◆ Apfelkuchen: der Apfel + der Kuchen ◆ Telefonnummer: das Telefon + die Nummer ◆ Kaffeetasse: der Kaffee + die Tasse ◆ Stadtrundfahrt: die Stadt + die Rundfahrt ◆ Wasserflasche: das Wasser + die Flasche ◆ Heimatland: die Heimat + das Land

Situation 1
Kennenlernen

Übung 1 Frau Haeberlen: Tochter: Ulrike; kommt aus: Stuttgart ◆ Frau Keller: Tochter: Lena; Tochter: Anja; kommt aus: Hannover ◆ Anja lernt: schwimmen

Übung 2 Spielplatz gestern: Frau Haeberlen, Ulrike, Matthias, Frau Keller, Lena ◆ Schwimmbad heute: Anja ◆ Schwimmbad morgen: Frau Haeberlen, Ulrike, Matthias, Frau Keller, Lena, Anja

Übung 3 Waren ◆ waren ◆ hatten ◆ ist ◆ sind ◆ waren ◆ war ◆ waren ◆ hatte ◆ ist

Übung 4 Beispiel 4a ◆ 1b ◆ 2d ◆ 3e ◆ 5c

Situation 2
Freundschaft schließen

Übung 4 Ihre ◆ Ihr ◆ meine ◆ mein ◆ mein (Auch andere Lösungen sind möglich.)

Situation 3
Einkaufen

Übung 7 Guten Tag. – Guten Tag. Bitte, was darf's sein? – Leberwurst und 200 g Schinken. – Sonst noch was? – Haben Sie auch Eier? – Ja. – Geben Sie mir bitte ein Dutzend. – Sonst noch was? – Ich hätte gern noch 1 Pfund Gulasch. – Zahlen Sie bitte an der Kasse. – Danke. – Auf Wiederseh'n.

Übung 8 1 l Milch, 3 Eier, 500 g Zucker, 1 Päckchen Backpulver, 1 kg Äpfel

Abenteuer Grammatik:

1 a. ich war, du warst, Sie waren, er / sie / es war, wir waren, ihr wart, Sie waren, sie waren ◆ b. ich hatte, du hattest, Sie hatten, er / sie / es hatte, wir hatten, ihr hattet, Sie hatten, sie hatten

2.2 meine, deine, Ihre, seine, ihre, seine, unsere, eure, Ihre, ihre

2.3 mein Sohn, mein Kind, meine Tochter, meine Kinder, unser Sohn, unser Kind, unsere Tochter, unsere Kinder ◆ dein Sohn, dein Kind, deine Tochter, deine Kinder; Ihr Sohn, Ihr Kind, Ihre Tochter, Ihre Kinder ◆ euer Sohn, euer Kind, eure Tochter, eure Kinder; Ihr Sohn, Ihr Kind, Ihre Tochter, Ihre Kinder ◆ sein Sohn, sein Kind, seine Tochter, seine Kinder; ihr Sohn, ihr Kind, ihre Tochter, ihre Kinder; sein Sohn, sein Kind, seine Tochter, seine Kinder; ihr Sohn, ihr Kind, ihre Tochter, ihre Kinder

2.5 Ich sehe unseren Sohn / deinen Sohn / Ihren Sohn / euren Sohn / seinen Sohn / ihren Sohn / seinen Sohn / meine Söhne.

Lektion 4 Mecklenburg-Vorpommern

Situation 1
„Kommen Sie uns doch mal besuchen!"

Übung 1 1. ja ◆ 2. nein ◆ 3. ja ◆ 4. ja ◆ 5. ja ◆ 6. ja

Übung 2 sind ◆ ist ◆ Ist ◆ Waren ◆ hat ◆ Haben ◆ Haben

Übung 3 lesen ◆ besuchen ◆ hören ◆ sehen ◆ schreiben ◆ lernen ◆ machen ◆ malen ◆ fotografieren ◆ kochen

Übung 4 1. Er ist aus Chile gekommen. ◆ 2. Er hat die Schule besucht. ◆ 3. Er hat Bankkaufmann gelernt. ◆ 4. Er ist nach Deutschland gekommen. ◆ 5. Er ist Aupair gewesen. ◆ 6. Er hat Deutsch gelernt. ◆ 7. Er hat Karin getroffen. ◆ 8. Sie haben geheiratet. ◆ 9. Er hat in einer Bank gearbeitet.

Übung 5 1. Er hat vom Fliegen geträumt. ◆ 2. Er hat eine Anzeige ... gesehen. ◆ 3. Er hat sich angemeldet. ◆ 4. Er hat Theorie gelernt. ◆ 5. Er hat trainiert. ◆ 6. Er hat Flugstunden genommen. ◆ 7. Er hat eine Prüfung gemacht. ◆ 8. Sie haben (ihm) gratuliert und sie haben gefeiert. ◆ 9. Er ist zum Fliegen gefahren.

Übung 8 Er kommt Pfingsten. ◆ Von Freitagabend, 20.00 Uhr bis Dienstagvormittag; Rügen; Er möchte Familie Horstmann am Samstagabend zum Essen einladen. Bitte einen Tisch reservieren.

Übung 9 (1) gesagt ◆ (2) bin ◆ (3) gemacht ◆ (4) ist ◆ (5) siehst ◆ (6) gemalt ◆ (7) ist

Situation 2
Beim Arzt

Übung 2 Dialog 1: Sprechstundenhilfe, Frau Horstmann ◆ Dialog 2: Frau Horstmann, Patient ◆ Dialog 3: Sprechstundenhilfe, Frau Horstmann, Arzt

Übung 3 a.: Versicherungskarte ◆ 3 b.: Frau Horstmann hat um halb elf einen Termin. Sie kommt bald dran.

Übung 4 unglücklich sein, aufhören, aufmachen, Rad fahren (2×), spazieren gehen, wiederkommen, Urlaub machen, wegfahren

Situation 3
Bei Horstmanns zu Hause

Übung 1 in eine neue Praxis gehen ◆ mich viel bewegen ◆ Rad fahren und wandern

Übung 3 a. Herr Horstmann soll eine Flasche Wein kaufen. ◆ b. Er soll eine Tablette nehmen. ◆ c. Sie soll keinen Kaffee und keinen Wein trinken. ◆ d. Er soll den Arzt anrufen. ◆ e. Er soll drei Wochen Urlaub machen und viel spazieren gehen.

Übung 4 1. Mareile hat Fieber / hohes Fieber / 39.9°. ◆ 2. Sie sollen den ärztlichen Notdienst anrufen. ◆ 3. Die Nummern stehen in der Zeitung.

Situation 4
Bei Herrn Tran Trong Tien

Übung 1 8 – 2 – 3 – 1 – 7 – 4 – 5 – 6

Übung 5 1c. ◆ 2b. ◆ 3b. ◆ 4c. ◆ 5a.

Abenteuer Grammatik:

1 a. sind … gezogen ◆ haben … gewohnt ◆ habe … bekommen ◆ hat … gefunden ◆ ist … gegangen
b. Das Perfekt besteht aus zwei Elementen: einer Form von *haben* oder *sein* und dem *Partizip II.*

2.1 ich soll, du sollst, er / sie / es soll

2.2 wir sollen, ihr sollt, Sie sollen, sie sollen

2.3 Was sollst du tun? ◆ Ich soll in eine neue Praxis gehen. ◆ Ich soll mich viel bewegen, soll Rad fahren und wandern. Form von *sollen* + Infinitiv.

Lektion 5 Niedersachsen

Situation 1
Einkaufsbummel

Übung 5 2r (Diese Lösung kann diskutiert werden: Der Rock allein ist schön, an der Frau jedoch nicht.); 3f ◆ 4r ◆ 5f ◆ 6f ◆ 7f ◆ 8f ◆ 9r ◆ 10r (Das Wort „Hosenstrümpfe" ist falsch.)

Situation 2
Niedersachsen

Übung 1 A – Wolfsburg ◆ B – München ◆ C – Frankfurt am Main ◆ D – Lüneburger Heide ◆ E – Bingen am Rhein ◆ F – Brocken / Harz ◆ G – Nordsee bei Sankt Peter-Ording ◆ H – Demarkationslinie BRD / DDR ◆ I – Wilhelm-Busch-Museum in Hannover ◆ J – Messesymbol Hannover Messe. In Niedersachsen sind: A, D, G, I, J

Übung 2 b der Norddeutsche = der Norden + der Deutsche; die Südstadt = der Süden + die Stadt; der Westbahnhof = der Westen + der Bahnhof / die Altstadt = alt + die Stadt; die Kleinstadt = klein + die Stadt; die Freizeit = frei + die Zeit; die Neuzeit = neu + die Zeit; die Dickmilch = dick + die Milch; das Altpapier = alt + das Papier

Situation 3
Anruf aus Genf

Übung 1 Texte A und C passen.

Übung 4 1. Dimitros kann am Donnerstag und Samstag, Petra am Samstag. ◆ 2. Petra muss am Donnerstag einkaufen, am Freitag muss sie zu Hause bleiben, weil ihre Eltern kommen.

Übung 8 Dimitros will studieren.

Übung 11 kann, muss, will, muss, soll, kannst, kann (auch andere Lösungen sind möglich)

Übung 13 will: helfen, eher kommen, Kuchen mitbringen, Sabine mitnehmen, Kerzen und Servietten mitbringen ◆ soll: Essen mitbringen (Oliven, Fladenbrot), Käsekuchen mitbringen, Sabine nicht mitnehmen, wirklich nichts mehr mitbringen, einfach gute Laune mitbringen

Situation 5
Die Farben

Übung 5 1. ja ◆ 2. nein ◆ 3. nein ◆ 4. ja ◆ 5. ja

Übung 6 c.

Situation 6
Bei Timmans / Messe in Hannover

Übung 1 Wie im letzten Jahr: Herr Reithofer kommt wieder; Zimmerpreis ◆ Anders: Er kommt zwei Tage früher; er kommt mit dem Auto; Jana geht in die Schule.

Übung 2 diese Schule ◆ dieses Jahr ◆ welche Richtung ◆ Welche Ausfahrt ◆ Welches Zimmer

Übung 3 Welche ◆ dieses ◆ Welche ◆ Welche ◆ diese ◆ Diese

Übung 4 dieser ◆ diese ◆ diesen ◆ diesen ◆ diese ◆ diese ◆ diese ◆ diesen

Abenteuer Grammatik:

1.1 a. Wir trinken eine schöne Tasse Kaffee. / Ich suche eine helle Bluse. / Möchten Sie die weite Bluse? / … die weiten Hosenbeine? / … das weite Kleid? ◆ b. Ich kenne ein kleines Café. ◆ c. Möchtest du den karierten Rock nicht anprobieren? / Ich suche einen karierten Rock.

1.2 Fronleichnam ist ein katholischer Feiertag.

2.1 ich kann, du kannst, Sie können, er / sie / es kann, wir können, ihr könnt, Sie können, sie können ◆ ich muss, du musst, Sie müssen, er / sie / es muss, wir müssen, ihr müsst, Sie müssen, sie müssen

2.2 ich will, du willst, Sie wollen, er / sie / es will, wir wollen, ihr wollt, Sie wollen, sie wollen ◆ ich darf, du darfst, Sie dürfen, er / sie / es darf, wir dürfen, ihr dürft, Sie dürfen, sie dürfen

2.3 ich mag, du magst, Sie mögen, er / sie / es mag, wir mögen, ihr mögt, Sie mögen, sie mögen

Lektion 6
Bremen

Situation 1
Aus Ecuador

Übung 1 Jamos –> Herr Reichel, Herr / Frau Familienname + Sie ◆ Herr Reichel –> Jamos, Vorname + du ◆ Vater –> Julchen, Vorname + du ◆ Kind –> Papa + du

Situation 2
Wem? Dem Meerschweinchen.

Übung 4 1. dem (–) ◆ 2. dem ◆ 3. deiner ◆ 4. der (–) ◆ 5. dem ◆ 6. dem (den)

Situation 3
Menschen in Bremen früher – heute – morgen

Übung 3 1. mit ◆ 2. für ◆ 3. gegen ◆ 4. mit, gegen ◆ 5. mit (ohne) ◆ 6. mit ◆ 7. entlang ◆ 8. nach

Übung 4 ohne ◆ gegen ◆ von ◆ für ◆ um ◆ bis ◆ nach

Übung 5 gegen ◆ für ◆ ohne ◆ um ◆ bis

Übung 6 ohne ◆ für ◆ gegen

Übung 8 2. Sie geht mit dem Hund spazieren. ◆ 3. Die Kinder kommen aus der Schule. ◆ 4. Die Frau ist beim Bäcker. ◆ 5. Sie sind seit 25 Jahren verheiratet. ◆ 6. Die Zug fährt von Hamburg nach Bremen. ◆ 7. Der Junge isst ein Sandwich zu Mittag. (Auch andere Lösungen sind möglich.)

Übung 10 beim ◆ von ◆ seit ◆ zu ◆ aus ◆ nach ◆ mit

Übung 11 seit ◆ mit der ◆ mit dem ◆ beim ◆ gegenüber der ◆ von der ◆ nach der

Situation 4
Bremer Stadtmusikanten

Übung 1 vor ◆ an ◆ hinter ◆ unter ◆ auf ◆ zwischen ◆ neben ◆ vor ◆ über ◆ neben

Übung 2 (von oben nach unten) Paula – Michel – Roberta – Simon – Johannes – Natalie – Otto

Übung 12 c ◆ b ◆ a ◆ b + c

Situation 5
Karten und Wegbeschreibungen

Übung 1 mit dem ◆ auf der ◆ mit dem – zu den ◆ zur ◆ über –zum ◆ durch das ◆ durch den – entlang ◆ entlang zum ◆ mit dem ◆ über die ◆ auf das ◆ durch die ◆ in

Übung 6 in ◆ in ◆ in ◆ nach ◆ vom ◆ vom ◆ Gegen ◆ durch ◆ vor ◆ vor ◆ im

Situation 6
Mal Reisen mit dem Märchenbuch

Übung 1 1C ◆ 2A ◆ 3E ◆ 4B ◆ 5F ◆ 6D

Situation 7
Hauptsache ein Dach über dem Kopf

Übung 5 das Wohnzimmer ◆ das Schlafzimmer ◆ die Essecke ◆ das Badezimmer ◆ die Schlafcouch ◆ der Einbauschrank ◆ das Fahrrad

Übung 8 Wohnung ◆ 60 qm ◆ Misburg, Anderten, Kleefeld, Kirchrode, Südstadt ◆ ca. DM 750,–

Übung 11 Anzeige ◆ gelesen ◆ Wohnung ◆ vorstellen ◆ verheiratet ◆ arbeite ◆ ab, bei ◆ Arbeitsstelle ◆ möchte ◆ geben ◆ 04 21 / 37 21 18 (Durchwahl) ◆ bis

Übung 14 am ◆ in ◆ mit ◆ in ◆ in ◆ an ◆ für ◆ zur ◆ für

Abenteuer Grammatik:

1.1 Dativ: dem, einem, seinem ◆ dem, einem, seinem ◆ der, einer, seiner ◆ den, –, seinen

Lektion 7 Nordrhein-Westfalen

Situation 2
Soll ich euch abholen?

Übung 1 1. ja ◆ 2. nein ◆ 3. ja ◆ 4. nein

Übung 2 1. dich, euch ◆ 2. ihn ◆ 3. euch, uns, euch ◆ 4. mich ◆ 5. sie ◆ 6. es, dich, es

Situation 4
Frauen und Beruf

Übung 2 b Wer spricht?: Hanna und Doris ◆ Thema: Arbeit ◆ Wer ist noch da?: Alexander und Patrick ◆ Doris hat einen Job. Sie muss viel telefonieren. ◆ Möchte Hanna auch wieder arbeiten?: Ja, ab Herbst

Situation 5
4 Bilder – 4 Gespräche

Übung 2 Lösungsvorschläge: 1. Die Frau hat ein neues Auto. Das Auto ist nicht neu, es ist schon acht Jahre alt. Aber für sie ist es neu. ◆ 2. Die Mutter ist traurig. Der Sohn ist nämlich weg, er studiert. ◆ 3. Der Mann möchte das Rezept. Er findet das Essen toll. ◆ 4. Die Frau will den Pullover zurückgeben, er hat ein Loch. Sie möchte nicht das Geld, sie will einen anderen Pullover.

Übung 6 1b ◆ 2c ◆ 3c

Übung 7 1. unwichtig ◆ 2. uninteressant ◆ 3. unklar ◆ 4. unordentlich ◆ 5. unbekannt ◆ 6. unfreundlich, unhöflich ◆ 7. undeutlich

Situation 6
Der neue Kollege

Übung 1 a 1. offener und fröhlicher ◆ 2. flacher ◆ 3. länger ◆ 4. besser

Übung 1 b 1. flach ◆ 2. kühl, ruhig ◆ 3. lang ◆ 4. gut

Übung 1 c 1. am besten ◆ 2 beste, frisch(e)ste ◆ 3. meisten

Übung 5 Arbeitsteilung ◆ Arbeitnehmer ◆ Lohn ◆ Teilzeitarbeit ◆ arbeiten ◆ frei haben

Situation 7
Nordrhein-Westfalen

Übung 2 b. 1. Münster ◆ 2. Bonn ◆ 3. Köln ◆ 4. Düsseldorf ◆ 5. Bochum

Abenteuer Grammatik:

1.1 Bodo: „Kennst du *mich* noch?"; Axel: „... Deswegen rufe ich *dich* an." / „... Ich hole *euch* mit dem Wagen ab."

1.3 a. *Wen*? oder *Was*? ◆ b. *Wen* kennst du noch? / *Wen* rufst du an? / *Wen* holst du ab? ◆ c. *Wen*? / Akkusativ

2.2 Frau: „Das Auto gehört *mir*." / Frau: „... Aber man sieht *ihm* die acht Jahre nicht an." / Tochter: „Mama, kann ich *dir* helfen?" / Kundin: „Ich habe diesen Pullover bei *Ihnen* gekauft."

2.3 a. *Wem*? ◆ b. *Wem* gehört das Auto? / *Wem* sieht man die acht Jahre nicht an? / *Wem* kann ich helfen? ◆ c. *Wem*? / Dativ

2.4 a. Dativ ◆ b. Dativ (2×)

Lektion 8 Sachsen-Anhalt

Situation 1
Im Bus

Übung 4 Kristins Aupair-Familie ◆ Heides Kinder ◆ Hannovers Innenstadt ◆ Heinrich Heines Vaterstadt

Übung 6 ..., dass wir dann über die Autobahn fahren. ◆ ..., dass wir an Erfurt vorbeifahren. ◆ ..., dass Luther in Erfurt im Kloster war. ◆ ..., dass Luther in Wittenberg lange gearbeitet hat. ◆ (..., dass in Wittenberg Luthers Grab ist.)

Situation 2
Eisleben

Übung 1 Geburt: Eisleben ◆ Schule: Magdeburg, Eisenach ◆ Kloster: Ausbildung zum Priester: Erfurt ◆ Universitätslehrer: Wittenberg ◆ Tod: Eisleben

Übung 2 ..., dass Luther in Eisleben geboren ist. ◆ ..., dass er in Magdeburg und Eisenach zur Schule gegangen ist. ◆ ..., dass er in Erfurt studiert hat. ◆ ..., dass er Lehrer an der Universität in Wittenberg war. ◆ ..., dass er in Eisleben gestorben ist. ◆ ..., dass die Gruppe in Eisleben Luthers Geburts- und Sterbehaus sieht.

Situation 3
Auf der Wartburg

Übung 1 Lösungsvorschläge: ..., dass die Wartburg in Thüringen ist. ◆ ..., dass sich Luther dort versteckt hat. ◆ ..., dass Luther dort den Namen Junker Jörg hatte. ◆ ..., dass Luther dort einen Teil der Bibel übersetzt hat.

Übung 2 A: die Märchen der Gebrüder Grimm; in der Nähe der Hochschule; das Geschäft des Vaters; 70 % der Bonner Erwerbstätigen; das Grab der Mutter ◆ B: das Foto einer Schulklasse; das Bild einer Kirche

Übung 3 c Die Kulturreise durch Thüringen: Wittenberg ist jedoch in Sachsen-Anhalt.

Situation 5
So schön wie der Bodensee

Übung a Abriss vor dem Aufbau ◆ Weißer Strand, wo einst Kohlenstaub das Sagen hatte ◆ Umweltschutz vor Existenzgrundlage ◆ Tourismus soll neue Arbeit bringen ◆ Vorkriegsindustrie belastete die Umwelt der Ex-DDR

Situation 6
Warum sprechen Sie so gut Deutsch?

Übung 1 1B ◆ 2F ◆ 3E ◆ H, G ◆ 4A, C

Übung 2 1. Birgit fährt immer an die Nordsee, weil die Kinder oft krank sind. ◆ 2. Familie H. ist ... gezogen, weil Herr H. ... bekommen hat. ◆ 3. Jana ... Schule, weil sie behindert ist. ◆ 4. Dimitros ... anmelden, weil ... vorbei ist. ◆ 5. Pierre ... Göttingen, weil er ... muss. ◆ 6. Helga ... tragen, weil sie zu klein ist. ◆ 7. Hanna will ... arbeiten, weil Alexander ... kommt. ◆ 8. Bodo ... Klassentreffen, weil er ... möchte.

Situation 7
Wittenberg

Übung 1 Das Tor der Schlosskirche ist berühmt, weil Luther seine Thesen an das Tor geheftet hat. ◆ Luther hat die Thesen bekannt gemacht, weil er gegen die katholische Kirche protestiert hat. ◆ Er hat die Thesen nicht widerrufen, weil er Reformen gewünscht hat; ... weil er es nicht konnte. ◆ Die evangelische Kirche feiert am 31. 10., weil an diesem Tag Reformationstag ist. ◆ Die Gruppe hat zwei Stunden Zeit, weil einige Teilnehmer die Schlosskirche und die Stadt besichtigen wollen.

Situation 8
Fitness

Übung 2 1r ◆ 2f ◆ 3r ◆ 4f ◆ 5f ◆ 6r ◆ 7f ◆ 8r ◆ 9r ◆ 10f ◆ 11r ◆ 12r

Übung 4 d gestrichen werden muss: 1: von 4 100 ◆ 2: junge ◆ 3: nur im Osten von Deutschland ◆ 4: in ganz Europa ◆ 5: mehr ◆ 6: bis 5 ◆ 7: nicht ◆ 8: nur ◆ 9: berufstätige ◆ 10: und die Österreicher ◆ 11: erst in den nächsten Jahren

Abenteuer Grammatik:

1 e. In *dass*-Sätzen steht das konjugierte Verb am Ende.

2 e. In *weil*-Sätzen steht das konjugierte Verb am Ende.

Lektion 9 Brandenburg

Situation 3
Arbeitslosigkeit und Lebenssinn

Übung 1 1 – 5 – 4 – 3 – 6 – 2

Übung 4 a Lebenssinn außerhalb der Arbeit

Übung 4 b 1c ◆ 2a ◆ 3b

Übung 10 Eine Mehrheit in beiden Ländern.

Übung 11 J – J – M – M – M – J – J – M – M – J – J

Übung 14 1. Johanne verspricht, dass sie noch einmal anruft. ◆ 2. Johanne und Klaus hoffen, dass sie einen Termin finden. ◆ 3. Viele Arbeitslose glauben, dass sie ohne Arbeit nichts sind. ◆ 4. Die Leute reden den Arbeitslosen ein, dass sie unglücklich sind. ◆ 5. Für die meisten ist es ein großes Problem, dass sie arbeitslos sind. ◆ 6. Sie meinen, dass sie ohne Arbeit nicht leben können.

Übung 15 1. Sie wollen / möchten Deutsch lernen. ◆ 2. Sie wollen / möchten nicht immer Vokabeln lernen. ◆ 3. Die Kursteilnehmer müssen nicht jedes Wort verstehen. ◆ 4. Sie sollen die Bücher schließen. ◆ 5. Im Unterricht sollen sie nur Deutsch sprechen. ◆ 6. Im Unterricht darf man nur Deutsch sprechen.

Situation 4
Leben und Tod

Übung 1b Die dritte Aussage ist richtig.

Abenteuer Grammatik:

1.1 c. Nach *würd-* folgt der Infinitiv.
d. ich würde, du würdest, Sie würden, er / sie / es würde, wir würden, ihr würdet, Sie würden, sie würden

2.1 *wenn* ist eine Konjunktion.

2.2 Das konjugierte Verb steht im *wenn*-Satz am Ende. Das bedeutet, *wenn*-Sätze sind Nebensätze.

2.3 dann (3×)

3.1 ich wäre, du wärst, Sie wären, er / sie / es wäre, wir wären, ihr wärt, Sie wären, sie wären / ich hätte, du hättest, Sie hätten, er / sie / es hätte, wir hätten, ihr hättet, Sie hätten, sie hätten

3.2 „wär-“ und „hätt-“ ist der Konjunktiv II von *sein* und *haben*.

Lektion 10
Österreich

Situation 2
Verbindungen nach Österreich

Übung 1 verbinden – ausstellen – bedienen – behandeln – wiederholen – einladen – entschuldigen – erziehen – abstimmen – hoffen – ordnen – tagen – überlegen – üben – wohnen – zeichnen

Übung 9 1. duzen sich ◆ 2. kümmert sich ◆ 3. sich ... bewerben ◆ 4. sich ... wiedersehen ◆ 5. setzt sich ◆ 6. sich ... bewegen ◆ 7. begrüßen ... sich ◆ 8. sich ... erholen

Übung 10 b früher – heute – früher – heute – heute – heute – heute – früher – heute – heute – weder noch: später

Situation 3
Verbindungen mit Österreich

Übung 1 c nein – nein – ja – ja

Übung 2 1. die ◆ 2. das ◆ 3. den ◆ 4. die ◆ 5. die

Übung 3 1. jmd., der sehr gern und viel schwimmt ◆ 2. jmd., der gern und viel liest. ◆ 3. eine Melodie, die man sich leicht merkt und an die man immer wieder denkt ◆ 4. jmd., der sehr leicht Angst hat ◆ 5. jmd., der sehr oft Glück hat ◆ 6. ein bestimmter Kuchen, der sehr trocken ist ◆ 7. jmd., der immer sehr lange aufbleibt ◆ 8. die Tage im Sommer, die in der Regel in Europa sehr heiß sind (24. Juli–23. August) ◆ 9. jmd., der sportlich sehr begabt ist

Übung 4 1. verglichen ◆ 2. Beispiele ◆ 3. machen ◆ 4. einschaltet ◆ 5. lernt ◆ 6. die Technik ◆ 7. einen Moment

Übung 9 a 1. fährt ... ab ◆ 2. blättern ◆ 3. taucht ... ein ◆ 4. verschlingen ◆ 5. deckt ... zu

Übung 9 b 3. draußen / im Garten o. Ä. ◆ 5. bei der Zugfahrt o. Ä. ◆ 2. beim Essen, wenn man allein isst, o. Ä. ◆ 1. im Bett unter der Bettdecke o. Ä. ◆ 4. am Meer o. Ä.

Übung 10 Lösungsvorschläge: Die Schulen sehen alt und grau aus. ◆ Hundertwasser sagte zu, die Schule zu bemalen. ◆ Alle drei beteiligten sich an den Kosten. ◆ Das Gymnasium ist ein Expo-Projekt. ◆ Es wurde Material, das bei der Sanierung der Altstadt übrig blieb, wiederverwendet.

Situation 4
Verbindungen zu Österreich

Übung 1 b 3

Übung 1 c A5 ◆ B4 ◆ C1 ◆ D2

Situation 5
Verbindungen durch Österreich

Übung 2 nein

Übung 3 b Fahrt verschieben oder Brenner weiträumig umfahren

Übung 5 1, 2, 4, 5, 12, 13

Übung 6 1e ◆ 2h ◆ 3c ◆ 4a ◆ 5b ◆ 6d ◆ 7g ◆ 8f ◆ 9i

Situation 6
Noch mehr Verbindungen?!

Übung 3 Die Präpositionen: Sowohl in der Lektion 6 – Bremen als auch in der Lektion 10 – Österreich sind Präpositionen ein wichtiges Thema.

Abenteuer Grammatik:

1.3 musste ◆ ging ◆ wurde ◆ fuhr – kam ◆ konnte ◆ verteilte ◆ machte

1.4 müssen ◆ gehen ◆ werden, fahren – kommen ◆ können ◆ verteilen ◆ machen

1.5 ich machte, du machtest, Sie machten, er / sie / es machte, wir machten, ihr machtet, Sie machten, sie machten

Transkriptionen

Hier sind nur die Texte abgedruckt, die **nicht** im Lehrbuch sind.

Lektion 1
Hallo

Situation 1
Aupair-Club, Hamburg

Übung 3
■ Ich bin Elena, Ich komme aus Spanien. Und das ist Anna, Sie kommt auch aus Spanien.
▼ Hallo, Elena, Hallo, Anna.
◆ Wer ist das?
■ 'tschuldigung, das ist Robert. Er kommt aus Frankreich.

Situation 2
Internationaler Frauentreff

Übung 2
■ Guten Tag, mein Name ist Nora Langelund. Und wie heißen Sie?
▼ Tatjana Fjodorova.
■ Und woher kommen Sie ?
▼ Aus Moskau.
◆ Oh, guten Tag, Sie sind doch Frau Langelund. Woher kommen Sie denn? Aus Schweden?
■ Nein, aus Dänemark. Frau Müller, das ist Frau Fjodorova aus Russland.
◆ Guten Tag,

■ Guten Tag, ich heiße Corinne Pellier. Wer sind Sie?
▼ Elvira Pistos.
■ Woher kommen Sie?
▼ Aus Rumänien. Frau Pellier, das ist Herr Pfeiffer
■ Guten Tag, Herr Pfeiffer.
◆ Guten Tag. Kommen Sie aus Frankreich, Frau Pellier?
■ Ja, aus Frankreich.

■ Hallo, wer bist du? Ich bin Maria Allegrini und komme aus Italien.
▼ Hallo, Maria.
◆ Hallo, Maria. Ich heiße Pedro Rodriguez und komme aus Madrid.
▼ Ich bin Kevin, Kevin Holden.
■ Aja, Kevin.
◆ Woher bist du? Aus England.
▼ Nein, ich komme aus Irland.

■ Guten Tag, mein Name ist Marian Ostrowski. Ich komme aus Polen.
▼ Guten Tag, Herr Ostrowski. Das ist Ann Nickel aus Norwich.
■ Wo liegt das? In England?
▼ Das liegt in Schottland. Und woher sind Sie?

◆ Ich komme aus Nimwegen, das liegt in Holland. Übrigens, ich heiße Mieke Telkamp.
■ Guten Tag, Frau Telkamp.
▼ Guten Tag, Frau Telkamp.

Situation 3
Freundschaftsverein

Übung 1 Dialog A:
■ Hallo , Maria.
▼ Hallo, Brigitte.
■ Na, wie geht`s?
▼ Och, ganz gut. Und dir?

Dialog B:
■ Guten Morgen, Frau Mayer.
▼ Guten Morgen, Herr Schubert. Wie geht es Ihnen?
■ Danke, gut. Und Ihnen?

Dialog C:
■ Guten Tag, Herr Schneider.
▼ Guten Tag, Barbara. Na, wie geht es dir?
■ Gut, und dir?

Situation 5
Im Aupair-Club

Übung 1 Frau Hildegard Mayer
Bleckmannsbusch 11
46535 Dinslaken

Herr Rudolf Petzenburger
Schachstraße 42
38368 Mariental

Übung 2 a. Deutsche Telekom. Willkommen bei der Telekom. Sie werden gleich bedient. Die gewünschte Nummer lautet, 59 49 70, die Vorwahl lautet 04101. Wünschen Sie noch weitere Informationen, bleiben Sie bitte am Telefon.

b. ■ Wagner.
▼ Oh, Entschuldigung. Ist das nicht die Nummer 899345?
■ Nein, hier ist 898345.
▼ Dann habe ich mich verwählt. Entschuldigen Sie vielmals.

c. Unsere neue Telefonnummer lautet: 4 95 66 38.
Ich wiederhole: 495 66 38. Die Vorwahl 0 51 01, ich wiederhole 0 51 01, ist geblieben.

Lektion 2
Hamburg

Situation 3
Der Michel

Übung 8 K: Wo ist das Einwohnermeldeamt?
B: Im dritten Stock, Zimmer 305. Das ist die fünfte Tür rechts.

Situation 4
Einwohnermeldeamt

Übung 1 K: Guten Tag.
B: Guten Tag.
K: Ich möchte mich anmelden. Hier ist das Formular.
B: Danke. Einen Augenblick, bitte. Sie sind aus Schweden?
K: Ja.
B: Hier fehlt das Geburtsdatum. Wann sind Sie geboren?
K: Am 21. März 1979 in Uppsala.
B: Am 21. 3. 1979. Danke, Augenblick, bitte. ... So, hier ist die Durchschrift. Bitte.
K: Ah, die ist für mich. Danke, auf Wiedersehen.

Situation 6
Anruf aus Pinneberg

Übung 8 Guten Tag. Hier spricht der automatische Anrufbeantworter der Stadtinformation. Sie rufen leider außerhalb unserer Geschäftszeiten an. Sie können uns Montag bis Donnerstag von 9 Uhr bis 17.00 Uhr und Freitag von 10 bis 18 Uhr erreichen. Wir danken für Ihr Interesse. Auf Wiederhören.

Lektion 3
Schleswig-Holstein

Situation 3
Einkaufen

Übung 8 H: Du, stell dir vor, ich habe gerade ein Backbuch gekauft, und zwar hier aus der Gegend, aus Schleswig-Holstein. Da sind ganz tolle Sachen drin. Also, z. B. eine Spezialität ist „Dithmarscher Kaffee". Wie wär's denn, wenn wir heute Nachmittag diesen Kaffee kochen und Apfelküchle backen?
B: Apfelküchle? Was ist denn das?
H: Apfelküchle sind einfach kleine Apfelkuchen.
B: Ja, gut. Sag mal, hast du denn alle Zutaten?
H: Nein, eigentlich nicht. Magst du die Sachen mitbringen?
B: Ja klar, mach ich. Also, sag mal, was muss ich denn kaufen?
H: Also, 1 Liter Milch, 3 Eier, 500 Gramm Zucker ...
B: Warte mal kurz: 500 Gramm Zucker ...

H: 1 Päckchen Backpulver, Salz. Nee, das brauchst du nicht bringen, Salz hab' ich. Und Äpfel. Kauf bitte 1 Kilo Äpfel.
B: Also, ich wiederhole noch einmal: 1 Liter Milch, 3 Eier, 500 Gramm Zucker, 1 Päckchen Backpulver und 1 Kilo Äpfel.
H: Ganz genau.
B: Also tschüs dann, du, wir sehen uns heute Nachmittag.

Lektion 4 Mecklenburg-Vorpommern

Situation 1
„Kommen Sie uns doch mal besuchen."

Übung 8

■ Ja, hallo, hier Christa. Du, Herr Rogge hat geantwortet. Soll ich dir den Brief mal vorlesen?
▼ Ja, klar.
■ Also, hör mal: Lieber Herr Horstmann! Ich habe mich sehr über Ihren Brief und Ihre Einladung gefreut. Vielen Dank. Ich komme also Pfingsten. Ich nehme das Auto und komme Freitagabend so um 20 Uhr. Am Dienstag arbeite ich nicht. Ich fahre dann am Dienstag vormittags nach dem Frühstück wieder zurück. Ich möchte sehr gern Rügen sehen. Da war ich noch nicht, aber ich habe schon viele Bilder gesehen. Am Samstagabend möchte ich Sie und Ihre Familie zum Essen einladen. Sie kennen sicher ein nettes Restaurant. Könnten Sie mir bitte einen Tisch reservieren? Viele Grüße auch an Ihre Familie, Ihr Martin Rogge.
▼ Aber Christa, das ist ja toll.

Situation 3
Bei Horstmanns zu Hause

Übung 3

a. Hallo, Christa, ja du, Herr Rogge hat angerufen, er kommt schon heute Abend. Kauf doch bitte eine Flasche Wein.
b. Du, Helga, ich habe so starke Kopfschmerzen. – Nimm doch eine Tablette, das hilft.
c. Mein Magen tut so weh. – Trinken Sie keinen Kaffee und keinen Wein.
d. Ich habe starke Schmerzen. Ich habe Tabletten genommen, aber die helfen nicht. – Dann ruf den Arzt an.
e. Herr Doktor, ich bin immer so müde und erschöpft. – Arbeiten Sie viel? – Ja. – Dann machen Sie doch mal richtig Urlaub, drei Wochen, und gehen Sie viel spazieren.

Übung 4

■ Du, Dieter, wach auf. Mareile hat Fieber, hohes Fieber, 39,9. Was soll ich machen? Soll ich den Arzt anrufen? Es ist halb zwölf.
▼ Ruf die Nummer von Doktor Schneider an. Die haben bestimmt einen Anrufbeantworter. Die sagen da bestimmt, wo wir anrufen sollen.
◆ Hier ist der automatische Anrufbeantworter Praxis Dr. Schneider, Tel. 7448. Unsere Praxis ist zur Zeit nicht besetzt. In dringenden Fällen rufen Sie bitte den ärztlichen Notdienst an.

■ Die sagen, den ärztlichen Notdienst anrufen.
▼ Du, die Nummern stehen doch in der Zeitung.

Lektion 5 Niedersachsen

Situation 3
Anruf aus Genf

Übung 4

D: Hallo Petra, hier ist Dimitros.
P: Hallo, wie geht's?
D: Danke, und dir?
P: Na ja, ich habe im Moment viel Arbeit.
D: Ich möchte dich was fragen. Hast du Lust, heute Abend mit ins Kino zu kommen?
P: Lust schon. Aber ich muss heute Abend einkaufen. Gestern hatte ich nämlich keine Zeit.
D: Kannst du dann vielleicht am Samstag? Morgen kann ich nämlich nicht.
P: Am Freitag kann ich auch nicht. Da kommen meine Eltern. Aber übermorgen, das geht. Da habe ich Zeit.
D: Schön, es klappt also. Bis dann. Und wir telefonieren noch mal.

Übung 13

C: Hallo Katja.
K: Hallo Christine.
C: Du, ich habe deine Einladung bekommen. Herzlichen Dank. Wir kommen gerne.
K: Fein.
C: Aber sag mal, kann ich dir was helfen? Ich kann auch schon eher kommen, wenn du das möchtest. Ihr habt doch bestimmt viel Arbeit.
K: Ach nee, das ist nicht nötig. Bring' etwas Essen mit, Oliven und Fladenbrot. Das ist dann schon in Ordnung.
C: Und Kuchen, soll ich Kuchen auch mitbringen?
K: Ja, das ist eine gute Idee. Bring doch einen Käsekuchen mit. Den kannst du doch so gut.
C: Und sag mal, soll ich vielleicht die Sabine mitnehmen? Die wohnt doch auch hier in Hannover und hat kein Auto. Ich könnte ja mal fragen.
K: Nein, das muss nicht sein. Sie kommt vielleicht schon am Freitag und fährt bestimmt mit dem Rad.
C: Aha, kann ich sonst noch irgendwas tun? Soll ich noch was mitbringen? Kerzen, Servietten, irgendwas?
K: Nein, wirklich nicht. Bring' einfach gute Laune mit.
C: Ja, gut. Dann bis Samstag.
K: Tschüs, bis Samstag. Wir freuen uns schon.

Situation 5
Die Farben

Übung 9

Und hier noch eine Suchmeldung. Seit gestern Abend wird die 65 Jahre alte Hedwig Tannenberg aus Vechta vermisst. Frau Tannenberg ist 1,69 m groß. Sie ist schlank und hat kurze graue Haare. Sie trägt eine grüne Bluse, eine dunkelgraue Jacke und einen hellen Rock. Frau Tannenberg ist krank und bedarf dringend ärztlicher Hilfe. Wer Frau Tannenberg gesehen hat, soll sich bitte sofort mit der nächsten Polizeidienststelle in Verbindung setzen.

Lektion 6
Bremen

Situation 5
Karten und Wegbeschreibungen

Übung 3 Zum Dom? Gehen Sie die erste Straße rechts, an der nächsten Kreuzung links, dann immer geradeaus und Sie kommen zum Dom. – Das Arbeitsamt? Ja, das ist ein bisschen kompliziert. Also, da gehen Sie geradeaus und an der Kreuzung links und dann die erste Straße rechts, an der nächsten Kreuzung gehen Sie dann wieder rechts und dann die erste Straße links. Noch ein Stück geradeaus und dann sind Sie am Arbeitsamt. – Zum Busbahnhof? Also, das ist ganz einfach: Sie gehen immer geradeaus und nach der zweiten Kreuzung kommen Sie zum Busbahnhof.

Übung 4 In unserer Sendung „Fit im Alltag" hören Sie regelmäßig Tipps für Ihr Büro. Unser Motto heute: "mit Schwung durch den Tag."

Und jetzt Sind Sie dran. Los, auf den Stuhl, hinter den Stuhl, vor den Stuhl, auf den Stuhl, rechts neben den Stuhl, links neben den Stuhl, an den Stuhl, vor den Stuhl und noch einmal etwas schneller: auf den Stuhl, an den Stuhl, hinter den Stuhl, rechts neben den Stuhl, links neben den Stuhl, vor den Stuhl. Danke!

...

Und noch eine Übung.
Nehmen Sie ein Buch und hören Sie zu. Machen Sie mit! Tun Sie das Buch hinter den Kopf,
auf den Kopf, über den Kopf, rechts neben den Kopf, links neben den Kopf,
in die andere Hand, unter die Arme, an den Körper, zwischen die Beine,
vor den Bauch.
Und noch einmal schneller ...
Danke! Das war „mit Schwung durch den Tag"!

Lektion 7
Nordrhein-Westfalen

Situation 7
Nordrhein-Westfalen

Übung 2

1. Also, wir haben hier wahrscheinlich das höchste Dienstzimmer. Zu diesem Dienstzimmer muss man 298 Stufen raufsteigen. Dort kann über die ganze Stadt blicken und weit hinaus ins Land. Aber man kann sicher auch sagen, der Weg zur Arbeit, zum Dienst ist der schwerste.
2. Wir haben in unserer Stadt wohl den schönsten Friedhof, den Alten Friedhof. Große Namen findet man dort: August Wilhelm von Schlegel, Ernst Moritz Arndt, Robert und Klara Schumann und viele andere mehr. 1932 haben wir ein Grab wiederentdeckt. Da liegt die Mutter von einem der bedeutendsten deutschen Komponisten. Er hat auf ihren Grabstein geschrieben: „Sie war mir eine so liebenswürdige Mutter, meine beste Freundin."

3. Wir haben in unserer Stadt das süßeste Museum in Deutschland, wir haben nämlich ein Schokolademuseum. Schon am Eingang hat man den herrlichen Duft in der Nase. Das Museum informiert über den Kakaoanbau, über den Weg der Schokolade und zeigt die Herstellung der leckersten Sachen. Man darf natürlich auch Schokolade probieren. Das Museum ist täglich von 10 bis 17 Uhr geöffnet, außer Heiligabend und Rosenmontag.
4. Also, wir haben in unserer Altstadt die längste Theke der Welt. An dieser Theke findet man abends deutsche und ausländische Bürger unserer Stadt, Besucher und Besucherinnen, Leute aus der Umgebung und aus ganz Deutschland. Unsere lange Theke ist der beliebteste Treffpunkt hier.
5. Also, wir haben – das finden wir wenigstens – den besten Fußballverein. Die Menschen in unserer Stadt lieben ihren VfL. Auch wenn er nicht immer in der ersten Bundesliga spielt, ihren VfL mögen sie am liebsten. Und irgendwann sind wir bestimmt deutscher Meister.

Lektion 10 Österreich

Situation 2
Verbindungen nach Österreich

Übung 6

B: Hallo.
S: Hallo, Kollege Büttner. Ich darf mich verabschieden.
B: Ach ja, Sie haben ja Urlaub. Hab' ich fast vergessen. Wo geht's denn hin?
S: Wir fahren wieder nach Österreich, nach Tirol
B: Waren Sie da schon öfters?
S: Ja klar, wir fahren seit 13 Jahren dahin, jedes Jahr, immer an den gleichen Ort, in die gleiche Pension.
B: Ist das nicht langweilig?
S: Nee, überhaupt nicht. Wir kennen uns da alle schon. Die anderen kommen auch immer alle wieder. Das gibt jedes Jahr ein großes Hallo.
B: Na dann, Sommer, wünsche ich Ihnen was. Gute Erholung und so!
S: Danke, und bis in 3 Wochen! Tschüs.

Situation 5
Verbindungen durch Österreich

Übung 2

Eine aktuelle Meldung: Auf der Brennerautobahn ist morgen mit einem Verkehrschaos zu rechnen. Ab 11 Uhr wollen 4 000 Teilnehmer einen Tag lang gegen die Erhöhung der Mautgebühren protestieren. Autofahrer, die an diesem Sonnabend eine Fahrt über die Brennerautobahn machen wollen, sollten ihre Fahrt verschieben oder den Brenner weiträumig umfahren.

Wortliste

Lektion 1

Situation 1
antworten
Aufgabe, -n *f*
Beispiel, -e *n*
Club, -s *m*
Dialog, -e *m*
Frage, -n *f*
fragen
Gespräch, -e *n*
hallo
heißen
hier
hören
ja
kommen (aus)
Kurs, -e *m*
Lektion, -en *f*
Lernpartner, - *m*/
  Lernpartnerin, -nen *f*
lesen
liegen (in)
Lösung, -en *f*
Nachbar, -n *m*/
  Nachbarin, -nen *f*
Person, -en *f*
richtig
Satz, Sätze *m*
sein
Situation, -en *f*
spielen
sprechen
Übung, -en *f*
und
was?
wer?
wie viele?
wie?
woher?

Situation 2
Abend, -e *m*
Bild, -er *n*
Deutsch
ein bisschen
Frau, -en *f*
Gruppe, -n/
  Arbeitsgruppe, -n *f*
gute Nacht
guten Abend
guten Morgen
guten Tag
international
kein-
Kursteilnehmer, - *m*/
  Kursteilnehmerin, -nen
Leute, die Pl.
Morgen, - *m*
Muttersprache, -n *f*
Name, -n *m*
nein
nicht
sagen
schön
Seite, -n *f*
Sprache, -n *f*
Tag, -e *m*
Text, -e *m*
üben
Vorname, -n *m*
wann?
wie bitte?

Situation 3
danke
ganz gut
gut
Heimat *f*
Herr, -en *m*
Mann, Männer *m*
typisch
wie geht es (Ihnen)?

Situation 4
Bundesland, -länder *n*
Kanton, -e *m*
Dame, -n *f*
Hauptstadt, -städte *f*
jetzt
Kursleiter, - *m*/
  Kursleiterin, -nen *f*
Moment, -e *m*
wo?
wohnen

Situation 5
Absender, - *m*
Adresse, -n *f*
Antwort, -en *f*
Auskunft, -künfte *f*
bitte
buchstabieren
Familie, -n *f*
haben
langsam
Lehrbuch, -bücher *n*
Nationalität, -en *f*
Nummer, -n *f*
Ort, -e *m*
Polizei *f*
Postkarte, -n *f*
Postleitzahl, -en (PLZ) *f*
schreiben
Stadt, Städte *f*
Straße, -n *f*
suchen
Tasche, -n *f*
Telefonbuch, -bücher *n*
Telefonnummer, -n *f*
Vorwahl, -en *f*
wiederholen

Situation 6
auf Wiedersehen
Nacht, Nächte *f*
tschüss

Lektion 2

Situation 1
allein(e)
also
arbeiten
auch
Auto, -s *n*
bleiben
Bus, -se *m*
danach
dann
fahren
Fahrt, -en *f*
gern(e)
Kind, -er *n*
lernen
Lust haben
machen
morgen
nehmen
Papa
rund
toll
Woche, -n *f*
zu Hause

Situation 2
alt
Amt, -ämter *n*
Arbeitsamt, -ämter *n*
Arztpraxis, Arztpraxen *f*
Bäckerei, -en *f*
Bahn, -en (S-Bahn) *f*
Bank, -en *f*
da
denn
Fahrrad, -räder *n*
gehen
Hafen, Häfen *m*
Haltestelle, -n *f*
Hunger *m*
Kaufhaus, -häuser *n*
Kirche, -n *f*
Krankenhaus, -häuser *n*
Parkplatz, -plätze *m*
Platz, Plätze *m*
Post, -ämter *f*
Rathaus, -häuser *n*
Schiff, -e *n*
See, -n *m*
sehen
Sparkasse, -n *f*
Straßenbahn, -en *f*
Taxi, -s *n*
Tunnel, -s *m*
Turm, Türme *m*
Welt, -en *f*
wichtig – unwichtig
Wort, Wörter *n*
Wörterbuch, -bücher *n*
zu Fuß

Situation 3
Arbeit, -en *f*
Datum, Daten *n*
der Wievielte …?
Januar *m*
Februar *m*
März *m*
April *m*
Mai *m*
Juni *m*
Juli *m*
August *m*
September *m*
Oktober *m*
November *m*
Dezember *m*
eigentlich
ergänzen

Ferien Pl.
Frühling *m*
gemeinsam
Geschäft, -e *n*
geschlossen sein
Herbst *m*
heute
Jahr, -e *n*
Monat, -e *m*
Mutter, Mütter *f*
rechts
Restaurant, -s *n*
schade
schon
Schule, -n *f*
Sommer *m*
Stock *m*
(Stockwerk, -e n)
Studium, -ien *n*
Tür, -en *f*
übermorgen
Urlaub, -e *m*
verstehen
Winter *m*
Zahl, -en *f*
Zimmer, - *n*
zu haben / sein

Situation 4
geboren sein am
Geburtstag, -e *m*
Kalender, - *m*

Situation 5
dahin
Dienstag *m*
Donnerstag *m*
essen
Freitag *m*
früh
Gruß, Grüße *m*
liebe
Mittwoch *m*
Montag *m*
oder
Samstag / Sonnabend *m*
Sonntag *m*
Sportzentrum, -zentren *n*
Stadtplan, -pläne *m*
telefonieren
U-Bahn, -en *f*
vorne
wahr
Wald, Wälder *m*

wissen

Situation 6
abends
Anruf, -e *m*
Ansichtskarte, -en *f*
Bahnhof, -höfe *m*
erzählen
Fahrplan, -pläne *m*
Fax, -e *n*
Freund, -e *m* /
Freundin, -nen *f*
halb
Hotel, -s *n*
Information, -en *f*
informieren
Kassette, -n *f*
Minute, -n *f*
mittags
Morgen, - *m*
morgens
nachmittags
nachts
nur
planen
Radio, -s *n*
schicken
Temperatur, -en *f*
Uhr, -en *f*
Viertel nach / vor
vormittags
warten
Wecker, - *m*
wie spät ...?
Zeit *f*
Zug, Züge *m*

Situation 7
Apfel, Äpfel *m*
Banane, -n *f*
Birne, -n *f*
brauchen
Brot, -e *n*
Brötchen, - *n*
Butter *f*
Café, -s *n*
Ei, Eier *n*
Erdbeere, -n *f*
Flasche, -n *f*
Frühstück, -e *n*
frühstücken
gesund
Glas, Gläser *n*
Hörnchen, - *n*

Kaffee *m*
Kakao *m*
Kanne, -n *f*
Käse *m*
kaufen
Kuchen, - *m*
Margarine *f*
Marmelade, -n *f*
Milch *f*
Obst *n*
Orange, -n *f*
Portion, -en *f*
Prospekt, -e *m*
Saft, Säfte *m*
Scheibe, -n *f*
Sekt *m*
Semmel, -n *f*
Stück, -e *n*
Tafel, -n *f*
Tasse, -n *f*
Tee *m*
trinken
Wasser (Mineral-) *n*
Wurst, Würste *f*
Zitrone, -n *f*

Situation 8
Mensch, -en *m*
offen sein
Öffnungszeit, -en *f*

Lektion 3

Autor, -en *m*
berühmt
besuchen
Brücke, -n *f*
Buchstabe, -n *m*
diskutieren
geben
Haus, Häuser *n*
Insel, -n *f*
Junge, -n *m*
Kaufmann, -männer *m*
km = Kilometer, - *m*
künstlich
Land, Länder *n*
lang
Meer, -e *n*
probieren
Programm, -e *n*
Roman, -e *m*

sehr
Spezialität, -en *f*
Tourist, -en *m*
verbinden
viele
Wettbewerb, -e *m*

Situation 1
besonders
doch
einkaufen
genauso
gestern
helfen
Husten, - *m*
Idee, -n *f*
immer
krank
Luft, Lüfte *f*
mal (einmal, zweimal, dreimal)
mehr
oft
prima
Schnupfen, - *m*
schwimmen
Sohn, Söhne *m*
Strand, Strände *m*
Tochter, Töchter *f*
vorbei

Situation 2
Bier, -e *n*
Bruder, Brüder *m*
Ehefrau, -en *f* /
Ehemann, -männer *m*
einverstanden
Eltern Pl.
Foto, -s *n*
Freundschaft, -en *f*
groß
heben
Hund, -e *m*
Kneipe, -n *f*
oben
schlafen
Schwager, Schwäger *m*
Vater, Väter *m*
verheiratet sein
weg
Wohnung, -en *f*
zeigen

Situation 3
Schinken, - *m*
Angebot, -e *n*
backen
Bäcker, - *m*
Bauer, -n *m*/
Bäuerin, -nen *f*
beobachten
Dialekt, -e *m*
Dorf, Dörfer *n*
Dose, -n *f*
Dutzend *n*
Entschuldigen Sie, bitte.
feiern
Fest, -e *n*
finden
Fleisch *n*
Fleischer, - *m*
frisch
Gemüse *n*
Getränk, - e *n*
Gewürz, -e *n*
Gott
Gramm *n*
hart
Kasse, -n *f*
Kilo(gramm), -s *n*
kochen
Laden, Läden *m*
Leben, - *n*
Lebensmittel Pl.
Liter, - *m*
Mark *f*
Metzger, - *m*
Paar, -e *n*
Päckchen, - *n*
Paket, -e *n*
Paprika, -s *f*
Pfund, -e *n*
reden
Rezept, -e *n*
Rind, -er *n*
Schein, -e *m*
schnell
Stunde, -n *f*
Supermarkt, -märkte *m*
Tankstelle, -n *f*
Teelöffel, - *m*
Wein, -e *m*
zahlen
Zucker *m*

Lektion 4

Situation 1
alle
anrufen
aufmachen
Ausflug, Ausflüge *m*
bald
bekommen
Besuch, -e *m*
Blatt, Blätter *m*
Boot, -e *n*
dort
einladen
entwickeln
ernst gemeint
Film, -e *m*
Fluss, Flüsse *m*
fotografieren
Freizeit *f*
freuen
freundlich
Gebiet, -e *n*
gerade
Geschichte, -n *f*
heiraten
hingehen
hoffentlich
Illustrierte, -n *f*
kennen
kennen lernen
Kindergarten, -gärten *m*
Kreis, -e *m*
Küste, -n *f*
Landschaft, -en *f*
links
malen
mehrere
Musik *f*
Natur, die *f*
Pferd, -e *n*
Pfingsten
Schloss, Schlösser *n*
Sport *m*
Tagung, -en *f*
Teil, -e *m*
Telefon, -e *n*
treffen
Überschrift, -en *f*
Ufer, - *n*
unfreundlich
versprechen
Video, -s *n*
vielleicht
vorher
Vorschlag, Vorschläge *m*
wie lange?
wirklich
Wochenende, -n *n*
z. B. = zum Beispiel
ziehen
zu Besuch
zusammen

Situation 2
anfangen
der Angestellter,
die Angestellte, -n
Arbeiter, - *m*/
Arbeiterin, -nen *f*
Arbeitgeber, - *m*
Ärger *m*
Arzt, Ärzte *m*/
Ärztin, -nen *f*
aufhören
aufschreiben
aufstehen
Beitrag, Beiträge *m*
bewegen (sich)
bezahlen
Doktor, - en (Dr.)
einpacken
Eintritt *m*
erklären
Fenster, -
festlegen
Gasthaus, -häuser *n*
gute Besserung
Hüfte, -n *f*
Landkarte, -n *f*
Liste, -n *f*
losfahren
Methode, -n *f*
mieten
mitbringen
mitfahren
Patient, -en *m*/
Patientin, -nen *f*
Platz nehmen
Praxis, Praxen *f*
Protokoll, -e *n*
Rad fahren
reservieren
Route, -n *f*
sauber machen
schlecht
Schmerz, -en *m*
spazieren gehen
Sprechstunde, -n *f*
Sprechzimmer, - *n*
Tablette, -n *f*
Termin, -e *m*
Tisch, -e *m*
Tour, -en *f*
versuchen
verteilen
vor allem
vorhaben
wandern
Wartezimmer, - *n*
zumachen
zurück sein

Situation 3
Anrufbeantworter, - *m*
aussehen
Feuerwehr *f*
Fieber *n*
Geld, Gelder *n*
Gift, -e *n*
kriegen
medizinisch
Notruf, -e *m*
Rettungsdienst, -e *m*
sofort
sollen
Spülmittel, - *n*
verdienen

Situation 4
Arm, -e *m*
aufwachen
Auge, -n *n*
Auto fahren
Bauch, Bäuche *m*
behandeln
Bein, -e *n*
Brust, Brüste *f*
direkt
ein paar
erkältet
fehlen / Was fehlt
Ihnen / dir?
Fuß, Füße *m*
Fußsohle, -n *f*
Grippe *f*
Hals, Hälse *m*
Hand, Hände *f*
Herz, -en *n*
Knie, - *n*
Kopf, Köpfe *m*
Körper, - *m*

Leber, -n *f*
Lunge, -n *f*
Magen, Mägen *m*
Nacken, - *m*
Nase, -n *f*
Niere, -n *f*
Ohr, -en *n*
passieren
Plakat, -e *n*
Rücken, - *m*
schlimm
Schulter, -n *f*
Spritze, -n *f*
stark
Stelle, -n *f*
ungefähr
weh tun
Wirbelsäule, -n *f*
Zahn, Zähne *m*

Lektion 5

Situation 1

Abteilung, -en *f*
anprobieren
anstrengend
Anzug, Anzüge *m*
Augenblick, -e *m*
Bluse, -n *f*
breit
bunt
Büro, -s *n*
dick
dies-
dunkel
dünn
durcheinanderbringen
eben
Ecke, -n *f*
einfarbig
eng
erleben
evangelisch
falsch
Farbe, -n *f*
Feiertag, -e *m*
fertig sein
gestreift
Größe, -n *f*
Haar, -e *n*
hell
Hemd, -en *n*
holen
Hose, -n *f*
Jacke, -n *f*
Jeans, - *f*
jede-
Kabine, -n *f*
kariert
katholisch
kirchlich
Kleid, -er *n*
Kleidung *f*
klein
können
Leid tun
manchmal
Mantel, Mäntel *m*
markieren
möchten
nett
Note, -n *f*
offiziell
passen
Quatsch *m*
Rock, Röcke *m*
Sache, -n *f*
Schaufenster, - *n*
schmal
Spaß, Späße *m*
staatlich.
Strumpfhose, -n *f*
tragen
Turnschuh, -e *m*
unbedingt
Unternehmen, - *n*
Verkäufer, - *m*/
Verkäuferin, -nen *f*
warm
weit
welch-?
wieso

Situation 2

Ausstellung, -en *f*
Grenze, -n *f*
Industrie, -n *f*
Landwirtschaft *f*
Messe, -n *f*
Museum, Museen *n*
Norden *m*
Ostdeutscher *m*/Ostdeutsche *f*/Ostdeutsche
Papier *n*
Park, -s *m*
Sehenswürdigkeit, -en *f*
Süden *m*
Universität, -en *f*
Verkehr *m*
Westdeutscher *m*/
Westdeutsche *f*/Westdeutsche
Westen *m*

Situation 3

abgeben
anmelden
annehmen
aufpassen
Ausland *n*
Ausländer, - *m*/
Ausländerin, -nen *f*
Ausnahme, -n *f*
beantworten
bloß
dafür
denken
Direktor, -en *m*
dürfen
erwarten
faul
Firma, Firmen *f*
Formular, -e *n*
führen (zu)
gelten
hoffen
Kino, -s *n*
Laune *f*
leben
letzt-
manch-
mitgeben
müssen
nächst-
nämlich
neulich
Party, -s *f*
Prüfung, -en *f*
pünktlich
Rechnung, -en *f*
schwanger
Semester, - *n*
sogar
Steuer, -n
studieren
tolerant
überall
Unterricht *m*
Unterschrift, -en *f*
vereinbaren
vergessen
Versicherung, -en *f*
Visum, Visa *n*
wollen
wünschen
Zeitpunkt, -e *m*
Zeugnis, -se *n*

Situation 4

ärgern
Dichter, - *m*
Hilfe *f*
lustig
mögen
Streit, -s *m*
zeichnen

Situation 5

Angst haben
Baby, -s *n*
besorgen
Bitte, -n *f*
blau
braun
Dank *m*
darum
deshalb
Eigenschaft, -en *f*
erschrecken
erwachsen sein
Fabrik, -en
farbig
frieren
gehören (zu)
gelb
Geschenk, -e *n*
grau
grün
halten
Heft, -e *n*
Himmel *m*
kalt
Kollege, -n *m*/
Kollegin, -nen *f*
Künstler, - *m*/
Künstlerin, -nen *f*
lila
Meter, - (m) *m*
mitten in
orange
rosa
rot
rund (= etwa)
sammeln

schenken
schwarz
sicher
starten
stehen
sterben
Stift, -e *m*
Strich, -e *m*
Wäsche *f*
weiß
Wolke, -n *f*

Situation 6
Ausfahrt, -en *f*
behindert
besprechen
früher
Möglichkeit, -en *f*
normal
rechtzeitig
Richtung, -en *f*
übernachten

Lektion 6

Situation 1
abholen
angenehm
Anrede, -n *f*
benutzen
erkennen
Flug, Flüge *m*
Flughafen, -häfen *m*
Gepäck *n*
geschieden
klappen
müde
Ruhe *f*
ruhig
Toilette, -n *f*
vorstellen (sich)
waschen

Situation 2
Fehler, - *m*
Vogel, Vögel *m*
Zeitung, -en *f*

Situation 3
Abschied (nehmen) *m*
alljährlich
an
anfassen
Apotheke, -n *f*
aus
beginnen
bei
bevor
bis
Blume, -n *f*
Braten, - *m*
breit
Demonstration, -en *f*
durch
entlang
Ereignis, -se *n*
Erkältung, -en *f*
Essig *m*
Fahrer, -m
fett
Form, -en *f*
Freiheit, -en *f*
freiwillig
fremd
fröhlich
Frucht, Früchte *f*
für
Garten, Gärten *m*
Gast, Gäste *m*
gegen
gegenüber
Gegenwart *f*
Gerechtigkeit *f*
Gesellschaft, -en *f*
Gesundheit *f*
Halle, -n *f*
Hut, Hüte *m*
in
Jahrhundert, -e *n*
kaputt
Kontinent, -e *m*
Kunst, Künste *f*
Liebe *f*
Mahlzeit, -en *f*
Million, -en *f*
mit
nach
nie
ohne
Öl *n*
Pfeffer *m*
Politik *f*
Rettung *f*
Saal, Säle *m*
Salat, -e *m*
Salz *n*
sauber
schwitzen
seit
Soße, -n *f*
Spaziergang, -gänge *m*
stolz
Suppe, -n *f*
Traum, Träume *m*
um
Umwelt *f*
Vergangenheit *f*
verkaufen
verschieden
Vetter, -n *m*
von
Werbung, -en *f*
Wirtschaft *f*
Zeitschrift, -en *f*
Zentrale, -n *f*
zu
Zukunft *f*
Zuschauer, - *m* / Zuschauerin, -nen *f*

Situation 4
Ampel, -n *f*
anziehen
auf
Bescheinigung, -en *f*
Briefmarke, -n *f*
Bücherei, -en *f*
Dach, Dächer *n*
draußen
Einbahnstraße, -n *f*
Fahrkarte, -n *f*
Figur, -en *f*
Fisch *m*
fliegen
Garage, -n *f*
Gebäude, - *n*
gefährlich
Gegend, -en *f*
geradeaus
gleich
hinter
Katze, -n *f*
Keller, - *m*
Konto, Konten *n*
Kreuzung, -en *f*
los sein
Mannschaft, -en *f*
Märchen, - *n*
natürlich
neben
öffentlich
parken
Pass, Pässe *m*
Pullover, - *m*
Recht haben
Seite, -n *f*
Station, -en *f*
steigen
stellen
Stuhl, Stühle *m*
Theater, - *n*
über
überlegen
unter
vor
vorschlagen
Weg, -e *m*
wohin
Wolke, -n *f*
zwischen

Situation 5
Alltag *m*
fit
hängen
Karte, -n (ADAC-, Land-, Straßenkarte, Versicherungs-, Bank) *f*
klingeln
laut
loben
Meister, - *m*
nördlich, südlich, östlich, westlich
Not, Nöte *f*
östlich
Sendung, -en *f*
Sessel, - *m*
sitzen
Skizze, -n *f*
sparen
Stadtteil, -e *n*
südlich
Tipp, -s *m*
Tod *m*
Wand, Wände *f*
werfen
westlich

Situation 6
bitten (um)
böse
Ding, -e *n*
Eigentum *n*

entdecken
interessant
jung
Kindheit *f*
losgehen
meistens
niemand
Reise, -n *f*
reisen
schütteln
still
Stimmung, -en *f*
traurig
Vergnügen *n*
Volk, Völker *n*
wechseln
wunderbar

Situation 7
Abkürzung, -en *f*
Anzeige, -n *f*
Aufzug, -züge *m*
ausziehen
Bad, Bäder *n*
Badewanne, -n *f*
Badezimmer, - *n*
Balkon, -e *m*
bequem
Bett, -en *n*
Dusche, -n *f*
Einfahrt, -en *f*
Eingang, -gänge *m*
Ende *n*
Entfernung, -en *f*
Erdgeschoss, -geschosse *n*
froh
gemütlich
Geschoss, Geschosse *n*
grüßen
Hausmeister, - *m*/ Hausmeisterin, -nen *f*
Hof, Höfe *m*
Interesse, -n *n*
kosten
Küche, -n *f*
kündigen
Lampe, -n *f*
leer
Lehrer, - *m*/-e Lehrerin, -nen *f*
Makler, - *m*
Miete, -n *f*
mieten
Möbel, - Pl.
modern
Nachricht, -en *f*
Nähe (in der Nähe von) *f*
Platz, Plätze *m*
privat
Sache, -n *f*
Schrank, Schränke *m*
Schreibtisch, -e *m*
senkrecht
singen
Ski, Skier *m*
Sofa, -s *n*
Spüle, -n *f*
Student, -en *m*
Terrasse, -n *f*
teuer
Treppe, -n *f*
Umgebung, -en *f*
Verkehrsmittel, - *n*
Vertrag, Verträge *m*
Viertel, - *n*
Vorteil, -e *m*
waagerecht
Waschmaschine, -n *f*
WC, -s *n*
Zentrum, Zentren *n*
ziemlich

Lektion 7

Situation 1
Klasse, -n *f*
Treffpunkt, -e *m*
üblich
wiedersehen

Situation 2
Chef, -s *m*/Chefin, -nen *f*
deswegen
persönlich
Wagen, - *m*

Situation 3
Abitur *n*
aktiv sein
Anfang, Anfänge *m*
arbeitslos
Arbeitsplatz, -plätze *m*
Ausbildung, -en *f*
Aushilfe, -n *f*
Beamte *m*
Bedingung, -en *f*
Beruf, -e *m*
berufstätig
Druck *m*
EDV (Elektronische Datenverarbeitung) *f*
eigen-
Gewerkschaft, -en *f*
Grund, Gründe *m*
Hausfrau, -en *f*/ Hausmann, -männer *m*
Haushalt, -e *m*
Ingenieur, -e *m*/ Ingenieurin, -nen *f*
Job, -s *m*
Kontrolle, -n *f*
langweilig
Lehre, -n *f*
Nerv, -en (auf die Nerven gehen) *m*
öffentlicher Dienst *m*
Schüler, - *m*/ Schülerin, -nen *f*
schwer
schwierig
Sekretär, -e *m*/ Sekretärin, -nen *f*
selbstständig
tätig sein
Tätigkeit, -en *f*
Team, -s *n*
übernehmen
unterrichten
Verwaltung, -en *f*
wohl
zufrieden

Situation 4
ausmachen
Betrieb, -e *m*
Erziehung *f*
gebrauchen
Gehalt, Gehälter *n*
Gesetz, -e *n*
Hobby, -s *n*
insgesamt
Interview, -s *n*
Kenntnis, -se *f*
Kunde, -n *m*
leicht
Meinung, -en *f*
nützlich
Rente, -n *f*
schließlich
Schwangerschaft, -en *f*
Stress *m*
teilen
Überstunde, -n *f*
Verdienst, -e *m*
Vertretung, -en *f*
voll
zutun haben mit

Situation 5
Anfänger, - *m*/ Anfängerin, -nen w
Annonce, -n *f*
ansprechen
anzeigen
aussuchen
bekannt/unbekannt
betrügen
Brille, -n *f*
deutlich/undeutlich
fernsehen
gefallen
Glück *n*
höflich/unhöflich
in Ordnung (Ordnung f)
jmdm. etwas ansehen
klar/unklar
Loch, Löcher *n*
Lohn, Löhne *m*
musizieren
ordentlich/unordentlich
Ordnung *f*
Problem, -e *n*
Rat *m*
Rechtsanwalt, -anwälte *m*
schmecken
Sprichwort, -wörter *n*
Tanz, Tänze *m*
tanzen
untereinander
vegetarisch

Situation 6
als
Angelegenheit, -en *f*
Arbeitnehmer, - *m*/ Arbeitnehmerin, -nen *f*
beliebt
dumm
empfehlen
Fußball *m*
genug
Hälfte, -n *f*

Karneval *m*
Kartoffel, -n *f*
kühl
männlich
Mitglied, -er *n*
Modell *n*
offen
Politiker, - *m* / Politikerin, -nen *f*
Prozent, -e *n*
schützen
sinnvoll
Umfrage, -n *f*
Verein, -e *m*
wie
Situation 7bestellen
Bürgermeister, - *m* / Bürgermeisterin, -nen *f*
Durst *m*
erfahren
Kiosk, -e *m*
Klopapier *n*
Musiker, - *m* / Musikerin, -nen *f*
Region, -en *f*
Speisekarte, -n *f*
Zigarette, -n *f*
Zusammenhang, -hänge *m*

Lektion 8

Religion, -en *f*

Situation 1
Autobahn, -en *f*
begrüßen (zu)
danken (für)
dass
Freude, -n *f*
Führung, -en *f*
Geburt, -en *f*
Grab, Gräber *n*
Kloster, Klöster *n*
Lautsprecher, - *m*
pflanzen
Reihenfolge, -n *f*
Spur, -en *f*
teilnehmen (an)
verrückt

Situation 2
erziehen
sterben
streng
Studium, Studien *n*
wenig

Situation 3
Anreise, -n *f*
Bibel, -n *f*
Holz, Hölzer *n*
Preis, -e *m*
Redaktion, -en *f*
schlagen
später
übersetzen
veranstalten
verstecken

Situation 4
abnehmen
achten (auf)
Alter *n*
Anregung, -en *f*
außer
beschreiben
billig
bzw. = beziehungsweise
Einzel-
einziehen
entschuldigen
erscheinen
fallen
günstig
jährlich
klauen
kostenlos
man
Radfahrer, - *m*
statt
stimmen
tief
treiben (Sport –)
Typ, -en *m*
unterbrechen
Vergleich, -e *m*
Vortrag, -träge *m*
wahr sein
wie viel-

Situation 5
abbauen
aber
anders
aufmerksam machen (auf)
baden
bringen
Chemie *f*
Existenz *f*
herrlich
hinten (dahinten)
Sand *m*
Schlagzeile, -n *f*
Tourismus *m*
werden
woanders
zerstören

Situation 6
Akzent, -e *m*
anerkennen
ausgezeichnet
denn
einige
konzentrieren (sich)
warum
weil

Situation 7
besichtigen
Diskussion, -en *f*
kämpfen
protestieren
Reform, -en *f*
verlangen

Situation 8
allgemein
anbieten
Anlage, -n *f*
anschließend
bereits
Branche, -n *f*
dauernd
durchschnittlich
erhöhen (sich)
existieren
fast
folgen
Fremdwort, -wörter *n*
fühlen (sich)
Gebühr, -en *f*
Gerät, -e *n*
Gewicht *n*
gewinnen (an Bedeutung gewinnen)
Haut, Häute *f*
jeweils
kommerziell
körperlich
kräftig
öffnen
pro
profitieren von
solch-
streichen
Studio, -s *n*
super
trainieren
Training *n*
Unsinn *m*
unterstreichen
verabreden
verbringen
vergrößern
vermuten
wenigstens

Lektion 9

Situation 1
ablehnen
Abstimmung, -en *f*
Ehe, -n *f*
entscheiden
entsprechen
enttäuscht
Gegensatz, -sätze *m*
Kampagne, -n *f*
Mehrheit, -en *f*
melden
miteinander
nötig sein
Projekt, -e *n*
stimmen (für / gegen)
Wahl, -en *f*

Situation 2
angucken
Antrag, Anträge *m*
Begriff, -e *m*
Begründung, -en *f*
Behörde, -n *f*
besondere-
bestimmt
beten
Broschüre, -n *f*
Burg, -en *f*
ca. = zirka

einrichten
erlauben
furchtbar
Gaststätte, -n *f*
gehören
genehmigen
interessieren (sich)
irgend- (wann)
Konzert, -e *n*
Kultur, -en *f*
Material, Materialien *n*
möglich
nun
Produkt, -e *n*
schaffen
Sitz, -e *m*
stattfinden
Technik, -en *f*
technisch
Thema *n*
Unterschied, -e *m*
wahrscheinlich
Ziel, -e *n*

Situation 3
aktuell
Antenne, -n *f*
Arbeitslosigkeit *f*
außerhalb
begabt
endgültig
endlich
Erfolg, -e *m*
erlaubt
Erwerbstätigkeit *f*
Fach, Fächer *n*
Gedanke, -n *m*
Glaube *m*
glücklich / unglücklich
Instrument, -e *n*
klassisch
kümmern (sich – um)
leider
Leistung, -en *f*
Maler, - *m* / Malerin, -nen *f*
notwendig
positiv
Qualität *f*
rechnen (mit)
Rolle, -n *f* / eine Rolle spielen
schließen
Schwierigkeit, -en *f*
selbst
Sinn *m*
sowieso
Staat, -en *m*
Standard, -s *m*
Unfall, -fälle *m*
verbessern
verlieren
Vorbereitung, -en *f*
Vordergrund, -gründe *m*
wegen
weiterkommen
wenn
Wert, -e *m*
wert sein
zählen
zustimmen

Situation 4
Angehöriger *m*, Angehörige *f*, Angehörigen
ausführlich
Bedauern *n*
Beerdigung, -en *f*
begegnen
Beileid *n*
bekanntgeben
Berg, -e *m*
berichten (von)
ehrlich
einschlafen
erinnern (an)
Gefühl *n*
glauben
hoch
Kapitel, - *n*
Lebensgefährte, -n *m* /
Lebensgefährtin, -nen *f*
leisten
los werden
mitfühlen
Mitteilung, -en *f*
reagieren
Regel, -n *f*
Start, -s *m*
stoppen
tödlich
tot
Trauer *f*
trauern
Trost *m*
trösten
Überzeugung, -en *f*
Umgang *m*
Unglück, -e *n*
verhalten (sich)
verletzt
Verletzung, -en *f*
verschieden
verunglücken
verzichten
Wärme *f*

Lektion 10

Situation 1
auf keinen Fall
Bach, Bäche *m*
befinden (sich)
duzen (sich)
erfolgreich
Frechheit, -n *f*
gewöhnen (sich)
gönnen (sich)
häufig
in Auftrag geben
inzwischen
kaum
klingen
lieben
springen
ständig
Stille *f*
stören
Verbindung, -en *f*
verwenden
Vorstellung, -en *f*
Vorurteil, -e *n*
weich
Wind, -e *m*
wundern (sich)

Situation 2
Alkohol *m*
alternativ
bauen
Behinderung, -en *f*
Berg steigen
beschäftigen (sich)
bewerben (sich)
Droge, -n *f*
erholen (sich)
Folge, -n *f*
Gras *n*
Jugend *f*
Krankheit, -en *f*
Lift, -e *m*
Masse, -n *f*
Medizin *f*
negativ
Pension, -en *f*
Personal *n*
Reklame *f*
schmücken
sinken
Souvenir, -s *n*
Stein, -e *m*
Tennis *n*
Unterkunft, -künfte *f*
Urlauber, - *m* / Urlauberin, -nen *f*
wiedersehen (sich)
Wiese, -n *f*
Wohlstand *m*
Zufriedenheit *f*

Situation 3
Abenteuer, - *n*
Abreise, -n *f*
ähnlich
allerdings
Apparat, -e *m*
Bericht, -e *m*
Bonbon, -s *n*
Computer, - *m*
Decke, -n (Bett-) *f*
dienstlich
drucken
einschalten
Fernseher, - *m*
Fortschritt, -e *m*
gelingen
genießen
gesamt-
gleichen (sich)
Katalog, -e *m*
Koffer, - *m*
Kosten Pl.
Lektüre *f*
Literatur *f*
Menge, -n *f*
merken
nachdenken
neugierig
Pause, -n *f*
PKW (= Personenkraftwagen) *m*
Präsident, -en *m* / Präsidentin, -nen *f*
Publikum *n*

Ratte, -n *f*
rechnen
rufen
scheinen (= so sein wie)
schießen
schimpfen
Schokolade, -n *f*
Schwerpunkt, -e *m*
sorgen (sich – um)
spannend
spätestens
Streichholz, -hölzer *n*
Taschenlampe, -n *f*
Tempo *n*
Titel, - *m*
träumen
Überraschung, -en *f*
übrig
unterstützen
unterwegs
Verlag, -e *m*
wohl fühlen (sich)
zudecken (sich)
zwischendurch

Situation 4
altmodisch
Art, -en *f*
Aussprache *f*
bestehen (aus)
betreffen
Gegenteil, -e / im
  Gegenteil *n*
gering
hassen
Journalist, -en *m*
konservativ
kritisieren
leiden (es – können)
leise
Minderheit, -en *f*
Sicht *f*
sympathisch
umdrehen (sich)
unterschiedlich
verbindlich
verkleinern
Verwendung, -en *f*

Situation 5
Aktion, -en *f*
anmachen
anzünden
behindern
Brauch, Bräuche *m*
fällig werden
Feuer, - *n*
Gefahr, -en *f*
Inhalt, -e *m*
LKW (Lastkraftwagen) *m*
Mode (in - kommen) *f*
Protest, -e *m*
Signal, -e *n*
Tarif, -e *m*
verständigen (sich)
wesentlich
Zeichen, - *n*
zunehmen

Situation 6
Anspruch, -sprüche
  (haben auf) *m*
beschließen
betonen
fließen
prüfen
Scherz, -e *m*
Vorstand, -stände *m*

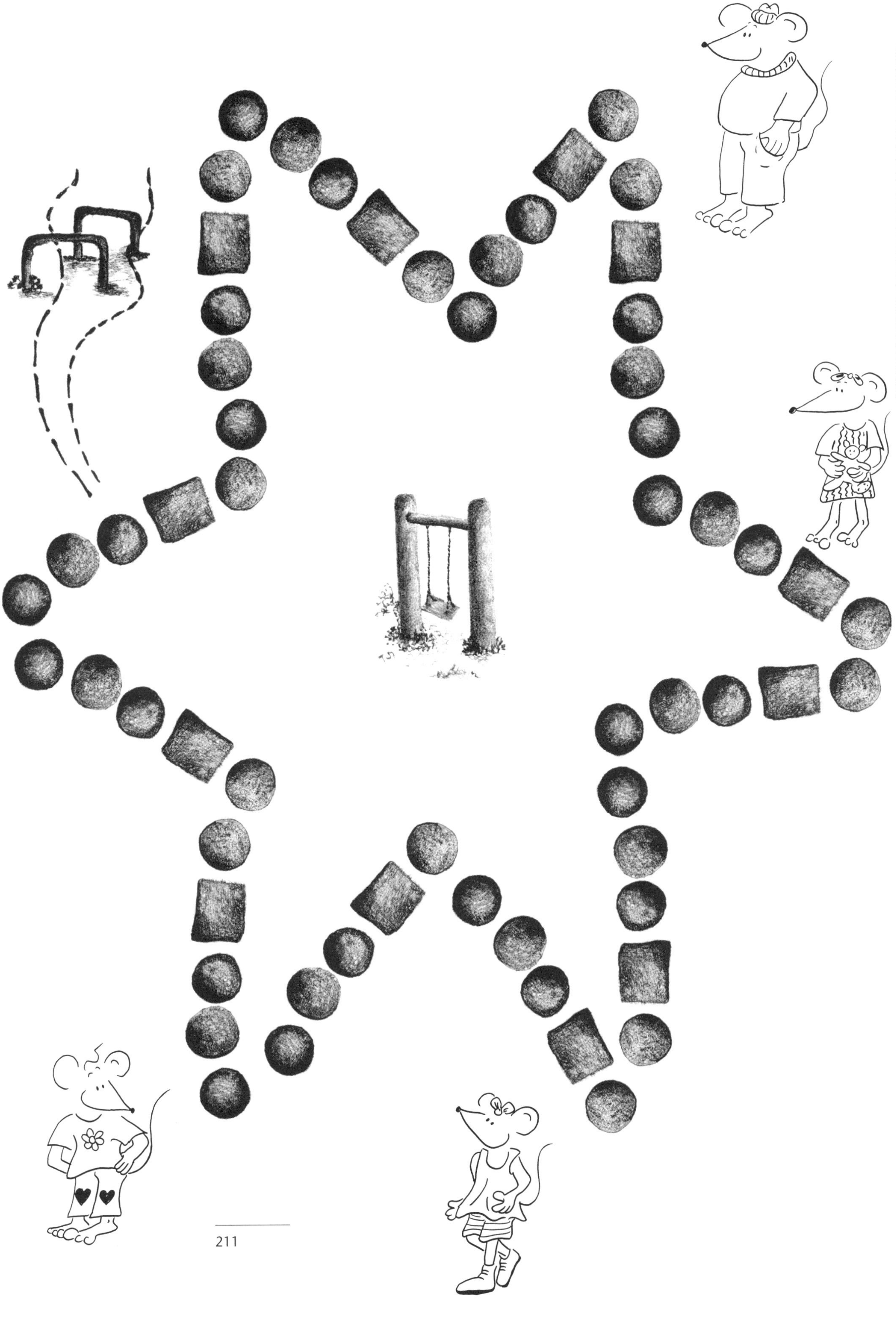

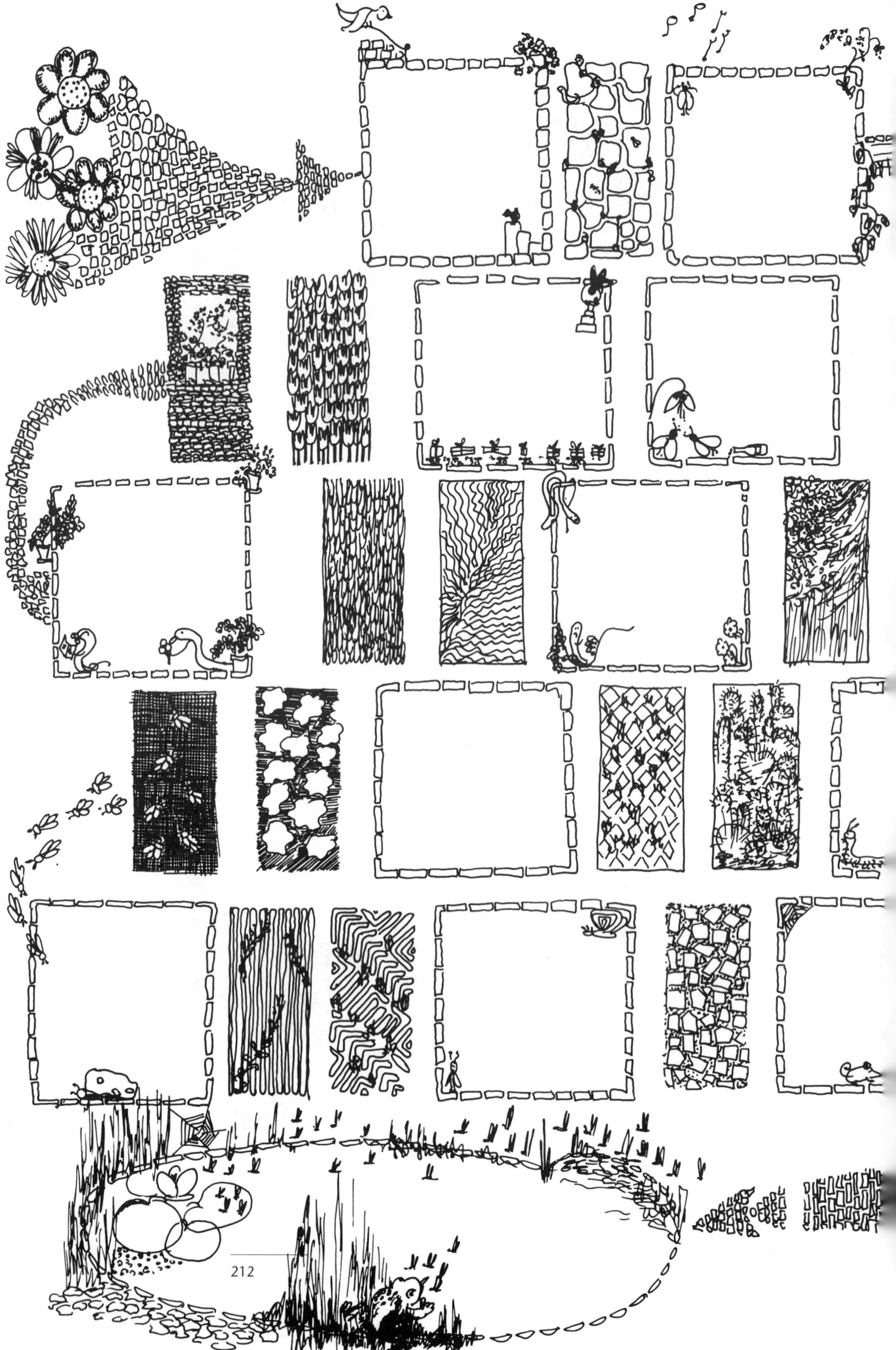

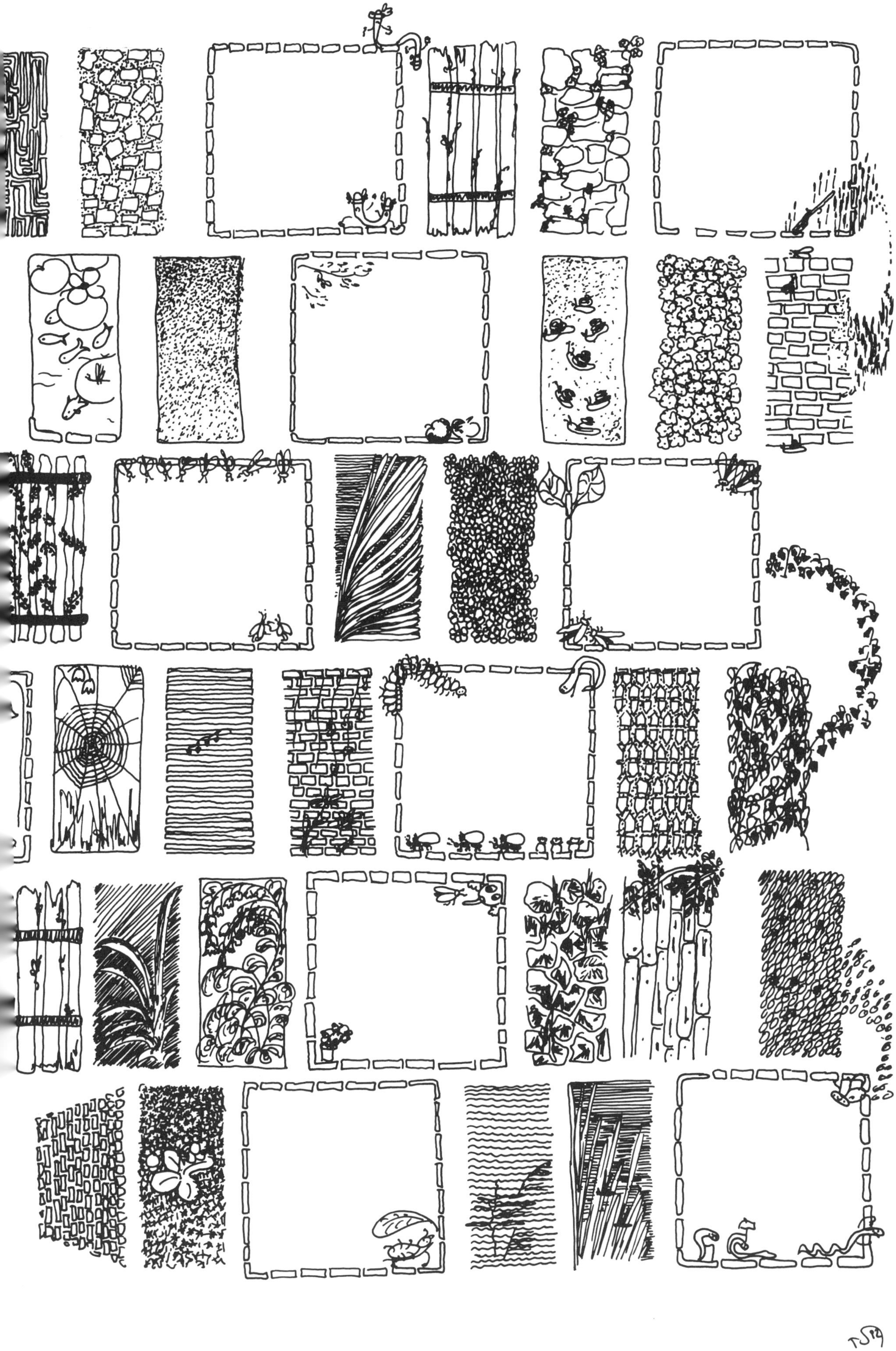

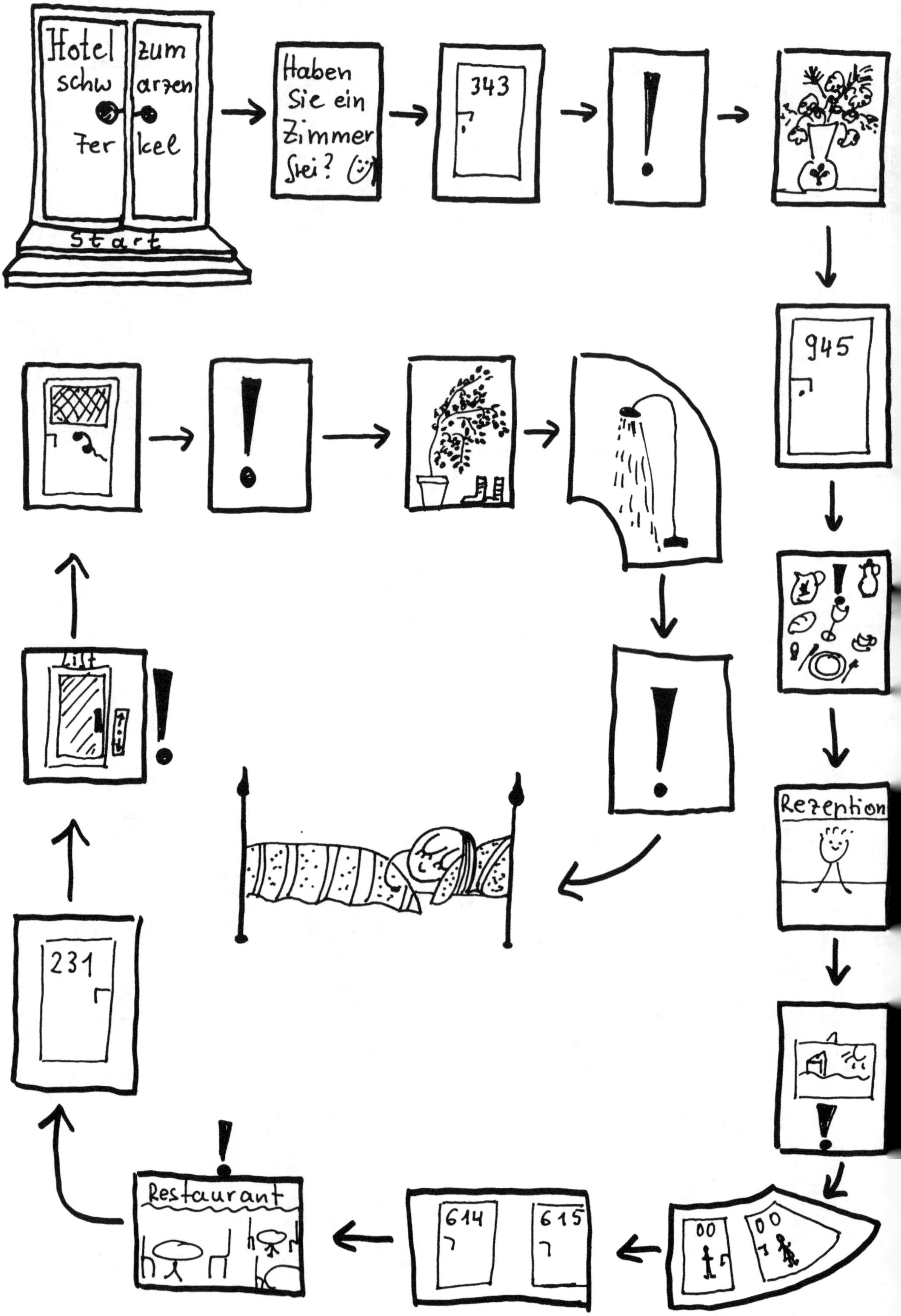
Hotel zum schwarzen Ferkel
Start
Haben Sie ein Zimmer frei?
343
945
Rezeption
00
614
615
Restaurant
231
Lift

Gehen Sie → 00. 1 ×	Ihr Zimmer ist im dritten Stock, Zimmer 43. →
Sie haben Zimmer 45, im 9. Stock. →	Sie haben Zimmer vierzehn im sechsten Stock. →
Sie haben Zimmer fünfzehn im sechsten Stock. →	Sie haben Zimmer 31 im zweiten Stock. →
Sie nehmen nicht den Lift. 1 × 	Sie frühstücken! 1 × 
Sie duschen! 1 × 	Wo ist das Restaurant? →
Gehen Sie zur Rezeption. →	Sie telefonieren. 1 ×
Wo sind Ihre Stiefel? → 	 → Start!

Dominosteine

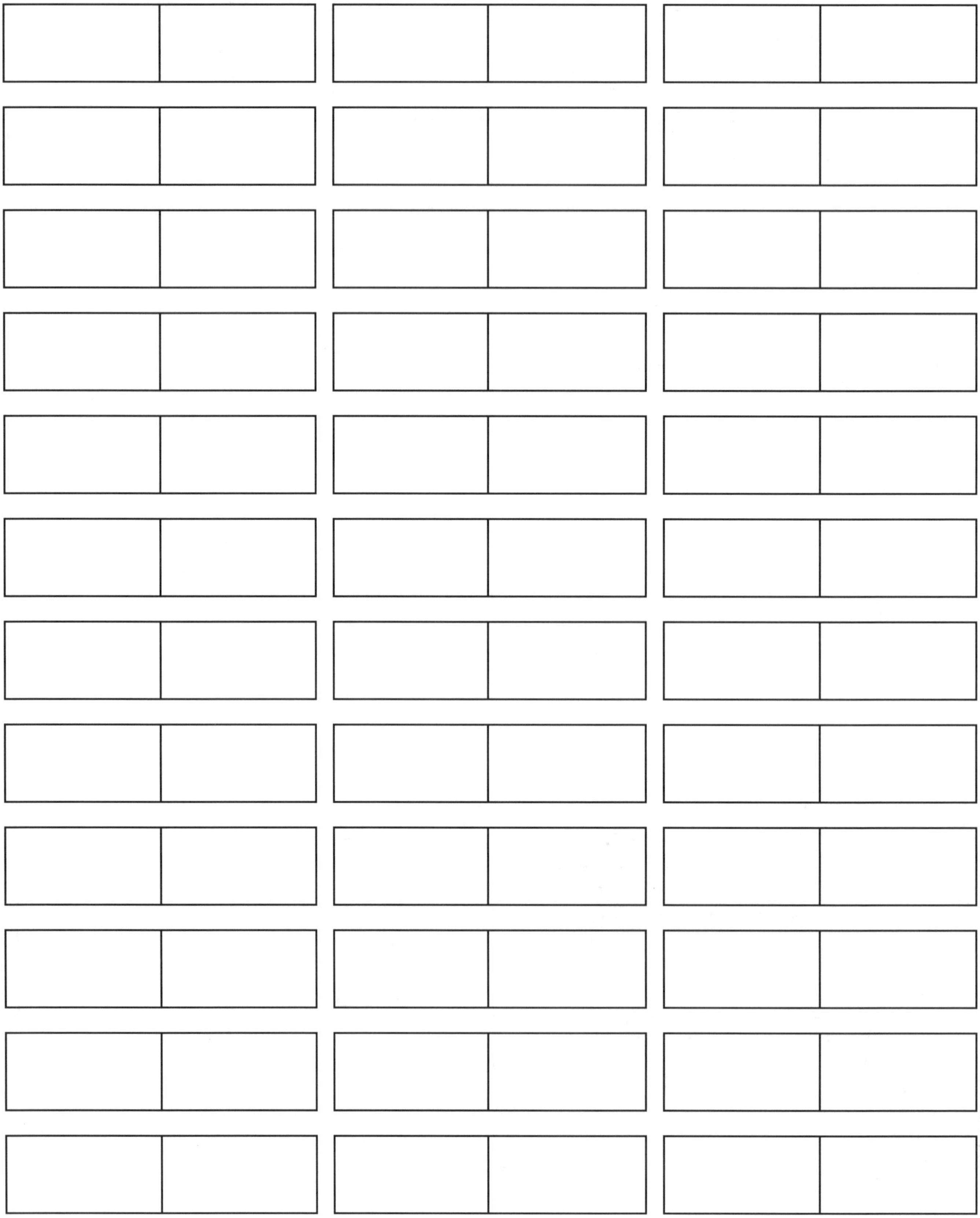

Feed back SPRACHEN

(Teilnehmer/innen)

- feed back -
- Sprachen-TN.doc. -

Bitte ankreuzen und ohne Namensnennung an den/die Kursleite/in zurückgeben.

I. Zum Kurs heute:

1. **Haben Sie das Gefühl, daß Ihnen der Kurs heute etwas gebracht hat?**
   - ☐ Ja, ich habe heute etwas dazugelernt.
   - ☐ Sehr viel Neues habe ich heute zwar nicht gelernt, aber die Stunde war nützlich zum Verfestigen des bisher Gelernten.
   - ☐ Diese Stunde hat mir nur sehr wenig gebracht.

2. **Wie beurteilen Sie Tempo und Schwierigkeitsgrad dieser Stunde?**
   - ☐ Gerade richtig.
   - ☐ Etwas zu schnell und schwierig; ich konnte nicht immer folgen.
   - ☐ Zu langsam und einfach, ich habe mich manchmanl gelangweilt.
   - ☐ Ich bin überhaupt nicht mitgekommen.

3. **Hatten Sie heute genügend Gelegenheit, das freie Sprechen zu üben?**
   - ☐ Ja, ich hatte ausreichend Gelegenheit dazu.
   - ☐ Es war Gelegenheit dazu, aber ich hätte mir mehr gewünscht.
   - ☐ Es war Gelegenheit dazu, aber ich habe sie heute nicht richtig genutzt.
   - ☐ Nein, das ist viel zu kurz gekommen.

4. **Hatten Sie genügend Gelegenheit zum Üben des grammatischen Stoffes?** (Nur ausfüllen, wenn Grammatik heute eine Rolle gespielt hat.)
   - ☐ Ja, der Stoff „sitzt" jetzt.
   - ☐ Ja, aber ich werde wohl noch mehr Übung brauchen.
   - ☐ Für mich wurde zu wenig geübt.
   - ☐ Üben? Ich durchschaue manches noch gar nicht.

5. **Haben Sie heute Ihren Wortschatz erweitern können?**
   - ☐ Neue Wörter wurden gut eingeführt und durch praktische Anwendung gefestigt.
   - ☐ Die neuen Wörter sind mir ziemlich zusammenhanglos geblieben.
   - ☐ Es kamen neue Wörter vor, die nicht eingeführt worden waren.

6. **Glauben Sie, daß Sie mit dem, was Sie heute gelernt haben, auch außerhalb des Unterrichtsraumes etwas anfangen können?**
   - ☐ Ja, ich denke schon.
   - ☐ Nicht direkt.
   - ☐ Nein, das bringt mir nichts.

7. **Hat es Ihnen heute Spaß gemacht?**
   - ☐ Ja.
   - ☐ Ja, zeitweise.
   - ☐ Nein, nicht besonders.

II. Zum Kurs allgemein:

8. **Mit welchen Erwartungen sind Sie in den Kurs gekommen? (Mehrfachnennungen möglich.)**
   - ☐ Ich möchte mich in der Alltags- /Umgangssprache (besser) zurechtfinden können.
   - ☐ Ich möchte mich in der Fachsprache (besser) zurechtfinden können.
   - ☐ Mich interessiert vor allem die Lesefertigkeit.
   - ☐ Ich bin vor allem an schriftlicher Arbeit interessiert..
   - ☐ Die Grammatik ist das wichtigste für mich.
   - ☐ Mich interessiert das Hörverständnis.
   - ☐ Ich möchte vor allem viel sprechen üben.
   - ☐ Ich möchte etwas über Kultur und Landeskunde erfahren.
   - ☐ Anderes:..
     ....
     ....
     ....

9. **Arbeiten Sie gern mit Ihrem Lehrbuch?** (Nur beantworten, wenn Sie eines benutzen.)
   - ☐ Ja, es ist interessant und anregend, dazu klar und übersichtlich.
   - ☐ Es ist zwar interessant, aber in der Grammatik nicht übersichtlich.
   - ☐ Ich finde es chaotisch.
   - ☐ Ich finde es langweilig.

10. Worauf sollte nach Ihrer Meinung künftig mehr Gewicht gelegt werden?

- ☐ Auf das Üben des freien Sprechens und das Hörverständnis.
- ☐ Auf die Grammatik.
- ☐ Auf die Vokabelarbeit.
- ☐ Auf das Lesen von Texten.
- ☐ Auf das Schreiben.
- ☐ Die bisherige Mischung ist gut so.

11. Wie bewerten Sie die Zusammenarbeit in der Gruppe?

- ☐ Sehr gut, alle helfen sich gegenseitig.
- ☐ Insgesamt zufriedenstellend
- ☐ Zusammenarbeit ist da, aber sie müßte effektiver gestaltet werden.
- ☐ Es gibt zu wenig Zusammenarbeit.
- ☐ Für mich persönlich ist Zusammenarbeit nicht so wichtig, weil ich lieber allein arbeite.

12. Wie finden Sie die Erklärungen der Kursleiterin/des Kursleiters?

- ☐ Leicht verständlich und anschaulich.
- ☐ Teilweise schwierig und unverständlich.
- ☐ Manche grammatikalische Fachausdrücke sind mir fremd.

13. Geht die Kursleiterin/der Kursleiter genügend auf Ihre Lernschwierigkeiten ein?

- ☐ Ja, sie/er hilft mir und ermutigt mich.
- ☐ Er/Sie sollte mehr auf die Schwierigkeiten einzelner eingehen.

14. Wenn Sie mit etwas nicht zufrieden gewesen sind oder etwas nicht verstanden haben: Sprechen Sie darüber mit mir?

- ☐ Ja, das habe ich schon getan, und
  - ☐ es hat genützt
  - ☐ es hat nichts gebracht
- ☐ Ich hatte dazu noch keinen Anlaß, würde es aber tun.
- ☐ Nein, das liegt mir nicht.
- ☐ Ich glaube nicht, daß es Sinn hätte.

15. Raum für weitere Bemerkungen:

Erstellt: Dz
Stand: April 1998

Grammatikübersicht
Was kommt in welchem Kapitel vor

Abkürzungen:

L = Lektion
IGE = Ihre Grammatikerklärungen
AG = Abenteuer Grammatik (werden nur genannt, wenn das die einzige Stelle ist)

Die meisten Grammatikerklärungen unterteilen sich in **Form**, in **Satz** und **Bedeutung / Gebrauch**. Darauf wird im Einzelnen nicht verwiesen.

Substantiv

Deklination	Nominativ und Akkusativ *L2 IGE 2, 3; L3 IGE 1*
	Dativ *L6 IGE 1*
	Genitiv *L8 IGE 1.1, 1.2*

Adjektiv

Adjektive prädikativ und attributiv	*L5 IGE 1*
Adjektivdeklination	Nominativ und Akkusativ *L5 IGE 1*
	Dativ *L6 IGE 1.4*
Steigerung der Adjektive	*L7 IGE 4*
Verbaladjektive	*L13 IGE 1*
Nominalisierung	der Adjektive *L18 IGE 1*
	der Verbaladjektive *L18 IGE 2*

Artikelwörter

Artikel im Gebrauch	*L2 IGE 3, 4, 5; L18 AG 1*
bestimmter und unbestimmer Artikel	Nominativ und Akkusativ *L2 IGE 2; L3 IGE1*
	Dativ *L6 IGE 1.1, 1.2*
	Genitiv *L8 IGE 1.1, 1.2*
Negationsartikel kein-	*L2 IGE 4, L6 IGE 1.3*
Nullartikel	*L2 IGE 5; L18 AG 1*
Possessivartikel	*L3 IGE 3, AG 2.5; L6 IGE 1.5*
Indefinitartikel	*kein- L5 IGE 3*
	weitere Indefinitartikel *L14 IGE 3*
Demonstrativartikel	*der, die, das L5 IGE 2*
	dieser L5 IGE 5

Pronomen

Personalpronomen	Nom. *L2 IGE 1.1; Akk. L7 IGE 1.3; Dat. L7 IGE 2, 3*
	man L8 IGE 3
	es L12 IGE 4
Reflexivpronomen	*L10 IGE 1.3*
Relativpronomen	*der, die, das L10 IGE 2.1.1*
	was, wo L10 IGE 2.2

Präpositionen

Präpositionen	*L6 IGE 2, 3, 4*
	mit Akkusativ *L6 IGE 2.1*
	mit Dativ *L6 IGE 2.2*
	mit Dativ oder Akkusativ *L6 IGE 2.3*
Verben mit Präpositionen	*L10 IGE 1.1; L12 AG 4*
	da / wo + r + Präposition *L10 S. 269, L12 AG 4*

Partikeln

Partikeln	*S. 257 f.*

Fragesätze

	mit und ohne Fragewort *L2 IGE 7* mit Fragewort welch- *L5 IGE 6* mit Fragewort *wo* + r + Präposition *L10 S. 269; L12 AG 4*
indirekte Fragesätze	mit *ob* *L14 IGE 2.1* mit Fragewort *L14 IGE 2.2*
Indirekte Rede	mit Indikativ *L14 IGE 1.1* mit Konjunktiv II *L14 IGE 1.2* mit Konjunktiv I *L14 IGE 1.3*

Satzverbindungen

Konjunktionen	*und* *L8 IGE 2.1.1* *oder* *L8 IGE 2.1.2* *als* und *wie* (Vergleich) *L7 IGE 4.4; L8 IGE 2.1.3; L16 IGE 1.1, 1.2* *denn* *L8 IGE 2.1.4* *trotzdem* *L13 IGE 3.2* *aber* *L8 2.1.5* *zwar … aber* *L13 IGE 3.3; L16 IGE 1.4.2* *sowohl … als auch* *L17 IGE 1.2.1* *nicht nur … sondern auch* *L17 IGE 1.2.2* *entweder … oder* *L17 IGE 1.2.3* *weder … noch* *L17 IGE 1.2.4*
Subjunktionen	*weil* *L8 IGE 2.2.1* *dass* *L8 IGE 2.2.2; L9 IGE 2.2.2;* *L14 IGE 1–1.3;* *wenn* *L9 IGE 2.2.1* *obwohl* *L13 IGE 3.1* *während* *L15 IGE 6.1* *als* (temporal) *L15 IGE 6.2* *bevor* *L15 IGE 6.3* *nachdem* *L15 IGE 6.4* *je … desto / umso* *L13 IGE 3.4; L16 IGE 1.4.1*
Relativsätze	*L10 IGE 2*

Grammatikfelder

Negation	*L1 IGE 5; L2 IGE 4; L5 IGE 3; L16 IGE 2*
Vergleich	*L7 IGE 4.4; L13 IGE 3.4; L16 IGE 1*

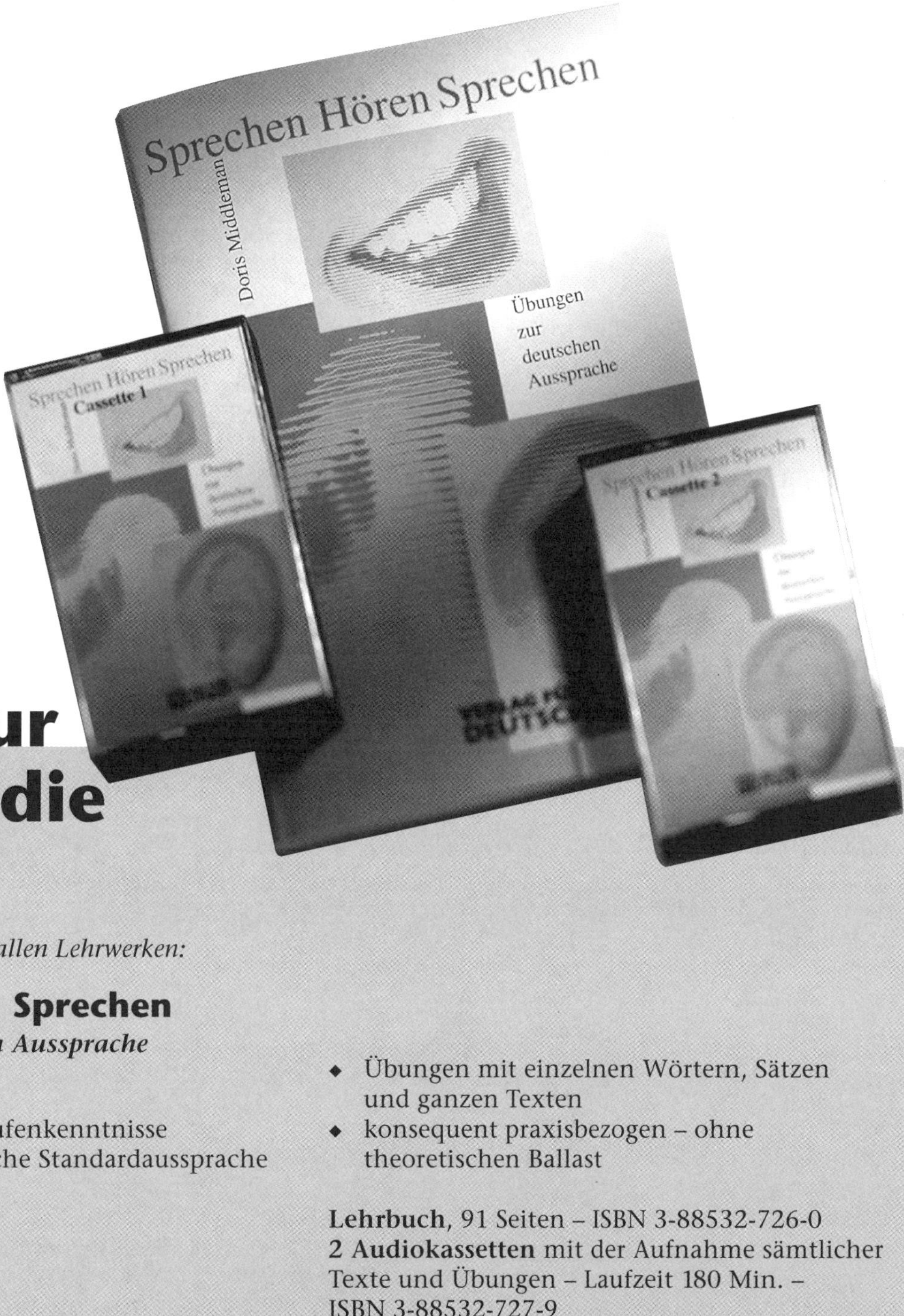

Vom Laut zur Sprachmelodie

Die ideale Ergänzung zu allen Lehrwerken:

Sprechen Hören Sprechen

Übungen zur deutschen Aussprache
von Doris Middleman

Voraussetzung: Grundstufenkenntnisse
Lernziel: korrekte deutsche Standardaussprache

- Übungen mit einzelnen Wörtern, Sätzen und ganzen Texten
- konsequent praxisbezogen – ohne theoretischen Ballast

Lehrbuch, 91 Seiten – ISBN 3-88532-726-0
2 Audiokassetten mit der Aufnahme sämtlicher Texte und Übungen – Laufzeit 180 Min. – ISBN 3-88532-727-9
Paket mit Lehrbuch und Kassetten – ISBN 3-88532-728-7